◆ 历史教师专业发展丛书

丛书主编　何成刚

历史课堂：
观察的方法与策略

LISHI KETANG
GUANCHA DE FANGFA YU CELÜE

李 杰 编著

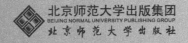

北京师范大学出版集团
BEIJING NORMAL UNIVERSITY PUBLISHING GROUP
北京师范大学出版社

图书在版编目(CIP)数据

历史课堂观察的方法与策略 / 李杰编著. —北京:北京师范大学出版社,2013.11(2024.10 重印)

(历史教师专业发展丛书)

ISBN 978-7-303-16760-9

Ⅰ. ①历… Ⅱ. ①李… Ⅲ. ①中学历史课－课堂教学－教学研究 Ⅳ. ①G633.512

中国版本图书馆 CIP 数据核字(2013)第 172765 号

图 书 意 见 反 馈　　gaozhifk@bnupg.com　010-58805079
营 销 中 心 电 话　　010-58802755　　010-58800035
编 辑 部 电 话　　010-58806160

出版发行:北京师范大学出版社　www.bnupg.com
　　　　　北京市西城区新街口外大街 12-3 号
　　　　　邮政编码:100088

印　　　刷:北京天泽润科贸有限公司
经　　　销:全国新华书店
开　　　本:787 mm×1092 mm　1/16
印　　　张:14
字　　　数:200 千字
版　　　次:2013 年 11 月第 1 版
印　　　次:2024 年 10 月第 5 次印刷
定　　　价:48.00 元

策划编辑:唐正才　　　　　　责任编辑:唐正才
美术编辑:王　蕊　　　　　　装帧设计:天泽润
责任校对:李　菡　　　　　　责任印制:马　洁

导　读

在基础教育历史课程改革的可持续推进过程中，我们越来越深刻地感受到，改革愈深入，难度就愈大，而其根源就在于我们历史老师的史学素养与历史教学素养在处理一系列教学问题上的应对力显著不足。基于此考虑，我们对中学历史教学现状进行了全面仔细的梳理，在此基础上整体规划并设计旨在提高中学历史教师在史学素养和教学素养方面的专业发展方案。在北京师范大学出版社的支持下，"历史教师专业发展丛书"第一辑将陆续出版。

《智慧课堂——史料教学中的方法与策略》

近年来，作为一种重要的历史教育教学理念，史料教学已被越来越多的人所认可；实践中涌现出的优秀课例，无不强烈地体现着史料教学的价值。要落实课程标准、要上一节有特色的历史课，如果不在史料选取、史料运用和史料解读上下功夫，就难以达到预期目标。任何一节历史课，都离不开史料教学这一环节，而且史料教学理念运用得好与坏，直接决定着教学的有效性问题。从近年的高考命题改革来看，作为一种重要的能力考查目标，史料分析的色彩愈加明显，比重日益增大。如果命题人不能创设很好的史料情境，就难以命制一道好的试题。

基于这种认识，本书聚焦史料教学的方法与策略，通过典型案例分析，介绍了国外史料教学的有关理念，剖析了史料教学中的种种误区，以期为历史教育教学工作者开展史料教学提供参考与借鉴。

《史料教学案例设计解析》

史料是历史研究的基石，也是课堂教学的基本素材。在历史教学中，如果抽掉有价值的史料，或缺少有亮点的史料教学环节设计，历史思维能力的培养就要面临"皮之不存，毛将焉附"的困境，历史教育这座大厦就会坍塌。既然史料教学蕴涵如此智慧，那么应如何践行这种理念？本书遴选了 30 个优秀案例，对这一问题进行了解答。

本书的作者阵容强大。他们来自北京、上海、江苏、广东、陕西、安徽等课程改革先行地区，其中既有知名历史特级教师，又有历史教育与研究方面的青年学者。这些作者在史料教学理论与实践研究方面有着独到的见解，他们设计的案例体现了不同区域的教学风格，但都共同指向了"史料教学"这一理念。

本书的内容精益求精。本书并没有纠缠于艰涩的教育教学理论，而是用来自课程改革实验区的典型案例说话。这不仅是因为案例立足于坚实的大地，实用性强；更缘于案例中交织着融会贯通的教学智慧，兼具启发性。为使读者充分理解案例的精华，每个案例除完整叙述过程设计外，还提供了背景分析、史料运用解析、教学反思等。"背景分析"着重说明教学设计的原委和作者的基本设想；"史料运用解析"重在说明运用每段史料的目的与方法，以及史料的可信度与说服力；"教学反思"则超越经验谈理性认识，或提出其他的可能，以拓展读者思维的空间。

需要说明的是，本书系《智慧课堂——史料教学中的方法与策略》的"姊妹篇"，如果能将两者结合起来阅读，收获将会更大。

《历史课堂观察的方法与策略》

本书根据新课程改革的理念，全面系统地论述了历史课堂观察的理论基础，并尝试构建一个具有较强操作性的历史课堂观察的方式，以对新课程改革背景下的历史课堂教学提出切实可行的把脉和诊断。显而易见，本书最大的特色，是结合历史学科特色的视角开展课堂观察。

本书通过在实践中总结出来的典型历史教学案例，根据历史教学普遍存在的问题，特别是新课程实施过程中一线教师感到困惑的问题，从不同的观察角度进行分析和诊断，力图给广大历史教师借鉴和反思。

本书还围绕课堂观察重点强调了如下论题：在课堂观察过程中，开展大量阅读、主题研讨、开发观察表、课例打磨、教师团队合作研究等，可以有效促进历史教师的课堂研究能力，全面掌握进行长期性的主题式课堂观察方法与策略，实现历史教师的专业成长。

对于广大历史教育本科生而言，本书是搭建历史教学理论与实践的绝佳平台；对于广大中学历史教师而言，本书是准确把握新课程改革的方向，深入理解历史课堂教学、提升教师专业发展的必备参考用书。

《问题解决：历史教学课例研究》

当我们走进课堂，课堂情境的复杂与混乱让人难以把握——问题丛生的常态课与光鲜照人的优质课让人看不懂课堂的真实面貌，手忙脚乱的年轻教师与娴熟自如的专家教师似乎有着不可逾越的鸿沟。带着书本上学来的理论、信心十足地走进课堂的教师，常常被课堂教学情境的"复杂性、不确定性、不稳定性、独特性"所围困，课堂中所遇到的问题似乎无从下手，解决问题的方式亦似乎不可复制。但是，当我们用研究的眼光去观察和审视课堂的复杂与不确定时，又会被其丰富性所吸引。

正是出于对历史课堂的格外钟情，对课堂研究的执着热爱，本书作者及其领导的研究团队观察、研究了大量的中学历史课堂案例，力图把新课程改革以来关于课程与教学的新理论置于中学历史课堂教学实践的背景下来审视，并通过课例研究，将教师作为实践者的角色与研究者的角色结合起来，寻找历史课堂中被遗漏的信息，并从中分析教师的实践知识。

本书选择了中学历史课堂教学中常见的问题作为研究主题，通过十余个案例展示历史教师发现问题、框定问题、解决问题的过程，以帮助读者认识从教学现象的发现到教学问题的归纳，再到研究主题的确定，是教师作为专业的实践者与课堂教学情境交互的过程，从而体会教师在"能力极限的边缘"工作的快乐与艰苦，认识到教师专业成长是一个不断解决问题的过程。

《海派历史教学透析》

提起海派历史教学，大家或多或少有一些片段的了解，但是对于其来龙去脉及风格内涵，未必有清晰的认识。本书汇集上海老、中、青三代历史教学之代表人物，有回忆，有访谈，有成长案例，有教学实证。从历史而人物，由人物而流派，形式灵动多变，可作轻松的讲古故事，也值得人掩卷长思。编者采访了沈起炜、陆满堂、林丙义等前辈教师，钩沉出从新中国成立初期到21世纪60年的教学故事。本书第一次以众多案例集中地向读者呈现了作为海派历史教学代表的"孔派"教学的风貌，是首次跨越了60年历史的对海派历史教学的回顾与总结。

《国外历史教学案例译介》

历史学科在学生心目中的地位很低，这不仅影响了中学历史教师的工作积极性，也使中学历史教育教学研究者忧心忡忡，而且新课程改革对这一顽疾似乎束手无策。许多人不禁追问：历史要教什么、学什么？为什么要教历史、学历史？应该持什么观念来教历史、学历史？面对这些"原点"似的问题，本书从英国、美国、澳大利亚等西方发达国家的教育资源中，精选了几十个教学案例，并通过分析具体案例，给读者带来启迪与思考。比如：

1. 在拓宽知识的领域、拓展观察的视角方面，本书选译了妇女史、移民史、体育史等内容主题。这些案例告诉读者：第一次世界大战的爆发使英国妇女获得了选举权；一个家庭的故事折射出了澳大利亚移民政策的变迁；奥运会的赛场竟然体现了"冷战"的巨大能量；等等。

2. 在训练思维方法、提升思维能力方面，本书选译的案例包括：如何培养时序观念、如何对待与分析偏见、如何分析两幅画作等。这些案例告诉读者：时序能力是历史核心思维能力的基础，偏见反映了作者的价值判断，不同的画作对同一事件有着不同的诠释。

3. 在课程资源与探究性学习方面，本书选译的案例包括：漫画中的大萧条、歌曲中的大萧条、电影中的大萧条、如何开展角色扮演活动、怎样动手做历史等。这些案例旨在告诉读者：怎样引领学生进入历史的现场，如何使学生成为"他自己的历史学家"。

我们相信，本书的每一个案例，都会给读者带来一些惊奇；甚至，读者的每一次阅读都会有新的收获。

目录

小林先生是有 10 年教育经验的骨干教师，在此之前，他主要从事以科学课为中心的教学研究，担任一年级的教学还是第一次。他的班有 39 名学生（男生 18 名、女生 21 名），担任这一工作是小林先生的一个重要决断——他决心从一年做一次法国大菜的教师，变成每日三餐过问柴米油盐并能做出美味佳肴的教师；他决心把那种期待学生会发生戏剧性变化的教学转变为不间断的可持续培育学生的教学。

小林老师将自己的教学与同事进行讨论开始于三年前加纳校长到樱丘小学上任时。当时，加纳校长亲自扛着录像机，一一记录每个教师的教学，倾听教师的烦恼，坚持与处于教学中心地位的教师相互学习。若干年轻教师，如小林、中野、石川、荻野等，响应了校长的建议，率先开放了自己的教学，在学校内形成了钻研业务的互惠合作的同事关系。正是这三年来的成功，支持了小林的教学改革。

对教学的反思和经验的相互交流成了每位教师成长的食粮。改变教学、改变学校的条件绝不是遥不可及的，而使其实现的条件乃是存在于所有的教室中，存在于所有的学校中。

——［日］佐藤学：《静悄悄的革命——创造活动、合作、反思的综合学习新课程》，李季湄译，12 页，长春，长春出版社，2003

这是日本东京大学佐藤学教授所记录的日本新潟市樱丘小学小林老师的教学研究经历。回到教育原点，在小林先生的心目中，是从"一年一度的法国大菜"到"一日三餐做出美味菜肴"，是让课堂变成可以持续培育学生的教学。这突显了课堂的重要性。我国自 2001 年开始的新一轮课程改革对教师来讲是一个全新的挑战，需要教师用新的教学理念全方位重新审视传统的课堂教学，并在此基础上重塑自我，重塑我们的教育理念。

首先，回到教育原点看现代人才的培养。现代社会迅速发展，知识在不断地更新，对人才的要求也发生了新的变化，要求教师不能套用程序化且整齐划一的教学方式。要求教师"在教学过程中应与学生积极互动、共同发展，要处理好传授知识与培养能力的关系，注重培养学生的独立性和自主性，引导学生质疑、调查、探究，在实践中学习，促进学生在教师指导下主动地、富有个性地学习。教师要创设能引导学生主动参与的教育环境，激发学生的学习积极性，培养学生掌握和运用知识的态度和能力，使每个学生都能得到充分的发展"[①]。

其次，回到教育的原点认识课堂教学中的各种不确定因素。在课程改革的实施过程中，教师必须意识到教学过程中的各种不确定性，并采取相应措施。例如：教学目标结果的不确定性——要注意知识、能力、态度、情感、价值观的多元取向；教学对象的不确定性——要求评价标准多元化，注重个性化教育；教学内容的不确定性——课程的综合性加大，教材和教师教学用书为教师留有极大的

---

① 钟启泉、崔允漷、张华主编：《为了中华民族的复兴 为了每位学生的发展：基础教育课程改革纲要(试行)解读》，7～8 页，上海，华东师范大学出版社，2001。

余地，教师要费很多时间查找资料、补充内容；教学方法与教学过程的不确定性——教师有较大的自主性，需更为灵活地选择与使用教学法，教学过程中可支配的因素增多，等等。在教学过程中，教师要充分考虑学生个体的差异，以及教学过程中的不确定性，提高学生的积极性，培养他们的独立和创新精神；同时要开放课堂，将课堂与学生个体的实际生活相联系，让学生既能从实际生活中获得知识的感悟，又能将书本知识应用于实际生活中，从而提高应用知识解决实际问题的能力。这就要求教师"为了提高自身的教学水平和学校的教育质量，批判性地审视自己的课堂教学"①。

新课程改革以来，一些新的教育教学理念深刻反映在历史课堂的教学过程中。例如，突破传统的学科中心观念，关注学生的学习态度与经验；改善学生的学习方式，注重引导学生主动参与学习的过程；体现评价促进学生发展的教育功能，使评价更具有科学性和可操作性，等等。这些新特点表明，新的教育教学模式正在生成。

但是，我们的课堂在注入一股新鲜血液的同时，也出现了诸多问题。有人认为，新课程改革的观念"不仅未能从根本上改变教师的教学行为，反而在一定程度上降低了课堂教学的内在品质"②。其中，注重形式、追求形似是普遍存在的问题。调查发现，"有的课堂教学虽然表面上气氛活跃，学生也积极展开讨论、探究、合作，但是往往对于形式上的东西过于看重。过多地追求活跃的课堂教学气氛，学生并没有得到实质性的发展和提高，教学缺乏有效性"③。一些教师虽表面上对新课程的种种理念"耳熟能详"，但这更多的只是一种表层理解，并未触及新课程理念的本质，因而在课程内容、教学过程、学生主体性、评价和自身专业发展等诸多方面还存在着认识模糊、理念误读或行为偏差的现象。教师的教学行为存在的这种偏差主要表现在"教学目标虚化""教学内容泛化""教师使命缺失"等方面，导致这些问题出现的原因，除了教师对新课程理念的理解、领会出现了偏差外，教师的经验和能力不足也是不容忽视的原因。④

教育界普遍认识到，空洞的教学观念和粗浅的教学行为并不能带来课堂教学状况的根本好转，因此，进一步深入课堂，回到教育教学的原点，让教学观念指引教学行为，对课堂教学行为进行更为精细的分析，成为教师们尤为关注的话题。实际上，许多教师都希望像小林老师那样流连于校园、站在一个个教室的窗口边，或者坐在一间间教室里，通过对课堂进行观察研究，将课堂的一切收纳于胸，并以敏锐的目光洞察发生在教室中的"静悄悄的革命"，通过和学生对话、和同行对话、和自身对话的过程，"创造一种活动性的、合作性的、反思性的学习"方式，而且带动其他教师参与到课堂观察与分析诊断中去，通过主动研究，探究课堂的真实问题，思考课堂的有效策略，形成学习共同体，一起提升课堂效率，

---

① ［英］霍普金斯：《教师课堂研究指南》，杨晓琼译，65 页，上海，华东师范大学出版社，2009。
② 李松林：《论课堂教学改革向纵深推进的着力点》，载《中国教育学刊》，2012(2)。
③ 马云鹏：《基础教育课程改革：实施进程、特征分析与推进策略》，载《新华文摘》，2009(14)。原文载《课程·教材·教法》，2009(4)。
④ 余文森：《新课程教学改革的成绩与问题反思》，载《课程·教材·教法》，2005(5)。

为课堂高效化寻找更为有力的支撑。

以往，为了提高教师的课堂教学水平，我们采取的是传统的听课评课模式，主要针对教师的教学设计能力，重点、难点突破能力和课堂组织能力进行评价、探讨、反思和学习。但当我们静下来仔细揣摩，就会发现这种方式不够精细，指导性和针对性不强，在实践中不一定能有效地促进教师的专业发展。自 2008 年以来，我们开始学习、探索和研究一种新的历史课堂研究的方式或方法——课堂观察。加拿大著名教育改革专家迈克·富兰(Michael Fullan)说："变革是一项旅程，而不是一张蓝图。"真正的教育变革是一个复杂而艰巨的旅程，迫切需要科学的课堂评价体系为之指明方向。课堂观察犹如变革旅程中的罗盘，指引我们在课程改革的旅程中探索前行。

课堂观察是一种旨在通过改进教研组建设方式、改革课堂教学模式、改善教学行为，进而实施有效教学、提高教学质量的教育教学研究方法。如果说教学是一门艺术，课堂观察则是运用科学的方法解决教学艺术中的部分问题，对课堂行为的局部进行分析与诊断的一种有效策略。

所谓观察，就是既从宏观着眼，又从微观入手，既要用耳朵，又要运用眼睛等多种感官以及观察工具来收集信息、处理信息、反馈信息。课堂教学观察与评价就是指观察者带着明确目的，凭借自身的多种感官(如眼、耳等)及有关的辅助工具(观察量表、录音录像设备等)，在课堂上直接或间接从教学情境中收集资料，并依据资料进行分析、研究和判断，作出有依据的科学评价，以求得学生学习的发展和促进教师施教水平的改进，从而提高课堂教学质量的一种教学研究方法、一种专业技术。

具体而言，历史课堂观察主要完成三项任务：一是描述教历史与学历史的行为，诊断历史教学问题；二是帮助教师立足具体的教学问题改进课堂教学过程；三是以课堂观察为基础，改良教师日常的课堂研究行为。正是这三项任务突显了课堂观察与传统听评课的不同。从观察的维度来看，课堂观察可分为学科特点维度、学生学习维度、教师教学维度、课堂文化维度四个方面。历史学科特点维度，包括历史学科特点、历史学科思想、历史学科方法的体现、学生学科学习特点的体现和学生学科参与的效度；学生学习维度，关注学生学习历史的方式和学生学习的结果；教师教学维度，关注教师的教学环节、教学的呈现方式以及指导学生学习的策略等；课堂文化维度，也就是关注整堂课效果如何，包括是否有充满民主、关爱、和谐的课堂气氛，教师是否有意识去激发学生的学习兴趣，是否关注学生的学习态度等。简单地说，课堂观察主要通过对教师和学生进行细化的有针对性的观察，来探讨教学中存在的问题，并不断反思和改进自己的教学。

开展课堂观察，还蕴涵了教师合作、教师研究和师生共同发展的意义。

课堂观察是教师探究课堂的重要方法，它是一项专业的教育科学研究工作，是一种适合一线教师实际操作的研究方法；同时课堂观察也是一种合作行动，它需要教师之间的合作，要由既彼此分工又相互合作的教师团队来完成。参与课堂观察的教师(包括被观察教师)之间，要基于有主体的意愿、有可分解的任务、有共享的规则、有互惠的效益等要素考虑构成一个合作共同体。教师借助于这一合作共同体，探究和应对具体的课程、教学、学习、管理上的问题，开展自我反思和专业对话，促使合作共同体的每一位成员都能得到应有的发展。

一般来讲，课堂观察要对课堂中教与学的活动进行解剖，发现问题并作出分析诊断，不断地反思和改进，形成新的经验和智慧。但是，课堂观察往往是建立在已有经验的基础上的，具有一定的局限性。德国生物化学家、诺贝尔奖获得者库恩（Richard Kuhn）曾经说过：理论始于观察，观察渗透理论。因此，课堂观察需要先进的教育教学理论与经验的引领，更需要教师不断地学习，更新教育教学观念，调整观察的视角，改进思维与行为方式。教育理念的转变，历史课程改革的深化，对师生关系、教学方式、教学评价等方面提出了新的要求。这就要求历史教师要以研究者的眼光，以及正确的学生观、发展观、知识观、课程观、评价观来审视课堂教学，并对课堂教学中存在的问题和自身的教学行为进行深入细致地观察、反思和探究，从而更好地适应新课程，贯彻新理念。

对于教学一线的中学教师而言，课堂观察应是以提升教育理念和教育教学技艺为途径，以改善自身课堂和促进学生学习为目的，凭借自身感官及有关辅助工具，在实际的历史课堂教学情境观察中进行自我感悟、自我反思、自主建构的一种研究活动。"这种课堂观察既可能是一面镜子，是一种对照式的鉴定或评价，最后形成对课堂教学水平和效果的评价结论；也可能是一种引导与培训，以先进的理念与经验在课堂观察中理解和内化为课堂评价标准和教师的教育教学理念，改变教师的教学行为方式。"①而当观察者进入课堂观察学生的学习，关注学生是如何学习、会不会学习，以及学得怎么样时，在一定程度上也能引发学生行为上的改变。

正是在这样的背景下，课堂观察作为研究课堂的一种方法，开始受到学界和教师们的广泛关注，研究成果也很多。但是到目前为止，课堂观察许多理论上特别是实践操作上的问题值得进一步研究。如何正确认识和理解课堂观察，如何在历史课堂中开展课堂观察，在现有条件下怎样参与和实践课堂观察，这些都是一线中学历史教师需要面对和解决的问题。2007年，笔者申请了广西基础教育重点课题"基于课堂观察的有效教学策略研究"；2008年，在南宁三中历史组全体同仁支持下，我们展开了历史课堂观察的研究和实践。几年来，我们不断学习国内外同行的理论与实践经验，并根据历史学科特色和学校实际，在以下方面进行了一些探索。

一是从历史学科特点出发进行课堂观察分析和技术诊断。结合历史学科教学实例，开发出一些符合历史学科特点的观察工具和诊断方法，运用观察技术诊断历史课堂教学，比如在特定内容的教学中如何才算体现了历史学科特点、如何揭示其中所包含的历史学科思想、如何研究学生学习历史的特点等。让一线历史教师不仅能够灵活地掌握历史学科的课堂评价标准，并运用它来衡量自己的教学，发挥课堂观察对历史教学的促进功能，而且能在教学中不断升华自己的认识，在不断反思中成长。

---

① 朱跃跃：《依据价值标准的评判性课堂观察》，载《上海教育科研》，2008(8)。

二是把课堂观察评价的视角从"以教评学"转移到"以学论教"。从学生获得的角度考察全体或部分典型学生的实际学习效果，关注学生的实践能力、创新精神、心理品质以及情绪态度和习惯等综合素质的养成情况，并以此作为改进历史教学的主要依据。

三是力图整体还原课堂，避免"只见树木不见森林"的情况。以往的课堂观察技术主要关注从"某个角度解构课堂"，缺乏从整体上把握一节课学习目标达成情况的诊断性方法，以及概括性地指出教学改进方向的策略。我们在课堂观察实践中，力图克服以往把完整的课堂教学解构得"支离破碎"而没有再建构的不足，以及在分工合作的课堂观察中各自忙于一个视角的观察而造成"只见树木不见森林"的缺憾，从整体上还原历史课堂，并对课堂现象作整体上的解释与建议。

具体到全书内容，第一章，主要论述历史课堂、课堂观察两个核心概念，讨论了传统意义上的听评课与课堂观察的区别，强调历史课堂观察的目的在于改进历史教学和促进学生的发展。第二章，主要阐述课堂观察的理论基础，分别从扎根理论、教育现象学、教育人类学、乔哈窗口理论和冰山理论来进行阐述。第三章，主要阐述课堂观察的策略与方法，提出了课堂观察的常见程序，以及日常化的"点"上研究自我观察、简约化的"线"性研究同伴互助观察、规范化的"块"状研究团队观察，指出历史课堂观察的视角是基于主题与观察点的，并提出了对课堂观察进行现象描述和放大的技巧，以及对观察的信息或数据进行定性或定量分析的方法。第四章，通过具体案例来说明课堂观察的实施步骤和具体方法。第五章，主要是从历史教师的阅读思考、主题研讨、开发量表、打磨课堂，以及教师的团队合作等方面来论述课堂观察对于推动中学历史教师专业成长的作用。

日本东京大学佐藤学教授曾深刻地指出，教育改革绝非是一场一蹴而就的革命，而是一场"静悄悄的革命"。这场"静悄悄的革命是从一个个教室里萌生出来的，是植根于下层的民主主义的、以学校和社区为基地而进行的革命，是支持每个学生的多元化个性的革命，是促进教师的自主性和创造性的革命"。而"教育实践是一种文化，而文化变革越是缓慢，才越能得到确实的成果"。①

----

① ［日］佐藤学：《静悄悄的革命——创造活动、合作、反思的综合学习课程》，李季湄译，5页，长春，长春出版社，2003。

第一章
聚焦课
堂观察

第一节　历史与现实：历史课堂的追问

课堂观察（classroom observing）作为一种研究课堂教学的方法，其目的是针对课堂教学中所存在的问题，分析和探讨"如何上好一节课"的策略。那么，在进行课堂观察之前，我们首先要从"原点"出发，顺着"课堂究竟是怎么回事""课堂教学的本质是什么""怎样的一堂课才是好课"等初始问题进行追问，为课堂观察提供理论基石。

一、课堂的内涵

著名教学论学者王鉴教授通过课堂的历史考察与梳理，认为课堂至少应有三种主要的理解方式：第一种是指课堂教学的场所，即教室（classroom），教学论研究中把它作为教学环境加以研究；第二种是指课堂教学，即发生在教室里的教学活动；第三种是指课堂是一个学习型共同体，这个共同体是学生成长、发展和教师专业提高的共同体。[①] 由于传统的课堂中教程是刚性的，课堂教学研究只是从教学内容的角度加以考虑，传统教学论重点在于研究教学活动及其构成要素，而新课程改革理念认为，课堂教学不仅仅是为了知识而进行，更应该是为了人的发展而进行。因此，课堂教学应注重三维目标，体现以下四个主要方面的特征：课程应是开放的、多元的、生成的；教师应成为研究者和专业人员，即应使教师的工作成为充满智慧的事业；学生应成为学习的主人；课堂教学活动应是创造性的和有效的教学。[②]

课程改革的核心环节是课程实施。课程改革最终发生在课堂上，教师的真功夫表现在课堂上，教与学的理论扎根在课堂上，因此，课堂教学的改革和完善始终是学校教育中的一项核心任务。在新课程改革背景下，要完成课堂教学理念的重建和课堂教学策略的改革，包括从三维目标的有效完成到多元课程资源的充分开发、从学习方式的成功转型到教学手段与学科内容的整合等。新课程改革赋予了课堂更丰富的内涵，我们也正在经历一场前所未有的"革命"，这就要求教师重新认识课堂，重新认识一堂好课的标准。

二、好课的标准

近年来，学界有关"好课标准"的讨论和"有效教学"标准研究的成果，为课堂观察提供了条件：一方面，它可以丰富课堂教学的研究内容，为课堂观察提供理论依据，有助于我们对课堂的理解；另一方面，它有助于对教师专业发展的研究。因此，就新课程背景下的"好课标准"进行研究，对于我们开展课堂观察，无论从理论层面还是实践层面来说都有着深刻而长远的意义。根据教育部颁布的《基础教育课程改革纲要（试行）》，我国新的课堂教学评价的价值取向体现在三个方面：

---

① 王鉴：《课堂研究概论》，59 页，北京，人民教育出版社，2007。
② 王鉴：《课堂重构：从"知识课堂"到"生命课堂"》，载《教育理论与实践》，2003(1)。

　　第一，促进学生的全面发展。评价不仅要关注学生的学业成绩，而且要发现和发展学生多方面的潜能，了解学生发展中的需求，帮助学生认识自我、建立自信。发挥评价的教育功能，促进学生在原有水平上得到发展。

　　第二，促进教师不断提高。强调教师对自己教学行为的分析与反思，建立以教师自评为主，校长、教师、学生、家长共同参与的评价制度，使教师从多渠道获得信息，不断提高教学水平。

　　第三，在对教学活动的评价上，以充分调动教学双方的主动性与积极性为原则，力求为教学双方在教学活动中展现自身潜质提供时空条件。[①]

　　综观现有的研究文献，有关课堂教学评价标准的设计主要有两种策略：一种是课堂教学要素分割策略，这一设计策略是把课堂教学的要素分为教学目标、教学内容、教学过程、教学方法、教学效果等几个部分，然后将每个部分进一步划分为若干子项目；另一种是教学行为分析策略，这一设计策略是依据课堂教学中人的具体行为来进行分类，把课堂教学分为教师教的行为、学生学的行为和师生互动行为，具体评价项目依据上述三种行为而展开。

　　美国"教育多元化与卓越化研究中心"（CREDE）提出的"有效教学"标准对我们有诸多启发，它包括以下五个方面：学习共同体——教师和学生共同参与创造性活动；语言发展——通过课程发展学生的语言能力，提高学生的文化素养；情境性学习——教学应联系学生真正的生活，促进创造性学习的理解；挑战性教学——教学应具有挑战性，以发展学生的认知思维；教育性对话——教师通过对话进行教学，特别是进行教育性对话。[②]

　　在国内教育理论界，有学者从评课者观察课堂教学的角度，提出一堂好课应有五个特点[③]：有意义的课，即扎实的课；有效率的课，即充实的课；有生成性的课，即丰实的课；常态下的课，即平实的课；有待完善的课，即真实的课。所谓"扎实"，指的是"好课"应是有意义的，它的意义体现在"好课"符合课程标准的要求及相应的教学任务和要求，可以促进学生对知识的理解和掌握上；所谓"充实"，指的是有效率，即在条件有限的情况下，教学仍然可以充分地实现教学目标，完成教学任务；"丰实"指的是教学应是富有成果的，而且这种成果是生成性的，教学相长可以说是它的具体表现；"平实"则强调了"好课"是常态下的课，它不是摆设和修饰，而是具有非常强的普适性，"好课"的原则或者理念，不需要特殊的条件支持就可以实现；"真实性"主要是提醒我们必须关注"好课"的缺点。

　　也有学者从对课堂教学本质的探讨入手，指出："课堂教学的本质既然是教师有目的、有计划地组织学生进行有效学习的活动过程，评价课堂教学就应该从观察学生学习活动的角度来进行。观察的重点是活动过程，是学生在教师组织下的活动过程，这些组织工作的惟一目的是为了让学生实现有效学习，所以，教师的组织活动不是观察、考评的重点。……评价一节课堂教学，应该从教师组织学生

---

①　龚孝华：《课堂教学评价标准的反思与重构》，载《教育探索》，2002(11)。

②　谌启标：《美国有效教学标准框架及其研究》，载《教学与管理》，2003(16)。

③　叶澜：《扎实　充实　丰实　平实　真实——"什么样的课算一堂好课"》，载《基础教育》，2004(7)。

活动的角度去观察，从引导教师关注活动的直接效果——学生是否能够实现有效学习，有多少学生在多大程度上实现有效学习的角度去设计活动、组织教学，这样才会充分发挥课堂教学的积极导向作用，也才能促进课堂教学评价自身的健康发展。"①

还有学者认为构建好课的标准可为如下六条：(1)学生主动参与学习；(2)师生、生生之间保持有效互动；(3)学习材料、时间和空间得到充分保障；(4)学生形成对知识真正的理解；(5)学生的自我监控和反思能力得到培养；(6)学生获得积极的情感体验。② 这一标准完全是以学生的学习状态和学习成效来评价课堂教学水平，以突出课堂教学对学生个体的发展价值。这对于革新传统的以评价教师为主的教学评价标准有重要意义。

与之相仿，还有学者从以下六个方面界定了课堂教学的标准：一是教学行为的明确性，即教师的教学行为是否明确；二是多样性，即教师的教学方法是否灵活、多样，调动学生积极性的手段是否有效；三是任务的趋向性，即教师在课堂上的所有活动是否围绕教学任务而进行；四是富有启发性，即教师的课堂教学对学生能否启而得法，启发性教学的实质是做到后次复习前次，在原有的知识结构上产生学习的新需要，以旧知识同化新知识，做到"新课不新"，启而得法；五是参与性，即在课堂教学中，所有的学生能否积极地参与到教学活动中去；六是教学效果评估的及时性，即教师能否及时掌握学生的学习状况和课堂出现的问题，并能及时地调整自己的教学节奏和教学行为。③

从上述专家学者的"好课"标准中我们可以看出，"好课"的标准是相对的。不同的评价主体与客体、不同的理论基础与价值取向，都会形成不同的评价标准。但差异中又有共性，这种共性反映出了课堂教学评价标准研究的趋势：(1)评价对象从关注教师的"教"转向关注学生的"学"。就综合的发展趋势而言，则是从以往侧重教师的"教"转向面向教学结果的同时考虑教师的教和学生的学，从关注知识的掌握转向关注"知识和能力""过程和方法""情感态度与价值观"的养成。(2)教学评价既关注"有效教学"结果的达成，也关注师生在教学过程中的状态表现。(3)强调评价标准从单一性走向多元性，从静态性走向生成性。(4)教学评价的效用主义倾向日渐凸显，开始从关注教学效果转向追求效果与效率的统一。④

这些趋势是我们思考课堂观察指标的重要参考，从对课堂评价标准的走向把握中去思考，从课堂教学的本质特征去思考。有关课堂教学评价标准的研究与实践在差异中又有共性，课堂教学评价的主要目的是为了教师的发展，为了提高课堂教学的有效性，最终达到促进学生发展的目的。专家学者的这些研究为我们制订课堂观察标准和观察视角提供了许多启发和借鉴，但如果直接用来考察实际课堂，则略显缺乏可操作性。这提醒我们要结合具体课堂，比如历史课堂，寻找更

① 文喆：《课堂教学的本质与好课评价问题(之三)》，载《人民教育》，2003(7)。
② 王光明、王合义：《运用建构主义观点探讨一堂好课的标准》，载《中国教育学刊》，2000(2)。
③ 林崇德：《教育的智慧》，37页，北京，北京师范大学出版社，2005。
④ 林清华、何恩基：《什么是一堂好课——课堂教学评价标准研究述评》，载《中小学管理》，2004(6)。

为切实可行的课堂观察策略。

三、对历史课堂演变过程的回顾

当把视角转向要重点关注的历史课堂时，我们发现历史课堂教学的好坏，往往又与历史课堂教学目标息息相关。由于历史课程标准（或大纲）往往决定着教学目标的制定，不同时期对"好的历史课"的评价标准也是不同的。新中国成立以来，我国中学历史学科课程目标的演变大致经历了如下四个阶段。

第一阶段，新中国成立初期至1978年。这一时期，我国中学历史学科的课程目标的核心是"强调基础知识的传授和历史唯物主义思想的培养，尤其强调阶级斗争的观点、人民群众创造历史的观点和劳动的观点"[①]。

第二阶段，1978年至1986年。这一时期是"拨乱反正"时期，我国中学历史学科的课程目标特点是逐步纠正"左"倾错误，恢复"文化大革命"前"十七年"时期中学历史学科的课程目标，明确提出了历史教学的三项任务——在传授知识的基础上，进行思想教育和能力培养，这是新中国国家历史教学大纲中首次开始关注学习能力的培养问题。

第三阶段，1986年至2001年。这一时期，我国中学历史学科课程目标的最大亮点是由"知识立意"向"能力立意"转变，强调学科能力的培养和公民素质的提高，比较明晰地传达了素质教育的要求，体现了历史教育目标转轨的动向。其中，在能力培养方面，强调创造性能力的培养，开始尝试进行历史学科能力的分层培养：自主学习和探究的能力；解读、判断和运用历史资料的能力；历史思维能力；分析问题和解决问题的能力。在思想教育方面，开始注意历史意识、国际意识、公民意识的培养，养成正确的道德观、人生观、价值观，形成健全的人格，提高学生的人文素养和审美情趣。

第四个阶段，2002年新课程改革启动至今。《普通高中历史课程标准（实验）》明确指出："普通高中历史课程，是用历史唯物主义观点阐释人类历史发展进程和规律，进一步培养和提高学生的历史意识、文化素质和人文素养，促进学生全面发展的一门基础课程。""普通高中历史课程的设计与实施有利于学生学习方式的转变，倡导学生主动学习，在多样化、开放式的学习环境中，充分发挥学生的主体性、积极性与参与性，培养探究历史问题的能力和实事求是的科学态度，提高创新意识和实践能力。"[②]新课程背景下的中学历史教学呈现出了不同于以往的特征：素质教育的理念被深深地刻画在了历史课堂的教学过程中；突破传统的学科中心观念，关注学生的学习态度与经验；改善学生的学习方式，注重引导学生主动参与学习的过程；体现评价促进学生发展的教育功能，使得评价更具科学性和可操作性。这些新特点的注入，表明了适应新课程发展的新的教育教学模式正在生成。

[①] 聂幼犁主编：《历史课程与教学论》，74页，杭州，浙江教育出版社，2005。

[②] 中华人民共和国教育部制订：《普通高中历史课程标准（实验）》，1～2页，北京，人民教育出版社，2003。

半个多世纪以来历史学科课程目标的演进过程，为我们今天确定恰当的历史课堂评价标准提供了启示，有助于我们理解不同时期"好的历史课"的评价标准，也对课堂观察的理论依据有了更为纵深的审视——历史学科课程目标的发展与演变影响着一代又一代历史教师心目中的课堂评价观。

第二节　一沙一世界：课堂观察的解读

有一句这样的话："一沙一世界，一花一天堂。"意思是说，只要你用心感受，一粒沙里，便是一个世界，一朵花中，即有一座天堂。这是一种境界，如果能用这样的心态去进行历史课堂观察，我们就会惊喜地发现，历史课堂研究同样也会有别样的风景。每一个历史课堂都是一个师生共同生活的精神世界，它承载了这个历史课堂里面所有师生的喜怒哀乐。

案例

《探寻宋明理学的精神内涵》的课堂观察[1]

一、背景

任课教师：李杰

内容主题：探寻宋明理学的精神内涵

观察者：马志民　毛书华　陈明　廖丹萍　陈冀丽　谭锋　韦夏玲

二、观察点设置

马志民：学生学习观察

毛书华：师生互动观察

陈明：教师讲授的观察

廖丹萍：课程性质观察

陈冀丽：历史课程资源利用观察

谭锋：课堂文化观察

韦夏玲：史料运用切合性观察

三、课堂观察整体分析报告

对本课设计的赞扬：

1. 教学主题也可称为立意，是一节课的灵魂，是统率一节课的主要教学目标。重要的知识点、技能与方法、情感态度与价值观均可成为一节课的灵魂。通过课堂观察，可以看出本节课的教学主题比较突出。课堂上，教师紧密围绕"探寻宋明理学的精神内涵"这个主题来展开，包括课堂的导入和课堂的结尾。当然，确立教学主题首先必须基于所教学生的实际情况，这是新课程教学改革所提倡和所追求的。学生是课堂的主体，教师要从学生的实际情况出发，

---

[1]　书中凡没有注明出处的案例或量表，都是由作者和所在单位广西南宁市第三中学历史组的同仁共同开发的。

设计出适合学生的教学主题，这是教学的基本出发点。因此，适切性是必须遵循的一个重要原则。所谓适切，关键在于是否适合学生。宋明理学这个内容理论性强，很多概念很抽象，学生很难理解。在这节课中，教师通过生动短小的故事和漫画，以低起点的问题层层推进等各种教学手段，化抽象为形象，从而有效地达成了教学目标。

2. 关注现实是由历史教学的使命决定的，实质上也是由历史学科的根本特点决定的。虽然历史学科研究的对象是过去的事件、人物及社会现象，但我们历史教师却是生活在当下的现实社会中，是过去与未来的联结者，这就注定每一个历史教师在进行教学设计和历史教学时，都无法割断过去与现在的联系，也无法只生活在历史之中而不关心现实。回溯历史是为了观照现在和走向未来，这是历史教学的使命。历史教学如果只是沉醉于过去而不能照亮现在与未来，则注定只能是象牙塔之学，屠龙之技，很难为学生所喜欢并对其生命历程产生影响。问题的关键是，这里的"现实性"不仅是指当下发生的，更指向学生所关心，并会对其心灵成长和精神健全产生影响的。在本节课中，授课教师在这方面的设计甚是煞费苦心，通过"走近孝义之门""揭秘兴盛之源""共话今日之思"三个环节，由亲近身边的历史，到了解过去的历史、探究过去的历史，再来关注现实的情况，一起思考未来中国社会的发展和个人的发展所需要的情感与价值理念。

对本课设计的批评：

1. 通过课堂观察可以发现，真正属于学生自主独立探究的时间偏少，学生的主体地位体现得不够明显。如果以学生主动发展为教学的着眼点，那么教师在课堂教学中，就需要在教学设计和教学实施中，创设学生自主支配的时间与空间。本节课中，这一点显然做得不够好。

2. 第二，整个课堂的生成性不够，主要表现在教师对课堂控制略多，学生的生成性没有相应的体现。

进一步认识：

1. 课堂观察只是多了一双透视教师课堂的眼睛，教师的教育教学理论和历史专业素养的学习和加强，才是提高教师教学设计水平的根本出路。

2. 具体而言，对学生活动的设计要从学生的角度去思考，并在此基础上设计相关问题。基于学生来思考不仅仅是一个理念，更要渗透到日常教学的每一个环节。教师与学生在课堂中的互动不是为了完成教师的工作，也不是让学生配合教师的工作，而是为了学生掌握知识，更是为了学生的长远发展。教师和学生在课堂上的交流是平等的，生成学生的思维火花是体现课堂真正的生命力之所在。

从上面的案例中我们不难发现，课堂观察作为一种新的听课评课方式，能从一堂课里看到"多堂课"，不同角度的观察为课堂研究提供了不同的视角，因此课堂观察同时又是一种教育研究方法。通过课堂观察，我们可以找准课堂分析与诊断的切入点，科学地分析教学目标和主题，从而引领整个教学过程和教学互动过程的展开。"一沙一世界,一花一天堂",课堂教学目标正是由一个个"教学细节"组成,并由一个个教学细节来实现的。课堂观察看似平常,但平常中蕴涵着智慧;看似简单,但简单中孕育着深刻。通过课堂观察的准确分析和定位,不仅可以使我们的教学更为充实饱满,更为激情跌宕,更为隽永俊秀,更让我们留住了一份课堂的精彩,营造了一份课堂的美丽,对教师而言更是一次心灵奔放之美、生命律动之美的展现过程。

课堂观察与生活中随时随地都能进行的自然观察行为是不同的,生活中的观察是人作为行动个体,在生活实践中有意识或无意识地自然习得的一种能力,因此每个人都会具备一定程度的观察能力。而作为一项教师专业能力的课堂观察,不仅比生活中的日常观察复杂,更是一种更有计划、有目的、有意识的行为。当然,作为一种科研活动,在实施观察行为或分析观察结果时需要借助相关的工具。

课堂观察源于生活中的自然观察又高于这种生活化的观察,它作为一种教育研究方法,还具有一些明显的特点。例如,从方法论的角度来看,它具有目的性、系统性、理论性、选择性和情境性等[①];从观察要素角度来看,它要求观察者具有客观性、观察对象具有选择性,且观察过程应伴随有严密的思考等[②];从研究方式的角度来看,有主题性、情境性、建设性、对话性和层次性等特征[③]。要做好课堂观察研究,必须对这个研究方法的内涵做一个全面、深入的了解。

一、课堂观察的含义

学术界一般认为,课堂观察是教师获得实践知识的重要来源,也是教师用于搜集学生资料、分析教学方法的有效性、了解教学与学习行为的基本途径。陈瑶认为,课堂观察是在一般生活观察的基础上进行的科学观察,即研究者或观察者带着明确的目的,凭着自身感官(如眼、耳等)及有关辅助工具(观察表、座位图、录音、录像、照相设备等),直接或间接(主要是直接)从课堂情境中收集资料,并依据资料对课堂教学进行相应的分析研究的一种教育科学研究方法。[④] 也有人认为,课堂观察是一种课堂教学的微观分析,以图准确把握学生的学习状态,记录学生在日常学习中表现出来的能力、情感、态度。课堂观察的目的在于研究处理课堂教学中两种变量之间的关系,即教师的教学行为与学生的学业成绩(过程与结果)之间的关系,并可为评价学生和教师自我反思提供一个动态的参数。[⑤]

二、课堂观察在国内外的进展和现状

西方的科学主义思潮是课堂观察的起源,而课堂观察作为一种课堂教学研究方法,则是发展于 20 世纪五六十年代。1950 年,美国社会心理学家贝尔思

① 陈瑶:《课堂观察指导》,8页,北京,教育科学出版社,2002。
② 金燕娜:《论课堂观察及其价值》,载《上海青年管理干部学院学报》,2007(1)。
③ 张菊荣:《课堂观察:基于实践改进的研究"革命"》,载《江苏教育研究》,2007(6)。
④ 陈瑶:《课堂观察指导》,1～2页,北京,教育科学出版社,2002。
⑤ 张建琼:《课堂教学行为优化研究》,西北师范大学 2005 年博士论文。

(R. F. Bales)提出"互动过程分析"理论，开发了人际互动的12类行为编码，并以此作为课堂中小组讨论互动的研究框架。从某种程度上说，他的研究拉开了系统的课堂量化研究的序幕。

20世纪60年代，美国教育家弗兰德斯(N. A. Flanders)提出并不断修订的弗兰德斯互动分析系统(Flands Interaction Analysis Systen，简称FIAS)，将师生课堂互动活动分为10个种类，用于分析课堂上师生对话的频次，进而分析教师的教学态度和教学方式。FIAS的数字代码系统可以按照时间顺序记录课堂上发生的一系列教学行为，以量化的方式对课堂教学中师生言语交互行为进行统计、分析处理，呈现出课堂教学的结构、模式、风格。如此一来，教师教学评价、教学反思则有了一项量化的参考数据与指标。这标志着现代意义的课堂互动观察的开始。

FIAS也有其局限性。首先，它重视口语行为，忽略了其他如非口语行为等许多重要信息；其次，它重视教师对整个班级的行为，而对学生话语的分类太少(仅有两个)，因而忽略了个别学生的行为；最后，FIAS转化后的变量数据，虽然可以了解教师的教学风格，也可以做各种广泛的比较研究，但是无法回溯分析是因为哪些具体的话语而得到此数据的。

苏联教育家巴班斯基(Baban J. Ki)在《论教学过程最优化》中对课堂观察也有所论述，但其论述与中国的实际情况有些距离。比如：国外多实行小班授课，教师有足够精力对课堂进行观察，而国内多数学校依然实行大班授课，一个班多达50～60人甚至更多，教师不可能有足够的精力去观察课堂；国内外对学生不同的评价理念和机制，也给国内的教育带来极大的影响；国内许多学校硬件设施的落后也对观察课堂提出了严峻的挑战；等等。以上各种主客观条件使我们难以照搬国外经验。

随着科学研究方法的不断完善，人们在课堂观察中引入了编码表、项目清单等科学的、量化性的研究工具，以及录音机、录像机等媒体技术，使课堂观察的手段和技术更为丰富，也更具有可操作性。但是，课堂观察的量化在能够加深对课堂教学的描述和认识的同时，却无法掩饰其纯技术的缺陷。

从20世纪70年代开始，质性研究方法开始走入课堂观察。质性研究就是通过完整的文字，描述和呈现课堂全貌，使原本被剥离出来的课堂事件、课堂行为等回归情境本身，从而使观察者可以更好地理解和诠释课堂。美国的古德(Thomas L. Good)和布罗菲(Jere E. Brophy)合著的《透视课堂》对如何观察课堂、观察学生进行了全面深入的论述。他们以研究者的身份观察课堂，研究了观察、描述、反思和理解课堂行为的方法。他们强调，教师必须意识到课堂里发生了什么，而且能够准确地监控自己以及学生的意图和行为，只有这样才能真正起到决策者的作用。同时还要注意，在进行课堂观察时应尽量减少个人偏见，要把课堂观察中得到的丰富多彩的资料进行整理、分析、反思，从而提高教师作为"积极决策者"的决策水平。

美国教育家加里·鲍里奇(Gary D. Borich)从教师观察力培养的视角，指出了一条通向高效率教学的途径。他不仅论证了进行课堂教学观察的必要性、维度、准备及方法等，在此基础上，还分别从感受课堂氛围、聚焦课堂管理、探寻教学过程的清晰度、查证教学指导方式的多样化、明确教学目标定位、检验教学过程中的学生参与、评估学习的成功、培养高品质的思维能力等维度出发，极为细致地介绍了每一维度下进行课堂教学观察的具体操作方法。另外，鲍里奇还提供了观察自身教学的方式和方法，即当教师致力于观察他人教学并以之为样板的同时，也掌握了如何观察自己以及如何使自己被观察。因为观察其他教师的做法时，可以"尽可能地反思你之所见：你之所见可以促使你认识他人，同时也促使你认识自己"。教师通过观察—反思—目标确立的动态循环，能极大地促进自身专业素养的提升。"有一点可以确信，观察他人的教学常常可激发自身的教学灵感，提高自身的教学效率"。[①]鲍里奇对课堂观察的研究在不失其理论价值的同时，更进一步地凸显出鲜明的现实针对性与实践指导意义。

20世纪90年代，戴维·霍普金斯（David Hopkins）的《教师课堂研究指南》（*Teacher's Guide to Classroom Research*）第3版发行。该书自从1985年首次出版以来，在英国和其他许多西方国家产生了很大影响。该书旨在为师生提供一个实用的指南，指导他们在自己的课堂上进行研究，并把这些研究活动和教学中知识技能的拓展及整个学校的发展联系起来。

截至目前，国外已经有了很多的研究成果，并已形成了系统的课堂观察研究体系。英国著名的课堂观察研究者、心理学家瑞格（E. C. Wragg）在其专著中引用的论文著作就不少于20篇。

国外也很注重课堂观察与学科实践的结合，如20世纪50年代以来，西方语言教学界从社会学和人类学的角度对外语课堂教学、外语课堂教学行为进行了较全面的观察和研究，取得了非常重要的研究成果[②]。

相比之下，我国对课堂观察的研究，特别是系统的课堂观察研究显得相对滞后。具有代表性的著作有：柳夕浪著的《课堂教学临床指导（修订版）》[③]以教师课堂教学行为为研究重点，运用心理学、教学论、管理学等学科的研究成果，借鉴临床诊断的方法，分析和记录了教师的课堂教学行为，提出了教师课堂教学与课堂管理的理论与方法，对于提高中小学教师的课堂教学效果颇有指导意义。陈瑶编著的《课堂观察指导》[④]是国内第一本系统介绍课堂观察研究的著作。本书借鉴了国内外研究成果，从定量和定性两个维度对课堂观察方法进行了探讨，并结合大量研究实例加以说明；本书特别注重实用性和操作性，意在让更多的中小学教师能够自学而且能娴熟地应用课堂观察方法和参与到课堂研究中来。陈大伟编写的《怎样观课议课》[⑤]是一部关于中小学课堂教学研究的理论专著。全书详细介绍了观课议课的背景与基础、理念与策略、环节与流程、视角与方法、准备和工

---

① ［美］鲍里奇：《教师观察力的培养——通向高效率教学之路》，么加利、张新立译，26页，北京，中国轻工业出版社，2006。

② 姜宗彦、于秀波：《外语教师课堂观察活动的现状调查》，载《四川教育学院学报》，2006(7)。

③ 柳夕浪：《课堂教学临床指导》，北京，人民教育出版社，2003。

④ 陈瑶：《课堂观察指导》，北京，教育科学出版社，2002。

⑤ 陈大伟：《怎样观课议课》，成都，四川教育出版社，2006。

具。林高明编写的《课堂观察：顿悟的艺术》①一书，既有对课堂细节观察的提炼和反思，又有可资借鉴、行之有效的观课方法与透视技术，更有视角独特、触须敏感的课堂解魅，是一本帮助教师重新解读课堂的实用说明书。沈毅、崔允漷主编的《课堂观察：走向专业的听评课》②由四个部分构成：第一部分"故事分享"，主要收录了课堂观察大区域合作体——浙江余杭、北京海淀、宁夏银川探索的若干故事，记录了教师进行课堂观察研究与实践的艰难、思考和喜悦；第二部分"问题解答"，选择了 20 个问题，用问答的形式，简明扼要地介绍了课堂观察的概念、意义、操作技术与流程、局限性，以及需要进一步研究的问题；第三部分"范式创新"，介绍了课堂观察大区域合作体在崔教授团队的强有力支持下创造的一种新的听课评课范式，这一部分的核心是《课堂观察框架（第 3 版）》和部分观察记录工具；第四部分"课例研究"，收集了课堂观察大区域合作体一次课堂观察活动后撰写的自成一体的课例，呈现的是一次完整的课堂观察活动过程。

三、国内课堂观察的实践探索

　　课堂观察的实践研究在我国的开展是近几年的事情，比较典型的有浙江省余杭市高级中学、江苏省吴江市一些中小学幼儿园和宁夏银川市第一中学、北京市中关村中学等进行的一系列关于课堂观察的探索。

　　2005 年，余杭高级中学在崔允漷教授的带领下研制出了第一个听课评课框架——《余杭高级中学课堂观摩框架》，2007 年 9 月再次确定的课堂观察框架包括 4 个维度、20 个视角和 68 个观察点。经多年实践，他们开发的课堂观察框架、手册和纲领为后来的研究者们提供了宝贵的理论和实践经验，使得课堂观察这种课例研究方式更趋于成熟。

　　吴江市自 2006 年 9 月开始进行区域性地探索课堂观察。观察者以一种务实、有效的科学态度投入到"课堂观察"的研究及实践中，并把课堂观察作为一种日常的教研生活，以"日常"的研究改进"日常"的教学。他们倡导进行基于校本的探索，出现了很多具有该校特色的操作方法，如吴江市第二高级中学构建了"一个切入点，两个结合"的校本课堂观察操作模式，即以课堂录像为切入点，与精致教育、课题研究和名师工程相结合。走向日常化的课堂观察，改变了教师的职业生活方式，创造了普通教师新的教研生活。

　　银川市第一中学自 2007 年 9 月开始试行课堂观察这一课例研究方式，江苏省锡山高级中学高一政治组首次开展目标导引教学下的课堂观察实践活动，并自主开发了课堂观察量表，为有效听课评课提供了值得借鉴的范例。各地中小学学校也开展了不同程度的观摩课活动，展开了对各个具体学科领域的课堂观察研究，如语文课堂阅读教学③、数学课堂解应用题④、外语课堂教师观察活动状况⑤、自

―――――――――

　　① 林高明：《课堂观察：顿悟的艺术》，福州，福建教育出版社，2008。
　　② 沈毅、崔允漷主编：《课堂观察：走向专业的听评课》，上海，华东师范大学出版社，2008。
　　③ 张筱琳：《小学语文阅读教学中课堂观察例谈》，载《上海教育科研》，2009(7)。
　　④ 姚静、宋伟倩、康剑平：《他们为什么在应用题上失败了——课堂观察与诊断案例一则》，载《课程·教材·教法》，2003(5)。
　　⑤ 姜宗彦、于秀娟：《外语教师课堂活动的现状调查》，载《四川教育学院学报》，2006(7)。

然科学课堂教师课堂言语行为、社会科学课堂的研究等。课堂观察已经开始根据不同学科的性质、要求和课堂情境有针对性地进行，这说明课堂观察已逐步朝着学科特色的纵深方向发展了。

四、课堂观察的技术

课堂观察与日常的听课评课不同，是一种科学的观察方法，对深入课堂的观察者提出了更高的要求，如如何收集资料、信息，观察哪些行为等。观察者需要在分析课堂的基础上形成一个框架，在理解课堂行为的基础上展开观察。一般可用的方法有实时观察、录像等，还包括以时间为标识，有选择地进行课堂实录。常用的课堂观察技术，见表 1-1。

表 1-1　课堂观察技术统计表[①]

课堂观察技术	主要功能
1. 选择性课堂实录（时间标识）	选择一些课堂教学片段或者情节进行真实的记录。这些片段中有课堂上发生的精彩故事，也有反映教学中遇到的各种困惑。其中，包括语言互动的记录，以及表情、姿态等情境的描述。好的教学片段是制作教学案例的基本素材
2. 座位表技术，又称为 SCORE 技巧（Seating Chart Observation Records）	主要优点是以班级的座位表为基础，可以很快地解释记录的资料，特别是能使观察者将关注集中于班上的具体学生，同时也可观察到全班学生的活动情况。当然，由于将教学中的某些行为独立出来，所观察到的行为可能是琐碎的。实际使用时，应与其他方式结合使用
3. 德斯语言互动分类	师生的语言交流可以分为 10 类，其中，教师与学生各分为"回应""中立""自发"三大类共 10 个小项。通过这种分类及其相应的"弗兰德斯语言互动分类频次统计表"及"语言互动时间线标记表"，可以初步判断课堂教学过程是属于"学生自主取向"还是"教师主导取向"，或者两者趋于平衡
4. 提问技巧水平检核表	在这个表中，要求记录课堂中的每一次问答情况（带有时间标识），然后对问答方式、提问及回答的水平进行鉴别。其中，教师的提问划分为管理、认记、推理、创造、批判五个水平；学生的回答划分为无答、机械性回答、认记、推理、创造五个水平。通过提问技巧水平检核表及其相应的"提问行为类别频次统计表"，可以大致认定课堂提问的数量与质量
5. 课堂练习目标层次统计表	目的是对课堂练习的数量与质量进行分析，其中将课堂练习划分为低、中、高三个层次，每个层次又划分为记忆、理解、应用三种类型，由此得到一个双向细目表
6. 课堂教学时间分配参考表	关于教学时间分配的统计主要有两种途径：一是根据教学环节，可以划分为复习提问、讲授新课、例题讲解、巩固练习、课堂小结五个环节；二是根据教学活动分为单向传授、师生问答、形式探究、实质探究、学生练习五种形式，然后再进行教学时间分配的统计分析

[①]　鲍建生：《学会观察　学会教学——兼评两篇师范生的课堂观察报告》，载《中学数学月刊》，2003（6）。

续表

课堂观察技术	主要功能
7. 教学效果检测分析表	这是课后对学生掌握情况的追踪检测，通常采用测试卷的形式。根据测试的结果，对教学效果进行评估，其中还包括对错误原因的分析。除了书面测试外，教学效果的检测也可采用口试加访谈的形式
8. 教学效果综合评价参照表	这是对课堂教学效果的整体评价，通常分为目标制订、内容安排、教学方法、教学效果、教师素质五个因素，每个因素又根据不同的权重进一步划分为若干个等级，最后再根据每个因素的得分来综合评判课堂的整体水平
9. 课堂教学认知水平的界定表	课堂教学一般可以分为四个认知水平：记忆型、无联系的程序型、有联系的程序型和做数学型。通过对比预定目标与实际效果在认知水平上的差异情况，分析导致教学认知水平下降或者上升的因素，并提供相应的教学建议
10. 广角镜技术	主要是记录课堂上发生的、与学科内容关系不大的事件，包括课外的干扰（如广播声、学生的迟到早退等）。这些事件可以从另一个侧面反映课堂的氛围，特别是有助于解释一些反常的教学现象
11. 学习动机调查、访谈	对学生学习动机的调查有助于从深层次上了解教学的指导思想。问卷与访谈既可以在课后立即进行，也可以在初步分析课堂观察数据的基础上有针对性地进行。调查与访谈的结果有助于进一步解释课堂观察的分析结果

我们可以把这些方法归纳为以下两种：

一是定性方法。研究者依据粗线条的观察纲要，在课堂上对观察对象做翔实的多方面的记录，并在观察后根据回忆加以追溯性的补充和完善。分析手段主要是归纳法，而文字记录则是描述性的和评价性的，并且可以把现场感受和领悟记录下来。

二是定量方法。运用一套定量的、结构化的记录方式（工具表）进行观察，既可以采用"钢笔录音机"，也可以运用录音录像和电脑软件进行分析。在准备观察前，观察者可以根据观察所要达到的目的，自己设计所需的图表，尽可能设计得详细一些，如座位表、提问技巧水平表、提问行为频次表、教师反馈表、课堂练习目标层次统计图等。

第三节 范式的变换：从听课到课堂观察

成都大学陈大伟教授在《怎样观课议课》一书中对"听"和"观"进行了独到而精彩的诠释，并以此为依据探讨了传统听课与课堂观察之间的关系。[①] 他认为，"听"指向声音，"听"的对象是师生在教学活动中的有声语言往来；而"观"则是强调要用多种感官（包括一定的观察工具）收集课堂信息。在多种感官中，"眼睛是心灵的窗户"，透过眼睛的观察，除了语言和行动，课堂的情境与故事、师生的

---

① 陈大伟：《怎样观课议课》，36页，成都，四川教育出版社，2006。

状态与精神都将成为感受的对象。更为重要的是，观课追求用心灵感受课堂、体悟课堂，并从中体味到传统的"听课"与课堂观察的区别。

一、传统的"听课"及其弊端

案例

传统听评课的遗漏与陷阱[1]

在某次省级历史优质课比赛中，评委对获得一等奖的课作出了如下评价分析：

《三国鼎立局面的形成》是一堂课改探讨课。这一堂课从大的方向上改变了教师的教学方式和学生的学习方式，在课堂教学中体现了学生的自主、合作和探究精神，是一节比较成功的课。具体而言体现在以下方面：

第一，教学目标制定明确、具体、恰当。在这堂课中，教师能根据学生认知能力的发展水平和历史学科特点制订目标，从浅至深，不仅让学生了解了历史上著名的战役——官渡之战和赤壁之战，三国鼎立局面的形成以及它对历史产生的影响，而且在更深层次的思想上对学生进行了教育，使学生了解人才对社会的重要性，有利于其树立正确的人生观。

第二，教材处理比较科学，内容把握准确。教学内容编排合理，重视知识的形成、巩固、深化和应用，符合学生的知识基础和能力水平。教师在教学设计上没有照本宣科，而是精心设计了三个有深度的问题让学生分小组讨论学习："官渡之战曹操获胜的条件"；"赤壁之战曹操失败的原因"；"你对曹操的认识"。学生在合作学习中，改变了接受式学习、死记硬背、机械训练的现状，创新能力得到了发展和提高，培养了分析和解决历史问题的能力。

在教学中，教师首先让学生用表格把在三国鼎立局面形成过程中起重要作用的战役列出来。其次，在掌握了基本史实后，接下来进行知识巩固，并探讨深层次的问题："官渡之战曹操获胜进而统一北方的条件有哪些？"在讨论过程中，学生表现较为积极。接下来，教师进行点评，引导学生从中认识虚心听取别人的意见，才能克服自身的弱点，在竞争中脱颖而出的道理，并且把这一知识运用到当今的人才竞争，让学生谈自己的感受。通过这一系列的教学方法，教师不仅让学生融会贯通地掌握了基本历史知识，还达到了思想教育的目的，在课堂上实现了知识的迁移，让学生充分地认识到当今社会人才的重要性。但是，教师在讲解"三国鼎立局面如何形成"这一难点时，没有点透，不能让学生很好地把握难点问题。

第三，教学过程设计合理，层次清楚。这节课运用多媒体辅助教学，让学生能从直观形象上了解三国鼎立局面形成的有关史实，增强了学习兴趣。在这堂课中，通过"提问—讨论—点评"这一方式，教师层层点评，学生层层过关，

---

[1]　本案例的作者是广西师范大学历史文化与旅游学院李庆忠教授。

思路清晰，内容简明扼要。学生通过讨论，积极主动参与学习过程，学会了学习，这是本堂课最吸引人的地方。但是，如果教师能够在学生讨论后开展一些智力竞赛或在讲到曹操、诸葛亮时播放有关的影片，那么，课堂的形式会更加丰富多彩，学生上课的积极性会更高。另外，在播放"东汉末年局势"课件之后，教师可让学生谈谈"东汉末年的形势如何"。在这里，如果教师事先归纳好，直接讲给学生听，虽然文字写得非常优美，篇幅也很长，但给人的感觉是在背书给别人听，不能很好地调动学生的思维积极性和自主性。

第四，教师的基本功扎实。教师板书设计巧妙、合理，能成为学生获得知识的思路图；语言规范、简练，抑扬顿挫，教态自然大方。但教师在表情上稍显平淡，缺少激情。

从上面案例中可以看出，传统"听课"有以下几个特点：第一，从目的上看，传统的"听课"更多地指向教师的工作效绩或出于选拔目的，教师"打分"，对课的好坏作判断，而不注重教师的发展性评价，不注重教师的专业发展；第二，从角度上来看，传统的"听课"只注重教师的行为，在教学行为方面也只是侧重关注教师教学基本功，如讲、书、读、解的行为等，而不是关注学生的"学"，即使是看学生的表现，也只是为了评价教师的教学效果；第三，从内容上来看，传统的"听课"更多地关注知识与技能目标，关注教学内容的处理，如所授知识是否准确科学、知识点是否完整、有无系统性等，而忽视其他生成性目标。

还有，从教师角色定位来看，面对这样的"听课"，授课的教师重在展示教学长处。《中国教育百科全书》认为，听课就是"指领导对课堂教学进行监督、检查、指导的重要形式，是教学管理的必要环节之一"[①]。从这一定义可以看出，传统的听课仅仅指领导对教师的教学工作的检查和指导。有学者通过对北京海淀区中学领导干部听课评课1362节课记录（2007—2008）的分析，发现学校领导干部听课评课尚不专业，表现为：听课评课目的不明确，计划性、选择性不强，框架不清晰，对学生的学习效果关注不够，听课评课中的问题意识不强。[②] 其中最值得关注的是观念性问题，特别是理念与实践分离的问题。[③] 传统的评课也是把教师看成"等待帮助"的客体，评课者重在指出执教者的优点和缺点，要么言辞尖锐，要么是"好好先生"，这些现象的背后蕴藏了我们习焉不察的文化假定。因此，新课程背景下的听评课研究与实践相比较薄弱，有待进一步发展。

二、走向"课堂观察"

观课教师走进课堂，不是单纯用两耳听教师的授课、听师生的问答、听学生的讨论，还需要借助眼睛观察课堂的动态、教师的姿态、学生的神态。课堂观察

---

① 张念宏：《中国教育百科全书》，64页，北京，海洋出版社，1991。

② 宋世云、徐燕平：《领导干部听课评课亟待专业化》，载《中小学管理》，2009(2)。

③ 李艳莹、王瑞：《基于对北京海淀区中学领导干部1362节课的听课评课记录的分析》，载《中小学管理》，2009(2)。

强调用多种感官收集课堂信息，只有通过眼睛观察，课堂的情境与故事、师生的精神与状态才能成为感受的对象；不仅需要观察课堂上发生了什么，还需要注意观察的对象，既要有教师，更要有学生。要把学生的活动和状态作为观课的核心，即把观课的焦点从教师转移到学生，把重心从关注教学活动转移到关注学习状态，从关注教育过程转移到关注课堂情境。观课时教师不一定要坐在教室的后边，可以坐在学生的旁边；在学生自主学习、小组合作交流、做课内练习时，观课者可以站起来，看看学生在做什么。通过了解学生的学习状况，以观察教师的教学策略是否正确，引导是否得当，学生学得是不是有趣，教师教得是不是有效。观课的目的是发现教学中存在的问题，是以学生的学习为主要观察对象，而不全是观看教师的表演。

案例

教师指令有效性的课堂观察与研究

一、背景

2010 年 3 月 28 日，南宁市第三中学历史组开展关于"教师指令的有效性"的研讨活动。在听完马志民老师所教的《洋务运动》一课后，历史组在学校会议室进行课堂观察专题教研活动。

二、主题：教师指令的有效性

三、观察视角及观察量表的制定：要求在统一视角的基础上，主要针对教师发出的指令及相应的学生行为、教师的处理策略三个视点对教师指令的有效性进行分析，见表1-2、表1-3、表1-4。

表1-2　课堂教学三要素简表

	目　标	互　动	状　态
教师	设立的合理性 达成的策略性	教师采用了何种策略，教师行为如何引发互动，以及互动的程度如何。这种互动是否基于学生实际、目标达成、课型与知识特点等	是否关注并以何种策略促进学生良好的课堂状态的形成与维护
学生	达成度 达成效率		情绪是否饱满、参与是否积极、思维是否活跃等

表1-3　观察学生具体活动简表

序　号	教师指令	学生行为	分　析

表 1-4　观察教师课堂教学行为简表

序　号	教师指令	处理策略	分　析

四、观察结果汇报与简评

1. 学生观察组汇报

本小组共有三位老师，观察对象有 16 位学生。指令 1："看视频"，学生都非常专注。指令 2："思考历史现象"，大都很认真；本组有一位学生有些分神。指令 3："阅读史料"，大部分同学能主动去阅读，但是部分同学看不懂材料，有点心不在焉。指令 4："合作交流（小组讨论）"，小组都有参与，但是出现每个组都是平时比较活跃的同学控制话语权，每组都有几位学生自己独自在看书，基本上没有和其他同学讨论。指令 5："班级交流"，举手有 7 人次，发言 4 人，看图片专注，有少数同学不大敢表现自己。教师应多正面鼓励，让更多学生相信自己的能力，让每个学生觉得自己真的行！指令 6："质疑解难"，举手 5 人次，发言 2 人，有跟不上节拍的感觉。

这堂课 16 位学生都能在老师指令下进行有效互动，而且非常投入专注。从参与发言的角度来看，举手有 17 人次，发言有 7 人次，但其中二人发言重复 5 次，由此可见发言的参与面不太广。还有 1 名学生多次举手，老师没有注意到。

2. 教师观察小组汇报（发现教师指令及指令发出后的处理，研讨指令及其处理策略的有效性）

毛老师：教师发问总次数 30 次，其中形成指令 26 个。对这些指令的处理中，引导学生评价 13 次，其中学生自评 7 次，互评 6 次。教师评价 30 次，其中肯定或否定 2 次，复述 9 次，生发 3 次，追问 5 次。学生自评率不到 50%，教师评价率超过 50%。教师总结 9 次。

教师引导学生小组交流 2 次，班级随机交流 9 次，引发质疑 6 次。

廖老师：我觉得这个专题的任务在这堂课教学中落实得很好。特别是对历史史料解读的指导，相比上次来说，形式多样化了，教师指导到位了。小组互动的实效性更是大有改观，这得益于教师的指令更加明确化。另外，课堂活跃的氛围推动了学生的积极参与。

主持人：简要总结（略）。

从上面案例中可以看出，"传统听课"到"课堂观察"不只是换了一个词语，其实质是教学理念和教学思想的转变，是一场教学观念的头脑风暴，是一次教学研究方式的革命。正如列奥施皮泽所说："词的变化就是文化的变化和灵魂的变化。"①从下面的图中，我们能看到从听课到课堂观察在理念上的转变：

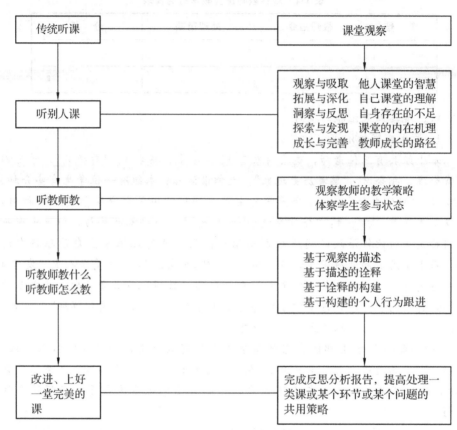

图 传统听课与课堂观察在理念上的比较

课堂教学观察与传统的听课评课形式相比，有以下不同之处：

1. 课堂观察的目的是为了帮助上课教师和观课教师共同认识教育观念、教学设计、教的行为、学的行为、学的效果之间的具体联系，采取行动改变其中的相应环节，旨在诊断、发展。

2. 在课堂观察过程中，所有参与者围绕共同的话题进行交流，地位是平等的，改变了执教者即"被帮助者"的"被评"地位，有了辩护权，可以为自己的设计意图进行解释。专家、同事们不是"局外人"去挑毛病，超越了"谁说了算"的争论，而是敞开心扉，围绕课堂教学思考问题想办法，平等对话找出路。

3. 取向不同，课堂观察活动强调以"改进、发展"作为上课取向，不但不怕出现问题，而且鼓励授课教师主动暴露问题以获得帮助，求得发展。进行课堂观察的教师要善于发现上课过程中遇到的新问题，并沿着"发现问题、分析问题、解决问题"的思路螺旋式前进。就像美国教育家瓦特·詹姆斯·波帕姆（W. James Popham）教授阐述评课的四个功效："一是促进学校教学质量的提高；二是促使教师专业素质的提高；三是带动学校教科研水平的提高；四是促使学生的素质得

---

① 转引自刘浩明：《从好言到好智》，载《读书》，2004(4)。

到较好的提高。最终实现八个优化，即：优化教师教育思想与理念、优化教学目标、优化教学内容、优化教学方法与手段、优化教学过程、优化作业设计、优化教学管理和优化教师教学基本功。"[①]我们认为，课堂观察的价值取向标准可以此为依据。

我们可以从三个角度来理解课堂观察：从方法论的角度看，课堂观察具有一定的研究目的、工具和程序等，是一种教育科学研究方法；从教学手段的角度看，教师通过观察学生和反省自身获得教学反馈，是一种提高教学有效性的手段；从发展途径的角度看，课堂观察促进了教师的专业发展，改善了学生的学习，是一种实现师生共同发展的有效途径。当教师运用课堂观察开展实践活动时，不仅培养了自身的科研能力，还提高了教学的有效性，促进了自身的专业化发展，学生的学习也因此得到改善。可见，在开展课堂观察的具体活动过程中，这三个方面的理解是融会贯通的。

综观所述，课堂教学观察在关注课堂教学对象和课堂教学重点上，不只是教师，更要有学生；不只是教师教的方法，更要有学生学的方式。在力图达成的课堂教学研究的目标上，不只是为了一节课的完整，更是为了今后的课堂更趋完美。因此，课堂教学观察是一种更具科学性的教学研究方法。

三、完善教师，成长学生：课堂观察的目的

课堂是落实新课程理念的主阵地，是促进学生发展的重要场所；课堂的精彩瞬间往往充满着智慧和机智，是教师教学经验的沉淀。可以说，课堂观察是一张"存折"，存进去的是别人的做法，取出的是自己的思考，或许这就是课堂观察的价值。

教师走进他人的课堂，首先应确立一种欣赏的态度和眼光，去发现他人的课堂教学经验。由于课堂具有情境性和不可复制性，只有通过对授课教师课堂教学取得成功的原因进行分析和感悟，才能优化和改进自己的课堂教学，让自己的课堂教学更为成熟。只有学习了他人课堂优势的经验，吸取了他人课堂不足的教训，才能反省识别自己的课堂优势与不足。因此可以说，肯定自己的课堂教学经验，是学习他人的课堂经验与拓展自己的课堂优势的前提。

---

① ［美］W. James Popham：《促进教学的课堂评价》，132，北京，中国轻工业出版社，2003。

案例	构建历史课堂中的有效对话①

构建历史课堂中的有效对话①

2011年3月29日，嘉兴历史名师高研班举行教研活动，嘉兴市第一中学的盖文斌老师在观察名师戴加平老师的《孙中山的三民主义》一课后，这样评述：

课堂对话是教学活动中的关键环节，是将教师的知识体系转化成为学生的认知体系的纽带。课堂对话有多种方式，一般分为学生与教材、学生与教师、学生与学生三种主要的对话过程，戴老师的《孙中山的三民主义》一课对于这三种对话都进行了示范。

戴老师引用了教材课后阅读与思考中的两段材料，作为引领学生理解孙中山提出三民主义的出发点，并且将三民主义与三大革命再一次对应。戴老师用自己的行动阐述了如何引领学生回归教材，并且在知识的内化过程中，实现了学生与材料的亲密对话。

戴老师虽然是借班上课，但是整堂课并不沉闷。课堂中学生的回答绝大多数都是主动站起来回答的，这得益于戴老师问题设计的逻辑渐进性。戴老师用6个难度由浅入深的问题贯穿了学生的认知过程：他先是用三个能直接感觉的问题让学生去体会三民主义内在的关系，然后层层深入地探究三民主义的背景、新三民主义的背景和新三民主义的特点。问题设计由浅入深，逻辑渐进，学生在理解上容易层层登上高度。另外，戴老师在与学生的对话过程中，不仅语言幽默风趣，而且能根据学生的回答抓住亮点及时鼓励，能调动学生学习的积极性，这一点给小组成员以极深的印象。可以说，教师的语言是师生有效对话的前提和保障。

在整堂课的教学过程中，教师没有进行大规模的学生讨论，而是在问题提出后允许学生之间的交流。于是，学生间的对话既没有了"讨论"的形式束缚，也没有强性任务的压迫，学生间的交流贯穿在对问题的思考过程中，问题出现，学生讨论声起，声音渐消，讨论也就结束。这样的课堂自然而随性，既有深度，也有灵动。

戴老师的课堂还给我们展示了教师与学生的平等性。课堂中的师生问答，有来有往，没有教师的强势，也没有学术的压迫，润物无声，大象无形。……戴老师与学生的对话，鼓励性的语言贯穿始终，但不是简单地说"好"，而是指出学生回答中的亮点，并且根据这些亮点适时地给予学法的点拨，将知识的传授与学法的指导融为一体，让听课的教师暗暗佩服。

戴老师通过行动告诉了我们，师生的有效对话源于两个要素：一是扎实的学术基础，二是平和的心态。学术基础有赖于我们的专业积累，而平和的心态则是一种淡定的教育态度，这依托于我们教育理念的更新。我们不可能将所有的知识都教给学生，但至少我们能让学生在以后的学习中还有求知的欲望，而不是对知识的恐惧。

---

① 本案例的作者是浙江嘉兴市第一中学盖文斌老师。

由此可见，盖老师是以"捧着一颗心来"的态度来进行课堂观察的，做到了"真心"——积极主动来听，"虚心"——认真求学来听，"诚心"——为真正研讨来听。

更为可贵的是，听课者通过对他人真实课堂的观察，可以反映出自己课堂教学中的优点与缺点。课程专家认为，"错误是一种重要的资源"，课堂中的问题或缺憾也常常蕴含着丰富的、重要的"可能资源""可能价值"，如果能将其挖掘出来，进行"欣赏"和"放大"，往往能产生一定的教学论意义，也能使观课者以及更多教师受益。

当观课者发现自己与上课人有着同样的课堂缺点时，表明自己的课堂缺点具有一定的普遍性，要么是不需要避免的，要么是无法避免的，这就为听课者寻找到安慰，也为课堂创新寻找到了自信。南京师范大学的鲁洁教授特别指出："对一些常见的失误进行研究，分析失误的表现与危害，探究失误的机制和病理，思考避免失误的途径与措施……意义并不亚于对成功经验的总结。"[1]

课堂观察不仅影响教师自身与学校的发展，它的起点和归宿更在于改善学生的课堂学习。在真实的课堂里，学生通过倾听、与教师对话和交流来建构自己的学习方式，改善学习行为，获得新的认知与情感体验。例如，以学生学习的互动为观察视角，观察学生有哪些互动行为、学生的互动能为目标达成提供怎样的帮助等。于是，教师通过观察实录还原学生在课堂中的表现，提供分析报告与改进建议，进而影响授课教师关注学生的后续学习行为，使其发生新的变化。观察课堂中的其他行为或事件，如教师教学、课堂文化等，通过教师行为的改进、课程资源的利用或课堂文化的创设，同样能直接或间接地影响学生的学习。所以，教师参与课堂观察始终指向学生学习的改善，这是课堂观察与传统听评课最大的功能区别。学生的学习过程是一个以积极心态调动原有知识经验、尝试解决新问题、同化新知识的积极构建过程，这个过程必须靠自己完成，任何高明的教师都不可能替代。这就需要教师在课堂教学中转变教学观念，创设和谐的课堂气氛，改变以往学生对教师依赖性大的特点，激发学习动机，引导改变不良的学习方式，培养自主意识，逐步形成自主学习的习惯和能力，进一步提高整体素质。

---

[1]　孙孔懿：《教育失误论》，第 2 版，7 页，南京，江苏教育出版社，2003。

第二章
课堂观察
的理论基础

在现代教育中，课堂观察是教师获得教学反馈信息，捕捉复杂教学现象，分析研究教学情况，及时调整教学思路、教学内容和教学方法的重要手段。课堂观察还能够唤醒隐藏在教师心中的教学智慧，促进专业发展，提高教学效率。课堂观察作为一种科学的研究方式，有着深厚的理论基础，从实践层面来看，扎根理论、教育现象学、教育人类学、乔哈窗口理论和冰山理论对我们进行课堂观察均有很大的启迪。

一、在经验资料的基础上：扎根理论

1967 年，西方社会学者格拉斯（Barney Glaser）和斯特劳斯（Anselm Strauss）就教学理论与教学实践的关系问题提出了"扎根理论"。在此基础上，1990 年，斯特劳斯和柯宾（Corbin, J.）发表《质的研究基础：扎根理论的技术与程序》，对扎根理论进行了再次的整理和解释："透过有系统的收集和分析资料的研究历程之后，从资料所衍生而来的理论。在此一方法中，资料的收集、分析和最终形成的理论，彼此具有密切的关系。"[①]扎根理论是指研究者针对与自身相关或自身感兴趣的主题，不断就所收集到的资料进行思考、比较、分析、归类、概念化，加以关联和建构，并将隐藏在资料中的信息通过研究者的理论触觉挖掘出来的过程，其主旨是在经验资料的基础上建立理论。其主要观点是：研究者在研究开始之前一般没有理论假设，而是带着研究问题，直接从原始资料中归纳出概念和命题，然后上升到理论。扎根理论认为，任何理论都有经验事实作为依据，一定的理论总是可以追溯到其产生的原始资料，并且其本身正是通过对原始资料的不断深入分析而最终浓缩形成的。[②]

扎根理论的一个主要观察重点，就是把研究过程视为教学和发展中的一项工作，即在"工作"的意义下进行研究，也可以说是带着工作去研究，将研究活动与个人的社会经验背景联系起来。扎根理论方法特别强调从行动中产生理论，从理论研究者与实践研究者的共同行动中构建理论，而理论的源泉必须来自第一手的资料，并基于第一手资料进行原创性科学研

图 2-1　回到教室现场

究。这一理论的提出，一方面，提醒研究者尤其是质的研究者，在进行调查研究时，不仅需要调查事实，还需要提升为理论；另一方面，提醒研究者尤其是质的研究者，提出的理论假设，必须从调查的资料中产生。采用扎根理论开展研究时，研究者需要不断地记录并阅读田野笔记和作出自己的解释，以便开展进一步的观

---

① ［美］Anselam Strausss、Juliet corbin：《质性研究入门：扎根理论研究方法》，吴芝仪、廖梅花译，19 页，台北，涛石文化事业有限公司，2001。

② 张家军：《扎根理论及其在教师培训中的应用》，载《教育理论与实践》，2010(32)。

察，通过这些观察证实或否定假设。

扎根理论收集资料的渠道主要是访谈、录音、参与性观察，以及报纸、杂志、日记、备忘录等。其主要的操作程序如下：(1)对资料进行逐级登录，从资料中总结出概念；(2)不断地对资料和概念进行比较，系统地询问与概念有关的生成性理论问题；(3)发展理论性概念，建立概念之间的联系；(4)理论性抽样，系统地对资料进行编码；(5)建构理论，力求获得理论概念的密度、变异度和高度的整合性。①

扎根理论"从资料产生理论"的思想，对课堂研究的转型有很大的指导作用。它提示我们，从事教学研究的第一手资料只能从课堂教学活动中获取。我们借鉴这种理论，目的并不在于寻求"理论"，而是为了改善教学实践。这种理论给课堂观察的最大启示在于对教学现象、过程的重视，它解决的是方法的问题，无论是解释的还是实证的，都必须扎根于课堂教学，也就是说，课堂是我们的研究之根。

课堂观察是基于"扎根理论"的研究，依据这一理论，课堂观察必须"忠实于现象"，从现象出发进行理性的分析，最后建构可能的现象。面对收集到的大量课堂研究资料，教师通过不断提出问题和作出比较，然后对收集的资料进行初步分析，根据分析结果修正自己带入研究中的教学理念，调整研究的焦点。扎根理论特别强调，教师在进行课堂观察时一定要善于随时用所观察到的课堂发生的实际情况，来挑战头脑中原有的教育教学观念，务必让观察、收集的实际情境和资料，而不是先入为主的一些观念，来引导我们开展教育教学的研究。

同时，也应该看到，课堂观察必须"在累积中提升自我"，教师个人理论的提升是一种逐渐累积的过程，虽然其间也有"顿悟"，但这种顿悟式的变革在本质上是一种累积过程中的飞跃。有的教师通过课堂观察能很快进行教学行为的跟进，有的教师的改变则会比较缓慢；有的教师行为的改变比较显性，有的教师行为的改变却要有待时机的成熟。

总之，扎根理论使得课堂研究者把目光投向了"产生理论"而不是"证明理论"，开辟了从分析经验资料入手，逐层归纳、提炼出实质理论的有效途径，为解释和预测丰富、具体的课堂现象，推动各个层次的理论创新，提供了一个新的思路。正如教育家吕型伟指出的："教育改革的出路似乎在于寻找结合点或者说在寻找中间地带。"②

二、回到事实本身：现象学的理论

现象学是 20 世纪初德国哲学家埃德蒙特·胡塞尔(E. Edmund Husserl)提出的，主张"回到事实本身"，即将事实作为认识事物的不动点，悬置抽象理论、抽象概念，对事物进行本质直观，由此完成认识过程中的"去蔽"，直击事物核心。后经马丁·海德格尔(Martin Heidegger)等人的发展，现象学已成为一个影响巨

---

① 陈向明：《质的研究方法与社会科学研究》，327～329 页，北京，教育科学出版社，2000。
② 李现平：《中国教育改革的辩证思考》，载《北京大学教育评论》，2006(1)。

大的国际哲学思潮。具体而言，现象学的方法就是从具体的现象中发现并描述出事物的本质，它具有描述的特征，而描述依赖于直观，仅仅描述在直观中呈现的东西。现象学方法的基本步骤有：研究特殊现象；研究一般本质；理解各本质间的关系；观察现象在意识中的构成；观察显现的方式；搁置现象存在的信念；解释现象的意义；等等。

教育现象学即是受现象学及现象学运动的影响而逐渐发展起来的教育研究新取向。当代最有影响力的教育现象学代表人物是加拿大阿尔伯塔大学(The University of Alberta) 的奥凯(T. Aoki)、马克斯·范梅南(Max Van Manen) 和史密斯(D. Smith) 等人，以及美国密歇根大学的巴瑞特(L. Barritt) 等人。他们的教育现象学思想的特点是关注孩子的体验世界，要求在具体的教育情境中整体地把握教育经验的意义。

教育现象学希望通过研究获得一种不同于传统的思考问题的方式和行为意识，从而寻找一种新的理解教育的可能性，为教育研究提供一种新的途径。[①] 这种教育研究就是把本源性的教育现象重新带入现实之中，把人们遗忘的生活世界带入存在之中，让人们在普通的日常生活中发现生活的本质及其意义，而不要用"客观的、科学的"认识方式来看待教育，要从生活本身、从教育的生活形式，把教育看做"是人对人的主体间灵肉交流活动(尤其是老一代对年轻一代)"，[②] 即回到教育或学生的生活世界，面对"生活世界"本身，在未经反思的"生活世界"面前，反思教育教学行为的意义。

范梅南认为，教育学实际上就是一门成人(包括教师、父母和其他与儿童成长相关的人)与儿童如何相处的学问，教育现象学就是想让我们摆脱理论和预设的概念，将我们的成见和已有看法、观点先搁置起来。按照胡塞尔的说法，就是将它们先括弧起来、悬置起来。让我们直接面对学生的生活世界和生活体验，并对它们做有益的反思，从而形成一种对教育具体情况的敏感性和果断性。[③] 简单地说，教育现象学就是要引导我们关注孩子鲜活的日常生活世界和生活体验，要"看到"孩子。

案例	用小故事来说明教育现象学的"看到"[④]

故事1：看到一个孩子在街上跳绳，我停下来，笑着观望了一番。我看着那一次次充满活力的跳动，绳子有节奏地晃动——这是我记忆中的节奏。时间似乎停滞了。当孩子停下来的时候，我仍感到绳子击打着我的脚面。我感到遗憾了，我希望能重新看看学校的老操场，但我只能回到现实。

① 朱光明：《范梅南现象学教育学思想探析》，载《比较教育研究》，2005(4)。

② [德]雅斯贝尔斯：《什么是教育》，3页，北京，生活·读书·新知三联书店，1991。

③ 转引自李树英：《教育现象学：一门新型的教育学——访教育现象学国际大师马克斯·范梅南教授》，载《开放教育研究》，2005, 11(3)。

④ [加拿大]马克斯·范梅南：《生活体验研究——人文科学视野中的教育学》，宋广文等译，178～180页、11页，北京，教育科学出版社，2003。

　　故事 2：老师看到丹妮在跳绳。因为与她交往一年之久，他比一个过路人更了解她。丹妮远离其他孩子独自一个人跳绳，这使他深思怎样才能使她成为孩子们中的一员。她无可置疑是班里成绩最优秀的学生，但她的成功完全可归结为自己努力的结果。她对自己所受到的表扬总显得漠不关心，以致自己的老师都感到很沮丧。丹妮的母亲是一位成功的、很具有事业心的女性，想把丹妮培养成一名天才。丹妮按照母亲的意图这样做了，但她的老师却认为她用童年的欢乐换取了母亲的喜悦。当老师观察丹妮跳绳时，注意到她的紧张感，与其他孩子跳绳的轻松截然不同。这种焦虑的神情如同她在面对每一次考试、每一次任务时所表现出的一样。与其说她在跳绳，还不如说她在艰难地前进。

　　两个故事中，同样是"看到"，那么这两个"看到"是否有不同之处呢？显然，第一个故事中，"我"作为一个路人，"看到一个小孩在街上跳绳"，跳绳的动作和节奏引起"我"的回忆，让"我"回想起自己小时候跳绳的感觉，甚至"希望能重新看看学校的老操场"。但是，"我"看到了小孩吗？"我"知道小孩的体验吗？答案显然是否定的。"我"看到的是孩子跳绳的场境，或者"看到"的是自己曾经的跳绳场境，感受到的是自己曾经的跳绳体验。第二个故事中，老师看到自己的学生在跳绳，他又"看到"了什么呢？老师不仅看到了丹妮跳绳，更"看到"了丹妮所承受的压力，看到了丹妮跳绳时的紧张，"与其说她在跳绳，还不如说她在艰难地前进"。老师"看到"了丹妮跳绳时的体验，也许故事中的丹妮并没有看到老师在看自己，但因为老师的"看到"，让老师对丹妮的未来充满担心，想要用自己的行动引导丹妮融入到集体中，最终，丹妮也将会体验到自己被老师"看到"。故事 2 中的"看到"是教育学的"看到"，也是教育现象学所倡导的"看到"。

　　教育现象学研究的目标是通过对课堂教学和学生活动的"看"、体验的分析，获得对学生心理的深刻认识，获得对学生或学校"生活世界"的深刻认识，然后通过对教师或学生"生活世界"的描述、反思、还原，进而揭示教育现象的本质。它秉承现象学"回到事实本身"的传统，倡导回到学生鲜活的生活世界和生活体验本身，回到具体的事实、具体的人本身。关注这个孩子，试图了解什么样的体验、什么样的行动（或不行动）才是对这个时候的这个孩子最合适的。

　　教育现象学为课堂观察提供了理论基础，因为课堂观察本身的特性就是观察课堂中具有代表性的现象情境，然后通过个体思维分析推论其背景产生的价值或结果。"如果目光仅是一种简单注意的目光，就不能在此方式上指向一切物。如果是简单的注视领域的背景场，它只是周围世界的一小部分。"[①]我们在进行课堂观察时，更多的是要进行有批判意义的观察，注重具有教学本质意义的追寻，对于那些熟视无睹的教学现象，能真正予以解剖并探询问题的根源及变革的策略。通过课堂观察，让教师能自觉和有意识地审视自己教学实践中存在的认识问题和不足，经过反思后能清晰地看到自己今后教学改进的方向。

---

①　[德]埃德蒙特·胡塞尔：《现象学》，李光荣译，43 页，重庆，重庆出版社，2006。

三、教学研究的"课堂志"：教育人类学的理论

在人类学领域，研究者们通过做民族志（ethnography）对对象进行深入研究，这种深入研究对象的研究方法常常是田野工作（fieldwork）、参与观察（participant-observation）、深度访谈（depth interview）、深度描述（thick description）等的综合运用，其中以田野工作最基础和最具有代表性。所谓"田野工作"，是指一种对社会及其生活方式亲身从事的长期性调查工作。研究者开展田野调查工作的时间通常都在半年以上，主要任务就是要学习当地的语言，参与当地的活动，尽可能地将自己融入到当地人的日常生活中。借用这样的手段，人类学家才可能从当地的特殊经验里提炼出文化的内在意义。

教育人类学援引了人类学的研究思路，"从人的本质，即从人的存在方式来理解人，从而尽可能把教育理解为对人的全部存在的必要之举"。[①]基于人类学田野研究方法的基础，教育人类学提出教学研究的"课堂志"方法，即在广义的文化背景下对特定文化情境作深入、解析性的描述。这一方法比较关注事物活动的发展过程，通过在自然的情境中对所研究对象进行大量的观察、描述、定性判断或解释，以期获得研究对象的整体画面。就教育的情况来说，一般人们将教育课堂志研究定义为：提供对特定情况下的教育制度、过程和现象的科学描述的过程。[②]也就是说，研究者要深入教学现象发生的"场域"——课堂当中，从事参与观察、深度访谈、深度描述等研究活动，搜集第一手的研究资料，通过撰写"课堂志"来完成对教学活动的实践研究。通过对这一理论的深入了解，我们可以找到它与课堂观察之间的链接。

"参与观察"，是指研究者在课堂中做研究时，不能作为旁观者观察所研究对象的一切，同时也会相当程度地参与到他们的活动中，以求更近距离的观察。参与观察，对于教师研究自己的课堂教学以及教师之间友情客串式地彼此研究课堂教学，是十分可行和有效的研究方法。课堂观察更多的是教师自己的研究，教师间互相观察是这种研究方法的常态。"深度访谈"，是指课堂研究者与研究的对象进行无拘束、较深入的访问谈话，研究者所观察到的课堂教学现象往往只是从研究者的视角感知的教学活动，对有些观察到的不解的现象仍需要通过对教学活动当事人的采访来进一步验证。二者的结合使用，往往能更进一步地说明课堂教学现象的真实情况及本质所在。因为"学生或教师在课堂上所表现的行为特点或模式以及课堂中形成的社会秩序，不仅是学生之间、师生之间相互影响的结果，也是学校、家庭、社会文化共同作用的结果"。[③] 课堂观察除了观课记录外，还有课前的交谈与课后的讨论，这种"深度访谈"有利于观课者深入了解授课者的意图与构思。"深度描述"，就是指详细而又真实地描述教育现象，记录教育事实，刻画

---

① ［德］O. F. 博尔诺夫（Otto Fridrich Bollnow）：《教育人类学》，李其龙等译，24 页，上海，华东师范大学出版社，1999。

② ［美］威廉·维尔斯曼（William Wiersma）：《教育研究方法导论》，袁振国等译，20 页，北京，教育科学出版社，1997。

③ 李德显、杨淑萍：《人种志方法与课堂研究》，载《教育理论与实践》，2002(7)。

教育中人的细腻情感体验与变化，而不仅仅是提纲挈领地论述教育问题。课堂观察研究强调的是对故事细节进行整体的、情境的、动态的描述，原汁原味地再现参与者的教育生活故事。正如克利福特·格尔茨（Clifford Geertz）所言："理论建设的根本任务不是整理抽象的规律，而是使深描成为可能；不是越过个体进行概括，而是在个案中进行概括。"[1]

四、自我认识和自我完善："乔哈窗口理论"

20 世纪 50 年代，美国加州大学的约瑟夫·鲁夫特（Joseph Luft）和哈里顿·英厄姆（Harrington Ingham）两人用杂色小方片拼成了一个窗口，用于表示人们在交往过程中的信息沟通情况。这一理论后来以两人的名字合成来命名，因为该理论的模式是一个"田"字格，像一个窗口，故称"乔哈窗口理论"（Johari Window），见图 2-2。

	自己知道	自己不知道
他人知道	公开的我（Open）	盲目的我（Blind）
他人不知道	秘密的我（Hidden）	未知的我（Unknown）

图 2-2　"乔哈窗口理论"

该理论是关于人的自我认识的理论，即人对自己的认识可以用一个坐标来形容：横坐标是"自知""自不知"，纵坐标是"他知""他不知"。由此横、纵坐标交叉构成的四个部分便是人的自我认识：自知他知的部分叫"公开的我"，自不知他知的部分叫"盲目的我"，自不知他不知的部分叫"未知的我"，自知他不知的部分叫"秘密的我"。[2]

"公开的我"是透明的，自己和别人都对这部分的"我"看得很清楚。对于自己知道、别人也知道的开放区，我们可以采取主动的态度，积极地去了解，加深彼此的认识。"盲目的我"是别人看得清楚而自己看不清楚的"我"，即所谓当事者迷，旁观者清。当教师处于"盲目的我"时，教学和课堂就不在自己的掌控之中了，在这个时候就容易犯错和做错事，因此要尽量减少"盲目的我"。怎么去减少呢？可以通过在倾听其他教师对自己的观察和建议过程中完善自我。一方面，要经常征求他人对"我"的看法和意见，接受别人对"我"的反馈，了解"我"在他人心中的形象和地位等，以尽可能多地通过别人获得对"我"的认知，从而减少"我"对自己的茫然无知。另一方面，在倾听他人的良言忠告中使自身的思想得到提升，如萌发教学灵感、触类旁通、博采众长、弥补自己考虑问题的不足等。"秘密的我"是指每个人都有许多关于自我的信息而别人不了解，对于自己知道而别人不知道的"秘密的我"，要学会主动呈现，加深他人对自己的了解程度。当我们与别

---

[1]　克利福德·格尔茨：《文化的解释》，韩莉译，33 页，南京，译林出版社，2008。

[2]　Augsburg College. （n. d.）: *The Johari Window: A graphic model of awareness in interpersonal relations*. Retrieved November 10, 2005, from http: //www.augsburg.edu/education/edc210/johari.html.

Beverly South. *Combining mandala and the Johari Window: An exercise in self-awarness*. Teaching and Learning in Nursing, 2007(2-1).

人分享自己的信息时，你会发现"秘密的我"慢慢地就变成"公开的我"了。与别人坦诚分享"秘密的我"有利于沟通的顺畅与深入。在沟通的策略上，可以在"秘密的我"内选择一个能够为沟通双方都容易接受的点来进行交流，这个点被叫做"策略资讯开放点"。当双方的交流进行了一段时间后，"策略资讯开放点"会慢慢向开放区延伸，从而实现开放区的逐渐放大。[①]

一个圆圈代表自己，另一个圆圈代表他人。

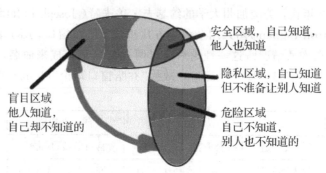

安全区域，自己知道，他人也知道

隐私区域，自己知道但不准备让别人知道

盲目区域他人知道，自己却不知道的

危险区域自己不知道，别人也不知道的

图 2-3   乔哈里之窗[②]

　　在课堂观察中，观察者和被观察者正是在不断的接触中进行思想、情感与学习的交流，以及自我表露和信息反馈，不断提高课堂观察的有效性。至于"未知的我"是交流双方都不知道的区域，这是一种处于无意识领域的"我"。每个人都有广大的无意识领域，无意识是"我"所察觉不到的。随着社会的发展，人们越来越渴望在未知领域内挖掘出自己无穷的潜质。因此，如果我们能共同探寻，特别是通过特别的课堂观察挖掘出教师自我的一些内在的东西，不但能拓展双方交流的空间，而且能一起去努力探索各自未知区域的构成因素，充分挖掘人类内在的、未知的潜在能量。人的自我认识虽然都有四个部分，但每个人的这四个部分大小是各不相同的。一般而言，"公开的我"越大，"未知的我"越小，对自我的认识就越清楚，就能以真实的自我生存于世并能和别人进行有效沟通。既然认识自我如此重要，那么，如何才能很好地认识自己的课堂呢？首先，是"我"和别人的有形沟通，即"我"通过与别人的交谈，用别人对"我"的回馈及评价来分析自我、了解自我；其次，是"我"和别人的无形沟通，即通过用"我"的课堂与别人的课堂做比较的方法来认识自我；最后，是"我"和自己的沟通，即通过"我"对自己的言语、行为等的反省来认识自我，也就是对课堂的自我观察。课堂观察就是通过与他人课堂的比较，认识自己的课堂教学经验，认识自己的教学观念和教学行为，不断发现一个个熟悉的或陌生的自我的过程。通过反思，使原有的经验不断地处于被审视、被修正、被强化、被否定等思维加工中，从而使原有经验得到提炼、得到升华，在不断的认识自我和提升自我的过程中生成一个个新的开放的自我。

---

　　①　郭淑娟：《约哈里"窗口理论"在跨文化传播中的运用》，载《新闻与传播研究》，2010(4)。

　　②　Beverly South . *Combining mandala and the Johari Window：An exercise in self-awarness*. Teaching and Learning in Nursing, 2007(2-1).

五、八分之一与八分之七：冰山理论

奥地利心理学家西格蒙德·弗洛伊德（Sigmund Freud）和美国小说家海明威（Hemingway）曾经在各自领域里提出过"冰山理论"。1895 年，弗洛伊德与奥地利心理学家约瑟夫·布罗伊尔（Josef Breuer）合作发表《癔症研究》，弗洛伊德的"冰山理论"开始传布于世。弗洛伊德认为，人的人格有意识的层面只是这个冰山的尖角，其实人的心理行为当中的绝大部分是冰山下面那个巨大的三角形底部，是看不见的，但正是看不见的这部分决定着人类的行为，包括战争、法西斯、人跟人之间的恶劣的争斗等。[①] 1932 年，海明威在他的纪实性作品《午后之死》中，第一次把文学创作比做漂浮在大洋上的冰山，"冰山运动之雄伟壮观，是因为它只有八分之一在水面上"[②]。文学作品中，文字和形象是所谓的"八分之一"，而情感和思想是所谓的"八分之七"。前两者是具体可见的，后两者是寓于前两者之中的。后来，大家在研究任何文学作品时，总是首先要搞清楚水下的"八分之七"，因为这一部分是冰山的基础。正是因为弗洛伊德和海明威在各自领域将"冰山理论"提出并加以应用，"冰山理论"才得以广为流传。

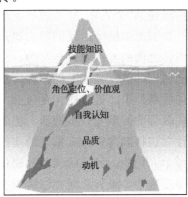

图 2-4　素质体系的冰山模型

1973 年，美国社会心理学家戴维·麦克利兰（David Clarence McClelland）从人的素质角度提出素质冰山模型，又为我们提供了新的视角。麦克利兰的冰山模型指出，"冰山以上部分"包括基本知识、基本技能，是外在表现，是容易了解与测量的部分，也比较容易通过培训来改变和发展。"冰山以下部分"包括社会角色、自我形象、特质和动机，是人内在的、难以测量的部分，不太容易因为外界的影响而改变，但却对人员的行为与表现起着关键性的作用，[③] 见图 2-4。

1958 年，匈牙利裔英国科学哲学家迈克尔·波兰尼（Michael Polanyi）所著《个人知识——迈向后批判哲学》中首次提到了缄默知识，这在世界范围内都具有广泛而深远的影响。在他看来，知识犹如一座冰山，水面以上的部分是显性知识，水面以下的部分则为缄默知识，两者共同构成了人类知识的总体。[④] "显性知识"主要是事实和原理的知识，即"是什么、为什么"，它存于书本，具有可编码（逻辑性）、可传递（共享性）、可反思（批判性）的特点。"缄默知识"本质上是理解力和领悟力，即"怎么想、怎么做"，它存于个人经验（个体性）、嵌入实践活动（情境性）。两种知识好像是一座冰山，"明言知识"只是露出水面的冰山一角，隐藏在海底下的大部分则是"缄默知识"。显性的知识又称为明确知识、明言知识，

---

①　车文博主编：《弗洛伊德文集》第 1 卷，《癔症研究》，长春，长春出版社，2010。

②　吴舜立：《外国文学教程》，360 页，西安，陕西师范大学出版社，2009。

③　余兴安等著：《激励的理论与制度创新》，157 页，北京，国家行政学院出版社，2005。

④　石中英：《知识转型与教育改革》，220 页，北京，教育科学出版社，2001。

它是一种"公共知识";默会知识、缄默知识,它是一种"个人理论"。"公共知识"常常是一种"我们所倡导的理论",而"个人理论"是"我们所执行的理论"。见图 2-5。

约翰·克莱蒙特(John Clement)在实验的基础上将缄默知识进一步划分为"无意识的知识""能够意识到但不能通过语言表达的知识"以及"能够意识到且能够通过语

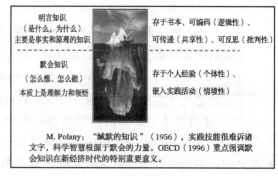

图 2-5　知识的冰山模型

言表达的知识"。通过这种划分,克莱蒙特认为,在缄默知识和明言知识之间存在着一种"连续性"或"谱系"现象,而不是截然不同的两极。[1] 在实际教育教学过程中我们会发现,"公共知识"与"个人理论"之间有时会存在无意识的对抗。比如,每个人都知道,体罚学生是愚蠢的行为,但为什么仍有老师还是会犯这样的低级错误?那是因为真正影响人的行动的不是你"所知道的"公共知识,而是你根深蒂固的隐秘的"个人理论":恨铁不成钢、怒不可遏等。

知识冰山模型给我们的启迪是:教师通过课堂观察与同伴合作解决问题,通过同伴之间的互助观察与指导,由同伴来审视自己的课堂教学活动,纠正或改造自己错误的缄默知识,促使教师从习惯的教学思维定势的框框中跳出来,形成正确的缄默知识。通过同伴的互助合作,能够帮助教师摆脱消极的缄默知识的束缚,教师的缄默知识被激活、提取出来,转化为显性知识,在交流中有价值的实践性知识得到共享,有偏差的实践性知识得以矫正。在这样的交流和合作过程中,教师个人化的、零散的缄默知识得以纠正和显性化;同时在教研组成员的沟通和互动过程中,教师之间能够碰撞出思维的火花、不断把学到的显性知识内化为自身的缄默知识,这对于教师丰富和发展自己的缄默知识很有好处。"从某种意义上说,一个教师越能意识到自己的缄默知识对教学的制约的存在,他就越能理性的开展教育教学活动;反之,他就越容易陷入教育教学的惯性与习俗中而难以自拔。"[2]

因为要想真实、长久、深刻地改变课堂,必须改变教师的冰山底下的"个人理论",否则,就算他"知道"的所谓"理念"再多,也不能将之诉诸课堂教学的行动中去。例如,许多教师在观摩特级教师的公开课或示范课之后,即使把同一节课照搬到自己的课堂上,也很难上出特级教师的味道来。特级教师的显性知识我们是看得出来的,但其背后的缄默知识,包括教学经验、教育灵感、教学习惯、教育信念以及作为教师的人生价值观等属个体范畴,我们不得而知。如果你自己的隐性知识不能和特级教师的缄默知识产生情感上的共鸣和交流,即使听了很多节课,也只能是拾人牙慧,顶多学了点形式上的东西,但很难学到其精髓。课堂

---

①　石中英:《缄默知识与教学改革》,载《北京师范大学学报(人文社会科学版)》,2001(3)。
②　石中英:《知识转型与教育改革》,246页,北京,教育科学出版社,2001。

观察便是引导教师去挖掘缄默知识，从而使教师的专业成长成为看得见的成果。教师缄默性教育观念包含着相当广泛的内容，例如课程观、教学观、学生观、教师角色观等。由于各种原因，这些缄默性教育观念并没有被老师自己意识到，但却深刻地烙印于其行为中，其中不仅包括校内行为，还包括校外行为；不仅包括备课过程、课堂教学行为，还包括作业修改、学生管理等。新课程改革的理念，最终要落实到课堂，而教师的课堂教学行为最能体现教师的教育观念。因此，通过课堂观察听取同伴对自己教学的意见，找出隐藏于教学中的问题，审视和反思自己的教学行为、教学活动以及具体教学行为背后的教学观念，逐步理解和体会一定的教育观念及在其指导下的切合实际的教学行为，并在教育实践中积极运用和进一步思考，真正地内化和掌握新的教育观念，转变教学行为和实现课堂教学行为的优化，更好地修正自己教学中的不足，从而发展出更具情境的教学知识。

第三章

走进
课堂观察

第一节　日常与规范：课堂观察的程序

在一些老师的脑海里，他们认为在历史课堂中看到了什么，就是发生了什么。实际上，课堂上看到的事情和课堂教学中真正发生的事情之间是有很大差距的。

孔子在陈国和蔡国之间的地方缺粮受困，饭菜全无，七天没吃上米饭了。白天睡在那儿，颜回去讨米，讨回来后煮饭，快要熟了。孔子看见颜回用手抓锅里的饭吃。一会儿，饭熟了，颜回请孔子吃饭，孔子假装没看见颜回抓饭吃的事情。孔子起身说："刚刚梦见我的先人，我自己先吃干净的饭然后才给他们吃。"颜回回答道："不是那样的。刚刚碳灰飘进了锅里弄脏了米饭，丢掉又不好，就抓来吃了。"孔子叹息道："按说应该相信眼睛看见的，但是眼睛也不一定可信；应该相信自己的心，自己的心也不可以相信。你们记住，要了解人本来就不容易啊。"

——故事改编自《吕氏春秋·审分览第五·任数》

上面这则故事给我们进行课堂观察的启示是：不能根据观察者的主观臆断轻易判断一个教学行为的是非，也不能草率地由此来评判一个教师的教学水平。只有静下心来悉心观察教师的教学行为和学生的学习行为，了解教与学的全貌，才能作出正确的判断。

历史教师要学会运用课堂教学观察与评价的专业方法，尽可能地去发现课堂上发生的真实现象。这个发现其实质是教学理念和教学思想的转变，而更重要的是发现教学现象后教学行为的改进，这对教师而言更是一场教学观念的头脑风暴。这样的改进能有效地改善课堂教学和学生的学习，当然对教研方式也是一次革命性的变化。

相比较而言，专家进行的课堂观察一般以认识课堂、揭示规律、建构理论为目标，具有极强的理论指向性；而普通教师进行的课堂观察则是以提高教育实践智慧为目标，有着极强的实践指向性。课堂观察的根本目标是促进教学行为的改变，主要价值在于构建这样一条"工作链"：（基于观察的）描述—（基于描述的）诠释—（基于诠释的）建构—（基于建构的）行为改变。

完整的历史课堂观察的基本思路是：第一步，根据教研组学习、讨论、商议，确定教师的观察目的和需要；第二步，选择或设计观察量表；第三步，进行有效的课堂观察；第四步，根据观察的结果，对教学进行分析和反思，同时改进教学行为，并产生新的教学困惑。与其他学科的课堂观察一样，历史课堂观察也应有明确的主题引领，并由若干个具有专题特征的观察点组成，而且能给历史课堂观察提供研究的方向，见图 3-1。

一、课堂观察的内容

《基础教育课程改革纲要（试行）》规定："教师在教学过程中应与学生积极互动、共同发展，要处理传授知识与培养能力的关系，注重培养学生的独立性和自主性，引导学生质疑、调查、探究，在实践中学习，促进学生在教师指导下主动

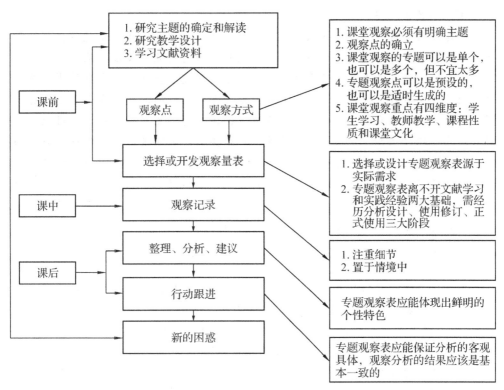

图 3-1 历史课堂观察基本流程及相应的实践操作要点

地、富有个性地学习。"①北京教育科学研究院文喆教授认为，观察课堂有以下几个角度：评价一节课堂教学，应该从教师组织学生活动的角度去观察，从教师关注活动的直接效果——学生是否能够实现有效学习，有多少学生在多大程度上实现有效学习的角度去观察，这样才能充分发挥课堂教学的积极导向作用，才能促进课堂教学评价自身的健康发展②。

课堂教学活动是一个过程，对一种活动过程的评价，应该从活动的目的、活动的过程、活动的效果、活动的氛围、活动的特色等方面来进行。而在制定课堂教学评价标准时，应该抓住以下五项指标。③

第一是教学的任务、目标。

在班级授课制下，每节课总要由师生确定一项或几项具体的教学任务，就是说，要明确学什么，学到什么程度，怎么去学。一方面，任务或目标应该是具体而科学的，是有意义、有价值的科学命题，是合理的要求，是符合学生发展需要、符合传承人类文明需要的要求。另一方面，这样的任务与目标又应该是有生命力的（即适应学生知识能力准备基础的），是学生感兴趣的、有挑战性的，而不是简单地重复，也不应远离学生生活经验。

---

① 钟启泉、崔允漷、张华主编：《为了中华民族的复兴　为了每位学生的发展：基础教育课程改革纲要（试行）解读》，上海，华东师范大学出版社，2001。

② 文喆：《课堂教学的本质与好课评价问题》，载《人民教育》，2003(4)。

③ 文喆：《课堂教学的本质与好课评价问题》，载《人民教育》，2003(7)。

第二是教学过程。

教学过程应该符合学生知识、能力、情感与价值观的生成发育过程，符合学生的身心需要。作为一个群体的学习活动过程，如前所述，关注点应该放在学生的参与度上，放在学生参与的广度、深度与自觉程度上。要看有多少学生在多大程度上实现了有效学习；要看教师重点讨论、重点讲解的问题在多大程度上符合学生的需要，是否有助于帮助学生解决难点；还要看学生与教师问答、讨论等活动表现出的精神状态与价值追求；等等。同时要关注教学过程的组织程序与活动节奏，从整体上看是否有合理的顺序与秩序，是否能随时因人因事而灵活调整既定安排，活动节奏是否符合健康与安全的原则，能不能做到张弛有度、融严肃与活泼于一体。对活动程度与活动节奏的观察要围绕有效学习的需要来考查，要关注活动方式、方法的合理性与教育资源利用的适宜程度，要依据学生认知与情意发展的要求来评价活动程序和活动节奏的科学性、合理性。

第三是教学活动的氛围。

我们主张的积极的教学环境应该是和谐、活跃、民主、平等的，是让每个参与者身处其中都感到安全、亲切、有归属感的。美国学者里德利等人在《自主课堂》一书中提倡创建积极的课堂环境，他们提出的多种要求都与课堂氛围有关，如情绪安全感、自信心和归属感，都要求我们关注学习者的心理需要。具体说来，他们要求建立"温暖的、学生彼此熟悉、相互接纳的学习场所"；要求"不要让学生感到为难，也不要诱哄着学生去学习"，"无论学生的学习态度和学习成绩如何，让学生看到你在关心他们每一个人"；要求"在教室里创造家庭般的环境和规则"，亦即采用"民主的运作方式"，主张"每个成员都是有价值的一员，都享有地位、尊重、基本权力、权利和义务"；等等，都与我们所提倡的和谐、活跃、民主、平等的氛围相吻合。他们提出的"积极课堂"的建设目标，是建立在对美国学生课堂要求的调查统计基础上的，它反映了美国学生的要求，但也在一定程度上反映出中国学生的期望。

第四是教学效能。

有效的教学一定是使学习者有所收获的学习活动，检查学习效能是非常重要的。效能检查可以有三项指标：一是问题解决的程度；二是解决问题的代价如何，投入产出比例是否恰当；三是看能否引发继续学习的意愿，能否促进发展，具体地说是能不能带来新的问题，能不能启动更深入、更广泛的学习活动。

第五是创造性增值。

这是对教师在教学活动中表现出来的个性特征、创造精神与探索勇气的鼓励与支持。一节好课，应该是能够体现出教师个人特点的课，也是与此时此刻实际密切结合的课，是有某些创新尝试或灵感火花的课。所以，要鼓励教师大胆创造，也要允许教师的探索有失误，有待完善。创造性增值或特色加分，不能只是老教师的专利，而应该成为鼓励所有教师进行改革尝试的手段，应该成为鼓励教师在一般性要求中重点突破、以点带面、逐步提高教学整体质量的方法。所以，不仅是没有列入评价要素的特长、特色可以加分，列入评价要素的要求，做得有特点、有创造也可以加分。总之，要鼓励教师大胆改革，尝试新方法，探索新规律。

此外，孙亚玲博士在前人已有研究的基础上，努力寻求课堂教学有效性实践的原理，最大限度地强调学生的学习，促进学生的参与，制定了课堂教学有效性标准框架，见图 3-2。

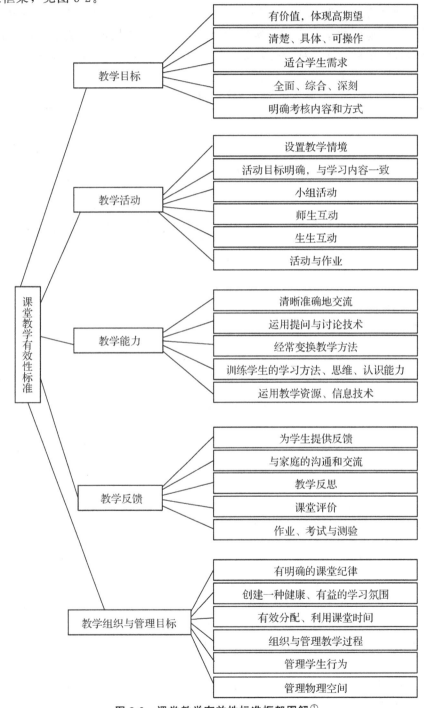

图 3-2 课堂教学有效性标准框架图解[1]

---

[1] 孙亚玲：《课堂教学有效性标准研究》，150 页，北京，教育科学出版社，2008。

在此框架下，孙亚玲对教学目标、教学活动、教学能力、教学反馈、教学组织与管理五个项目提出了更为细致的量化标准。该"标准框架"提倡教师在真实的课堂情境中，在解决课堂上遇到的真实问题中，通过实践来掌握教育学和教学论原理，在研究方法上作出了富有成效的探索，探索出一整套近距离、远距离和零距离感受真实课堂教学、研究真实课堂教学和分析课堂情境的有效方法和工具。从下面她设计的教学活动部分的分解，可以看出她对课堂教学活动观察角度和层次有了更清晰的界定，见表 3-1[①]。

表 3-1   课堂教学有效性标准框架列表

标准	指标	层次水平			
		水平 I	水平 II	水平 III	水平 IV
教学活动 B	小组活动 (B3)	不存在小组教学，或者教学小组的划分与学生及教学目标不相称，形式单一	小组教学对教学目标的适应性不一致，只提供了最低限度的变式；教学小组的划分一般来说符合学生需要，并有利于教学目标的实现	小组教学各式各样，与不同的教学目标相配合；几乎所有教学小组的划分都有利于教学，能满足学生需要	小组教学各式各样，与不同的教学目标相配合，有证据表明学生能够挑选不同的小组教学形式；所有教学小组的划分都有利于教学，能满足学生的需要
	师生互动 (B4)	在师生互动方面，教师的有些言行是消极的，举止是不当的，与学生发展的文化规范不相称；学生表现出对老师的无礼	师生互动一般来说较为适当，但偶尔出现不协调、偏袒一部分学生的情况或无视学生发展的文化规范；学生表现出对教师很低的尊敬	师生之间友好互动，表现出热情、关爱、尊重，这种互动符合学生发展的文化规范，学生表现出对教师的尊敬	师生之间协调一致，教师表现出对每一个学生真诚的关心与尊重，学生表现出对教师的尊敬
	生生互动 (B5)	学生之间有冲突、存在相互挖苦或贬低对方的情形	学生之间没有表现出消极对抗的情绪，能够就学术问题展开讨论	学生之间的互动是有礼貌的、彼此尊重的，能够公开地将自己的见解自由地讲出来	学生之间表现出真诚的关心，学术争鸣得到支持，并且能够互相帮助

以上这些学术成果有助于我们在开展课堂观察时加强对课堂的总体把握。我们在开展课堂观察时，要求观察者重点观察历史学科课程目标的达成水平，立足"两条视线"——教师的设计实施过程、学生的学习过程，"三个视点"——知识与能力目标、过程与方法目标、情感态度与价值观目标。

观察教师的设计实施过程，主要观察四个方面：一是观察课堂教学设计，看教师对教材的运用过程中是否准确理解教材，或充分运用教材，或灵活变通教

---

① 孙亚玲：《课堂教学有效性标准研究》，153 页，北京，教育科学出版社，2008。

材；二是观察对课堂教学生成性问题的把握；三是观察教学情境的创设；四是观察教师的课堂调控能力。

观察学生的学习行为，主要观察三个方面：一是观察学生是否开动脑筋，运用已有的知识、经验、潜能、天赋、创造力，创造性地进行历史知识建构，成为学习的主人、课堂的主体；二是观察学生是否能对教师提出的问题积极思考，发散作答；三是观察学生的学习品质，即是否以良好的心态、愉悦的心情积极主动地参与教学的全过程，运用已有知识努力探索和思考，从而获取新的知识，提高各方面的学习能力。

二、课堂观察的形式

(一)从观察主体来说，课堂观察可以分为自我观察、同伴互助观察、团队观察三类

1. 自我观察：日常化的"点"上研究

自我观察是执教者对自己课堂的观察，主要分为"即时的自我观察"和"延时的自我观察"。"延时的自我观察"的常用做法，就是教师借助录像、录音等工具，间隔性地观察自己的课堂，前后对照，反复揣摩，不断总结自己的课堂得失，提高自我观察的"硬功夫"。自我观察最为常用的是课堂实录回顾。上完课后，教师坐在办公桌前，静静地回忆课堂中的重要细节或片段中的关键点，反思和分析课堂中的不足，及时提出改进策略。有智慧的教师，总是依赖于扎实的学科基础与教学的敏感性，善于发现课堂教学现场中的现象与细节。很多特级教师就是在这样的日常化自我观察"点"中快速成长起来的。

案例

吕老师的自我观察①

广西壮族自治区南宁市第二中学特级教师吕溉玉老师在桂林中学借班上课，讲授《主要资本主义国家向帝国主义过渡》一节时，原先设计的第一个环节是"回顾17—19世纪主要资本主义国家发展概况"，目的是复习旧知识，为学习新课做准备。没想到的是，当她连续提问几个学生之后，发现学生对这个问题一脸茫然，说明学生对这一段历史并不熟悉，也不会梳理这一段二百年左右的历史。在课堂上，她自我观察到这个"关键性教学问题"后，果断地调控教学进程，把这一教学环节延长了约30分钟，引导学生从目录入手，用分阶段、抓大事件的方法，将这一段历史列成表格，使学生对这一段历史有了较为清晰的认识，而且学会了如何运用目录列表格分析历史的方法。这说明了教师注重对学生学习过程和方法上的指导。

上面这个案例是教师通过自我观察，及时调控自己的教学行为，有助于学生更好地去学习。那么，教师进行自我观察应该注意哪些方面的问题？我们认为，

---

① 郭强：《值得称道的教学细节》，载《广西教育》，2006(11)。

自我观察需要注意三个关键性的环节：问题、调控与追忆。

一是问题。爱因斯坦指出："强烈的问题意识是思维的内驱动力，它将促使你发现问题、解决问题，直至达到创新。"教师必须善于发现，特别是要善于发现学生学习过程中出现的种种问题，包括学习态度、学习方法、学习情绪等。优秀的教师总是在不断地"察颜观色"，特别是能注意观察到"关键性教学问题"。所谓"关键性教学问题"即具有一定代表性和分析价值的问题，一个教学问题关键与否取决于教师的主观理解，教师根据自己的教学经验来判断哪些问题具有意义，对教学研究具有促进作用。由于关键问题的判断与分析具有很强的个人主观性，因而也就形成了教师不同的专业表现和行为。所以，对关键问题的判断决定了教师的专业判断力，而对关键问题的把握能力则决定了教师的专业判断性。可以说，善于发现问题是成功的课堂教学的基础。

二是调控。教师发现问题之后要及时做出调控，或改变原来的教学思路，或加强点拨与指导，或放慢教学的进程，或辅以一定的铺垫，或加大思维的难度，或加强课堂管理以调节气氛，或补充背景资料，等等。比如，面对学生的质疑问难，教师要善于因势利导，以满足学生的求知欲，并使之生成有价值的教学资源。又比如，在课堂上，有时学生会提出一些意想不到的问题，教师不能乱答，也不能不答。如何处理呢？这就要靠教师的教学调控机智了。如果是稍加考虑就能解决的问题，不妨先把问题抛给学生："这个问题提得很好，有谁能回答吗？"教师迅速利用这个"时间差"，调整思路，寻求正确答案。如果问题难度太大，教师暂时无法解决，也可说"这个问题三言两语讲不清楚，为了不占用这堂课的教学时间，下节课我们再来共同探讨"。这样，教师可争取课后的时间查资料解决。其实课堂调控就是教学机智，是课堂发现之后的智慧应对。

三是追忆。"追忆"是一种补充性观察，是自我课堂观察的有机组成部分。能否追忆自己的课堂，反映出教师是否真正善于观察。课堂观察是一种深度的思考，而不是时过境迁的一时兴起。追忆自己的课堂，一般可以采取"想"的办法，即在自己的头脑中回忆课堂中的关键性教学问题；也可以采用"说"的办法，将自

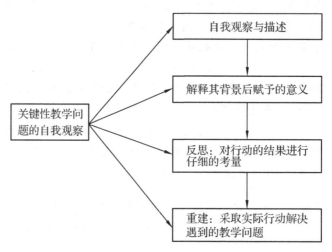

图 3-3　自我观察的路径

己在课堂上的发现"关键性教学问题"与自己的调控方式的情境与同组教师一起分享；亦可以采用"写"的办法，以教育随笔、教育叙事等形式将课堂中发生的"关键性教学问题"及自己当时的思想记录下来，见图3-3。

总之，教师自我观察，形式是自主的，行为是自觉的，进程是持续的，开展是自由的。实践告诉我们，教师个体可在一个学期或一个学年里，有目的地选择1~2个观察主题，在平时的日常教学中加以观察，反思改进，逐渐矫正自己的教学行为。因此，教师进行自我观察，做"点"上的研究，是一种有效的行动研究方法。在行动中自觉进行"自我观察"，也是我们开展课堂观察实验追求的愿景，因为每一位教师学会了自我观察，就是学会了研究，就能在专业上实现质的飞跃。

2. 同伴互助观察：简约化的"线"性研究

同伴互助观察主要适用于学科备课组教师之间开展，其主体是同伴，方式是互助。同伴互助观察，可以使课堂观察走向日常化、校本化。备课组是学校课堂教学研究最为基层的组织，相同学科教材的教师进行互助式的观察应该成为学校课堂观察推进的主要组织方式。

同伴互助观察的具体做法是：以备课组为单位，确定一个观察主题，由一位教师上课，其余教师围绕主题进行观察。可以不分时段，但必须紧扣主题。课后由一位教师围绕一个"主题"，征询参与观察者的意见或建议，最后集中做主题性发言。在操作上应以简约化为原则，可以设计相对简单的观察表进行观察，以定性为主，结合定量。这样做虽然不是很严格地符合课堂观察的规范要求，但可以提升活动质量，一次活动解决一个问题；从活动形式上来说，简约而不显重复与烦琐，比较符合学校教师的实际，这些都有利于课堂观察走向日常化。因此，我们把这种简约的同伴互助观察称为"线"性研究。

同伴互助观察，既要追求简约化，又要体现主题、细节、建设三个意识。一是必须具备主题意识，即就某一主题开展课堂观察活动。二是必须具备细节意识。没有细节的捕捉就没有课堂观察，只有在观察中捕捉有研究价值的关键细节，删去一些烦琐的记载，才能对关键细节的描述做精细的观察。三是必须具备反思建构意识。"反思"，就是要对所捕捉到的细节进行分析与归因，"建构"就是要提出置身情境之中的"再设计"。只有这样，才能完成初步的课堂观察任务。

3. 团队观察：规范化的"块"状研究

团队观察适合于校际协作组、校内学科教研组层面上组织开展。所谓规范性，是指其主体是团队，方式是合作。相比前面的教师自我观察和同伴互助观察，团队观察由于参与面广，涉及环节多，应该注意规范性和精细性。无论是单主题观察还是多主题观察，一课多上观察还是多人同课观察，诊断性观察还是提炼性观察，都应严格地按照课堂观察的基本流程组织进行，并符合操作规则和程序。所谓精细性，是指不论是课前的观察准备和现场的观察作业，还是课后的评议对话、行为改进和成果形成，每一个环节都应该保证到位。见表3-2。

表 3-2   团队观察流程表

活动程序		活动内容
1.	观察之前的准备活动	①观察主题的预设和确定 ②观察方式的选定 ③观察方案的拟定 ④召开课堂观察课前的会议
2.	观察现场的作业活动	根据事先的计划分工及所选择的记录方式，对所需的课堂信息进行记录
3.	观察之后的对话活动	①观察者信息汇总，理性分析 ②观察者与被观察者进行交流 ③观察者提出建议或策略 ④被观察者汇报感悟
4.	过程之后的延时活动	①观察者和被观察者根据观察活动的情况写好观察日志 ②观察组织者指定人员形成一定量的文本 ③观察者可以跟踪观察被观察者的行为跟进情况

从课堂观察的本义出发，团队观察才是规范的、主体的课堂观察。因此，通过详细分析团队观察，可以认识其规范性与严谨性。在具体的观察流程上，一般分为以下四个阶段。

第一，准备活动阶段。即观察之前为本次课堂观察的顺利开展作出整体规划设想和具体观察安排。在这一阶段，主要做好"三定一会"。所谓"三定"，是指：

观察主题的确定。每次观察活动，一般需要预设一个或几个观察主题。观察主题是进行观察的聚焦点，也是整个观察过程中的重点，所有的流程都应围绕观察主题的落实而展开。观察主题不是由某位专家一时兴起拍脑袋拍出来的，它常常产生于教学实践，同时顾及观察者的专业观察能力。因此，观察的主题最好来自于本学科实际教学中存在的普遍问题之中。

观察方式的选定。如果说观察主题的确定是解决了"观察什么"的问题，那么观察方式的选定，是要解决"用什么观察"的问题。观察方式常常要根据观察的主题而定，兼顾观察的目的、主体、内容，甚至使用的工具等。观察的基本方式有三种：定量观察、定性观察、定量与定性相结合的观察。

观察方案的拟定。确定了观察主题、选定了观察方式后，必须拟定一个观察活动方案，以解决"怎样开展观察"这一问题。观察活动方案一般包括观察时间、地点、课题、执教者、观察主题、观察者分工与合作、观察操作过程、观察记录要求、观察后续工作以及有关说明等内容。

"一会"，即召开课前会议。课前会议一般在开课前举行，旨在为观察者和被观察者、观察者与观察者之间提供一个沟通的平台。课前会议应着重解决观察主题、观察量表、观察分工及可能出现的情况等问题。课前会议的核心是明确课中观察、课后对话的分工，而不是具体教学内容的研讨。

团队观察的分工[①]

为观察汤永成老师的《单元复习　古代中国的政治制度》一课，教研组的老师进行了分工，具体分工如下：

观察量表一：

☆量表设计：叶敏

☆观察目的：在复习课中，学生当前知识结构的状态对教师问题设计的效益构成多大的影响；问题预设的目标实现契合度如何，进而在多大程度上影响课堂教学效果。

☆观察维度：课堂教学与学生学习效益

观察量表二：

☆量表设计：许中华

☆观察目的：在复习课中学生的主体性是否得到体现。

☆观察维度：主体性发展表现

观察量表三：

☆量表设计：黄天庆

☆观察目的：在复习课中基础知识掌握与学生历史思维培养有何积极关系。

☆观察维度：基础知识的梳理与学生思维的提升

观察量表四：

☆量表设计：施亚俊

☆观察目的：在复习课中不同层次的学生是否都能得到发展。

☆观察维度：学生学习思维的变化

观察量表五：

☆量表设计：王秀娟

☆观察目的：认真观察教师的课堂教学行为，学习如何处理教学内容，如何启发引导学生，如何构建和谐的师生关系，在课堂观察中学习教学的方法与技巧。

☆观察维度：教师课堂教学行为

第二，现场观察作业活动阶段。即在课堂中依据事先的计划及所选择的记录方式，对所需的信息进行记录。可采用录音、摄像、笔录等技术手段，将定量和定性方法结合起来，做好课堂实录，记下自己的思考。课堂中的观察是整个观察系统的主体部分，所采集到的信息资料是课后会议分析的基础和依据。课堂中观察的科学性、可靠性关系到研究的信度和效度问题，因此要尽量做到准确而全面地采集有关主题的客观信息。

———————————

① 本案例的作者是江苏省常州市高级中学汤永成老师，选入本书时有改动。

案例

课堂观察中的细节记录①

执教人：汤永成

执教时间：2011 年 2 月 14 日

班级：高二(7)班

课题：单元复习——古代中国的政治制度

表 3-3　课堂教学与学生学习效益观察记录表

观察内容			问题处理方式	学生表达情况	教学效果或存在问题
教学流程	导入		1. 观察图片，指认几个历史人物	教师引导学生回答，然后由教师补充	能认识主要历史人物	直观信息激发学生的学习热情。"东条英机"一问脱离学生认知水平，建议教师直接指出
	主要教学内容	问题设计	2. 概括指出古代中国的主要政治制度	学生直接回答	在老师的引导下基本能说出	学生基础尚可，但未能很好把握"概括"的要求
			3.2009 真题演练	学生回答	正确作答	学生基础较好，顺利互动
			4. 中国古代为什么会形成中央集权制度？	教师指导思路，在学生思考的基础通过互动揭示答案	在教师引导的基础上说出答案	学生对基础知识的综合分析能力欠缺，但是通过教师的循循善诱，学生还是能理解结论。为很好地提高学生的综合能力，建议给学生更多的思考时间
			5.2010 真题演练	学生作答	回答正确	巩固基础，提升能力
			6. 材料题演练	学生作答；教师引导补充	能部分作答	学生对基础知识掌握的灵活性不够。建议进一步强化解题方法的训练
			7. 小调查：你愿意生活在哪个朝代？	学生主动表达	充满兴趣积极回答	激发兴趣，巩固基础
			8. 真题演练	学生作答	回答正确	巩固反馈，增强对学业水平测试题的感受
	总结		学生如果具有扎实的历史基础知识，这将有助于教师实现一系列的问题设计所预期的结果。但是，学生对知识的掌握尚显零散，综合性和灵活度不够；在能力要求较高的问题解决过程中暴露出了学生认知结构存在的问题。教师在教学实践中重视启发和方法引导，有助于提高学生的综合运用能力。此课为学业水平测试的复习课提供了一个行之有效的复习范式			

---

① 本案例的作者是江苏省常州市高级中学汤永成老师，选入本书时有改动。

第三，交流活动阶段。即课后对话交流。在这一阶段里要重点解决三个问题：一是观察者简要报告观察结果。观察者的报告应该是全景式的说明，而不是漫谈式发言，且应抓住核心说明几个主要的结论。同时，观察者的发言必须立足于观察到的客观信息，进行有理有据的推论，不能做即席式的发挥。二是观察者应根据观察主题的相关要求提出相应的解决问题的策略或建议，策略的提出必须具有针对性，包括观察主题、观察信息、矫治改进。三是被观察者进行课后反思或感悟。被观察者根据观察者提供的信息数据及建议，对照自己课前教学的设想，反思实现教学设计目标的达成效果，今后应如何改进教学行为，优化教学内容、环节等。

第四，延时活动阶段。即课堂观察目标实现的终极阶段。一次课堂观察的最终目标就是在于获得有效的成果，而这些有效的成果包括如下几个方面：观察者和被观察者根据观察活动情况写好观察日志；观察组织者指定人员形成一定量的文本；观察者继续跟踪观察被观察者的行为跟进情况；观察者矫治自己课堂教学中同类的问题或行为。所以，在课堂观察行为结束后，后继的成果定型以及教学行为的改进等工作要继续完成。

关于教研组实施团队观察，可以循序渐进的开展。初试时期，可以一堂课选择一个主题组织进行。为了便于操作，一般是以 5 分钟为时间段记录的，以便于在进行讨论时有一个时间标尺。当然，记录时间段内与观察主题相关的典型细节是观察阶段最主要的任务，是整个课堂观察的意义所在。观察者的思维必须高度集中，尽量不要遗漏重要的信息，合作团队中任何一位教师的信息遗漏都会给整个的课堂观察造成残缺。初试时期组织课堂观察如果说是为了练兵，让教师接受课堂观察，学会课堂观察，那么成熟时期就可以组织多时段、多主题的跟踪观察活动等。具体来说，多时段，即把课堂分成 4 个时段来进行，2～3 人为一组，一组先观察 11 分钟，另一组接着观察 11 分钟，交替进行，每组在一堂课上集中注意观察两大时段；多主题，即一堂观察课确定 2～3 个观察主题，根据人数而定，一般 4 人为一个主题观察组，这样可以提高课堂观察的效率。同时，团队观察在数量上不一定要求太多，一般一学期可坚持 2～3 次，力求达到规范性的操作，为教师开展课堂观察提供一定的"样式"或"范例"。

(二)从观察内容来说，课堂观察可以分为目标观察、专题观察、切片观察三类

1. 目标观察：核心目标决定核心任务

我们进行观察和聚焦的核心是教师课堂教学行为所指向的教学目标，也就是说，课堂观察的基础性工作是观察课堂教学目标本身是否明晰与合理，课堂教学目标展开是否丰富与聚焦，目标评价是否到位。

目标观察的实质就是要观察教学是怎么把学生"从此地带到彼处"。上海学者夏雪梅博士认为"以目标作为分析课堂的脚手架"，可以"搭建起了我们观察一堂课的'核心架构'。通过这一架构，我们能够迅速厘清一堂课的脉络，这样课堂中的零散片段才具有了归整的意义，才能在意义框架内加以探讨。"[1]这就提醒我们

---

[1]　夏雪梅：《以学习为中心的课堂观察》，35 页，北京，教育科学出版社，2012。

在进行课堂观察的时候首先要关注的是这个教师要把他的学生领到哪里去，也就是这节课课堂教学目标的问题。有目标的课堂是"必然"的课堂，没有目标的课堂是"偶然"的课堂。

历史教学目标是教学设计的"纲"，是教学设计的核心。它是指"在课堂教学活动中由课时或由若干课时构成的教学课题的目标，它是预期的学生学习的结果"。在课堂教学中，既要合理地设立教学目标，也要明确地表述教学目标。教学设计者要确定通过当前的教学活动，把学习者将能够达到一个什么样的行为状态，以及通过学习后所达到的最终行为状态用具体、明确和能够操作并可以检测评价的目标表述出来，美国教育心理学家本杰明·布卢姆（Benjamin Bloom）、加涅（Gagne）、乔纳森（Jonassen）和辛普森（E. J. Simpson）等人都曾经对教学目标系统的框架及其目标分类进行了描述，这对我们在设计教学目标和观察课堂教学目标有重要的指导作用。

案例

《抗日战争》一课教学目标的设计

下面我们以高中历史必修一《专题二　列强侵略与中国人民的反抗斗争》中的《抗日战争》一课为例来说明。

我们先来了解一些常见的教学目标的设置：

知识目标：掌握抗日战争爆发的原因、全民族抗战的体现、抗日民族统一战线形成的过程和抗日战争的特点；简述日本对中国发动的侵略战争史实，了解中国各阶层人民在抗战中的英勇表现，全面分析抗战胜利的原因、意义。

能力目标：培养学生阅读、分析、探索、思考、观察、操作、想象、质疑、创新、合作等能力；提高学生综合、概括和归纳历史事件的能力。

从上面的设置可以看出，知识和技能目标很明显地被人为地分开，而且能力目标没有建立在相应的知识基础上，显得空洞，在教学实践中没有指导性。没有了切实的教学目标，我们的教学，尤其是历史教学，就会变成"模模糊糊一大片"。因此，上面的教学目标的"明白程度"明显不够，如"理解""知道""了解"等，这些行为动词主要是指向于内在心理活动，并不能从它们在教学"目标"的描述中看到学习结果。对此，我们可以参照布卢姆的分类法，不妨多问一个"怎么知道"，尝试对它进行修改为：

知识与能力目标：掌握抗日战争爆发和抗日民族统一战线形成的史实，理解两个战场在抗战中的不同作用。全面分析抗战胜利的意义，培养学生综合、概括和归纳历史事件的能力。

过程与方法目标：依据教材，学生以分组学习的形式、合作学习的方式预习各项内容；教师引导、各组相互质疑共同探究敌后战场与正面战场的作用、特点、关系；史为今用，创设情境体验探究国共合作抗战的重要性及第三次国共合作展望。

　　当我们有了可观察的课堂教学预设目标之后，在实际的操作中更要观察"从课堂中'还原'上课教师实际想实现的目标"[①]。目标达成并不是简单的指教学目标的完成，完成教学目标只是说教师预设的任务完成了，所谓目标的达成就是学生的收获如何。观察教学目标的达成，其核心是观察学生的学习，观察学生在学习目标达成的前后关系，上课前后他们对目标的理解有多少，在课后又是怎样的表现。

　　2. 专题观察：系统串联，环环相扣

　　专题观察是为了突破和解决某个教学问题而进行的观察，它是通过观察记录具体的现象或行为，如课堂提问、学生投入状态等，围绕一个或多个方面的问题进行集中记录或描述，通过对专题现象的讨论，找到问题存在的原因，提出矫治的策略。下面以"历史课堂有效提问的策略研究"这一专题为例谈谈专题观察的角度。

案例

"历史课堂有效提问的策略研究"专题观察

　　（一）观察课堂提问的内容

　　课堂提问的内容是否紧扣教学内容，围绕历史教学目标和历史学习目标的要求展开。每一节课都有中心内容，包括重大的历史事件、人物和基本的历史概念和结论等，也就是历史学习的重点、难点和热点。比如"洋务运动"，重点有洋务派，洋务运动的目的、内容和失败原因，难点是洋务运动与洋务人物如曾国藩、李鸿章等的评价，热点是中国军事、企业、教育与科技等领域的近代化问题。教师要围绕这些中心内容认真设计问题，巧妙提问，来充分调动学生的思维，拓宽学生的视野。只有抓住重点、突破难点、联系热点的提问，才能提高课堂效率。当然，还要兼顾到提问的内容要有启发性、趣味性、预见性，提问的内容要有难易区分度，符合学生的年龄特点和认知水平。

　　（二）观察课堂提问的结构

　　每一节课、每一个知识点的提问所涉及的内容都不是孤立的，相互间存有一定的内在联系。因此，根据教学目标和学习要求组织课堂提问，优化提问结构是其中不可忽视的重要一环：一是要注重整体性，课堂上所提问题要尽可能集中在"牵一发而动全身"的关键点上，以利于突出重点、攻克难点；二是要体现量力性，即提问的时机要得当，提问要适量；三是要增强灵活性。

　　（三）观察课堂提问的形式

　　对提问形式的观察是专题研究的重点，由于问题的内容、性质和特点的不同，课堂提问会有不同的形式。

---

① 夏雪梅：《以学习为中心的课堂观察》，37页，北京，教育科学出版社，2012。

1. 按认知水平分类

按照国际上最有代表性的布卢姆—特内的提问设计模式，教学提问可以分为由低到高的六个不同水平，即知识水平、理解水平、运用水平、分析水平、综合水平和评价水平，其中前两种为低水平问题，后四种为高水平问题。每一种水平的提问都与学生不同类型或不同水平的思维活动相联系，都有其独特的思维发展价值。"布卢姆—特内教学提问模式"对教师课堂提问功能进行了界定，有助于把握课堂提问的指向性，见表3-4。

表3-4　布卢姆—特内教学提问模式表①

序号	提问水平	提问目的	提问要求	教师常用的关键词
1	知识	确定学生是否已记住先前所学的内容	用是、否来进行判断，其内容不超出已掌握的知识范围	谁、什么是、哪里、什么时候、写出等
2	理解	帮助学生组织所学的知识，弄清它的含义	能用自己的话叙述所学的知识，能比较和对照知识或事件的异同，能把一些知识从一种形式转变成另一种形式	用你自己的话叙述、比较、对照、解释等
3	应用	鼓励和帮助学生应用已学的知识去解决问题	能把所学的规则和理论应用于问题进行分类、选择，以确定正确的答案	应用、运用、分类、选择、举例等
4	分析	分析知识的结构、因素，弄清事物间的关系或事项的前因后果	进行判断思维，能分析资料，以确定原因，进行推论	为什么、什么因素、得出结论、证明、分析
5	综合	帮助学生将所学知识以另一种新的或有创造性的方式组合起来，形成一种新的关系	对某一知识整体理解，要求学生能进行预见，创造性地解决问题	预见、创作、如果……会……、总结等
6	评价	帮助学生根据一定的标准来判断材料的价值	对一些观念、价值观、问题的解决办法或伦理行为进行判断和选择，还要求学生能提出自己的见解	判断、评价、证明、你对……有什么看法等

对照以上提问分类，我们不难看出，教师的许多问题往往停留在知识、理解、应用和分析的水平上，而很少涉及综合和评价性的问题。因此，我们认为，课堂提问应精选知识、理解、应用和分析水平的问题，增加一些综合、评价性的问题，这样才能使学生的思维得到真正的发展。

---

① 王坦、泽河：《布卢姆—特内教学提问模式》，载《山东教育》，1990(10)。

2. 按提问技巧分类

从提问技巧上，可分为总分式提问、台阶式提问、对比式提问、迂回式提问等几种类型。

（1）总分式提问。

总分式提问是把一个比较复杂而有难度的历史问题分解为若干小问题，将一个大问题分解为若干小问题，这些小问题本身互不直接牵连，而分别与大问题相扣合。回答了诸多小问题，再综合探索大问题，其特点是"以大领小，从小到大"。这种提问符合学生从具体到抽象、从个别到一般的认识规律，不仅能使学生体会到课文内容组成部分之间的有机联系和各部分的作用，而且锻炼了学生分析综合的思维能力。逐一引导学生作答，这是一种化难为易的提问技巧，常能收到条理清晰、纲举目张的教学效果。

（2）台阶式提问

台阶式提问是指将几个连贯性的问题由易到难依次提出，前一个问题是后一个问题的基础，后一个问题是前一个问题的深化，就像攀登台阶一样，步步升高，把学生的思维一步一个台阶地引向求知的天地。教师将所要展示的内容设计为环环相扣、前后连贯、形同"阶梯"的问题组，让学生登上"阶梯"去寻根究底，直至问题完全解决。台阶式提问可以从以下四个方面来预设：一是按同一历史事件内部的联系设计提问"阶梯"。二是从不同历史事件的联系设计提问"台阶"。三是对同一史实，通过发散性提问引导学生多方思维，既让学生牢固地掌握基础知识，又有利于培养学生从"了解"进入"研究"的创造性思维能力。四是根据历史人物对同一历史事件态度的变化设计提问"阶梯"。教师通过精心设疑，启发学生对其中的原因进行探求。

（3）比较式提问。

比较是历史思维的一种重要方式，它分为求同和求异两种形式。求同是找出历史发展的普遍性，求异是找出历史发展的特殊性。培养比较能力是为了达到深化认识和把握历史发展规律的目的。例如，在讲授"戊戌变法"这课中维新运动失败的原因时，教师可设计以下两个问题：（1）以慈禧太后为首的顽固派为什么能取得胜利？（2）戊戌变法与日本的明治维新为何一成一败？然后引导学生从客观的角度，把中国历史事件放到整个世界历史中对比分析，其结果，学生兴趣盎然，积极性很高，思维会更灵活，答案会更丰富多彩。

（4）迂回式提问

即"问在此而意在彼"。教师的本意是要解决甲问题，却偏不直接问，而是绕个弯提出乙问题，乙问题的解决又以甲问题的解决为前提，所以只要学生解答了乙问题，甲问题便等于是"不答而解"。有些历史问题较复杂，让学生正面回答，效果不佳。若采用迂回设问的办法，则可达到退中求进的目的。

（四）观察课堂提问中的导学关系

历史教师的主导作用应当始终服从和服务于学生的主体作用。毫无疑问，课堂提问尤其应当体现这一精神，因为在课堂提问中教与学矛盾的两个方面关系表面化，学生参与教学过程本身最为直接。一方面，课堂提问要坚持学生的主体地位不动摇；另一方面，在我们组织课堂提问时，要以充分调动学生的学习积极性、主动性、创造性为前提条件。

（五）观察教师的理答方式

课堂教学是师生双方的协同活动过程，师生双方都是提问的主体，也都是提问的客体。面对学生的提问，教师应该作出正确的反应。斯腾伯格等在《思维教学》一书中，把教师对学生提问的反应分为七个水平：（1）回绝问题；（2）重复问题；（3）承认自己无知或简单呈现信息；（4）鼓励发问者寻找资料；（5）提供可能的解答；（6）鼓励学生对可能的答案进行评估；（7）鼓励学生评估答案，最后验证。[①] 与此相对应，学生发生了如下的变化：不学习—消极的重复学习—分析的和创造性的学习。由此可见，学生回答问题时，教师怎么理答，对学生思维与心理发展影响很大，对教学目标的达成起着重要的作用。例如，学生回答对的、有创意的问题时，应该及时给予肯定、表扬、激励，这对学生加深对问题的理解、更热爱学习起着重要的作用；学生回答的问题不具体、不全面时，教师要进行更为具体和全面的追问、引导，有益于更多的学生加深对问题的理解；学生回答错的问题，也是课堂生成性资源，要及时纠正，让学生不懂的、模糊的问题得到解决。如果教师对学生回答的问题理答方式不好或不予理答，就会挫伤学生学习的积极性和主动性，不利于教学目标的达成。

3. 切片观察：定格细节，深化研究

对一节历史课进行课堂观察，就像观察一棵枝繁叶茂的大树。首先，是对这棵大树形成整体的印象。"观察是对课堂意义结构的整体观察，而不是对每个细节的零散分板，课堂中的各个部分只有在整体目标的统领下才会产生意义"[②]。然后，我们可以从各个不同的角度、从各个不同部位去观察，犹如我们再对树的枝叶进行"专题研究"，然后我们可以截下一根枝条做"切片研究"。

"切片技术"是指通过强大的现代化多媒体技术，将自然情境下课堂教学中的师生行为真实地记录下来，并根据需要截取为一个或几个典型片段，如一个定格的画面、一小段录像等，以作为后续研究的"标本"。

毋庸置疑，课堂观察十分注重细节描述，因此在观察过程中，我们常常需要截取整个课堂中的某一个有争议的教学环节、有价值的时间段、有意义的教学片断等，利用录像、录音等观察工具的帮助，进行富有重点而深入细化的分析，以点带面，从而更接近课堂教学的本质。

---

① ［美］Robert J. Sternberg, Louise Spear-Swerling：《思维教学：培养聪明的学习者》，赵海燕译，73页，北京，中国轻工业出版社，2001。

② 夏雪梅：《以学习为中心的课堂观察》，58页，北京，教育科学出版社，2012。

案例

"科学家的立场"教学片段的切片观察

法国科学家路易斯·巴斯德(Louis Pasteur)曾说："科学虽然没有国界，但学者却有他自己的祖国。"可是伟大的物理学家爱因斯坦，在 1933 年希特勒上台后，却毅然声明放弃德国国籍，加入了美国国籍。美国于 1945 年在日本投掷两颗原子弹后，爱因斯坦又表示了强烈的不满。我们在课堂上讨论这样的问题：评价爱因斯坦放弃德国国籍，或反对美国使用原子弹的行为或主张。爱因斯坦该不该放弃德国国籍，或反对美国使用原子弹？实际上大部分学生在讨论中彼此看法差异很大，但却各自言之成理。这也是我们在进行评价类的课堂讨论时常常会遇到的问题。于是我们可以引导学生思考这样一系列的问题：

问题一：对爱因斯坦放弃德国国籍，反对美国使用原子弹的行为或主张，德国民众和美国民众的立场会有怎样的差异？

问题二：世界人民和爱因斯坦的立场会有怎样的差异？

问题三：后人与当时当事人的立场又会有何差异？

问题四：以上各种立场上的差异会对爱因斯坦放弃德国国籍，或反对美国使用原子弹这一历史行为或主张的评价发生怎样的影响？

让教师意想不到的是，学生对这一个个问题产生了浓厚的兴趣，纷纷发表自己的看法，甚至产生了激烈的辩论。

课后，在教学实录中对这个教学细节进行切片观察和反思：为什么会产生让教师意想不到的这个结果呢？为什么同学们会对这一个个问题产生浓厚的兴趣，热情地发表自己的看法，甚至产生激烈的辩论？通过对问题和学生的发言进行认真分析，我们看到，这一系列的问题主要涉及学生在爱国主义和战争问题认识上的情感态度与价值观，关键是涉及学生通过对世界历史的学习，认识到了战争的残酷性，具备了正确的国际意识和理性的民族意识，能认同人类基本的价值观念，因而引发了学生思想的冲突和思维的激情。这样的教学方式远比填鸭式的说教、灌输有效得多。

采用切片观察技术的研究方法具有强烈的针对性，能一对一地解决问题，避免泛化与粗线条。从上面这个案例可以看到，作为一种新兴的课堂观察研究技术，切片技术具有鲜明的特点和显著的优势，能够高度聚焦，使课堂教学研究向精细化、纵深化发展；以问题导向为出发点，使课堂研究更具针对性、有效性；在理论指导下的切片，架起了理论与实践之间的桥梁，有助于教师研究能力与课堂实践能力的提高。

(三)从方式运用来说，课堂观察可以分为对比观察、跟踪观察两类

为了改善教师的课堂教学，让理念真正落实于行动，在主题与被观察者不变的前提下，我们可以采取不同的观察方式进行研究，使被观察者固有的理念被"破坏"，重新构建新的教学理念。

1. 对比观察：解读差异，修正行为

"对比观察"是指观察者针对不同的个体在相近时间段内展开的课堂观察。为了使课堂观察的研究具有可比性，以产生立竿见影的效果，运用对比观察的方法是课堂研究的一种直观便捷的方式。

在运用对比观察时要做到：一是选择同一课题（在教学内容相同的前提下，这样的课堂才有可比性），二是两位教师水平相当，也可以有一定差距。如果教学水平相差悬殊，尤其是教学业务技能不够娴熟的年轻教师，通过观察骨干教师、优秀教师的课堂，再对照自己的课堂，效果愈发明显。在观察过程中无法解决的问题，如果运用对比观察，就会很容易地揭开谜底，给人柳暗花明的感觉。

校内的"对比观察"，课前一般都会进行集体备课，同科教师在教学目标、教学内容、教学思想、教学模式选择等方面达成共识，甚至不少学校还会采用统一的教学方案。

因此，校内"对比观察"的主要视角是观察比较教师的教学方法、教学风格的异同，学生学习活动的改进等。通过"对比观察"，可以达到备课组（教研组）内教学资源共享，教学问题共商，共同研究教学规律，相互促进、共同提高的目的。

案例

校内青年教师同课异构的对比观察

为了加强青年教师的基本教学技能，我校历史组对比观察了青年教师陈冀丽老师和韦夏玲老师各自展示的观摩课。

两位教师讲授的课题是人教版必修二第18课"罗斯福新政"。这是一节非常有难度的课，不仅要求授课教师能立足于历史的角度讲清罗斯福新政的背景、措施、特点及评价，还要能够运用政治经济学的原理解释书本上出现的重要的经济概念，让学生能更深入地理解和把握本节课的重点、难点；此外，在新课程改革背景下，教师还面临如何在课堂教学中贯穿新课程理念和有效利用材料的难题。面对难题，两位教师紧扣新课程标准的要求，在这节课的设计上进行了大胆的创新，让人耳目一新。

陈老师的"新"，主要体现在通过生动形象的比喻，把经历大危机的美国比喻成一个患病的病人，模仿医生给病人治病的流程来构思这节课，设计新颖，别具一格。

韦老师的"新"，主要体现在采用分组探究活动解决问题，在探究过程中注重生生合作、师生合作，一方面充分调动了学生的积极性，让学生成为课堂的主体；另一方面也发挥了教师的主导作用，引导学生深入理解教材、化解难点。

校际"对比观察"，体现了学校间教育理念的差别，代表了各自的课堂教学研究发展方向，具有总结性、示范性、推广性和学习性等特点。

校际"对比观察"的主要视角是观察比较授课者教学目标的制定和达成、教学内容的选择、教学模式的应用、教学过程中的创新性以及学生学习活动的有效性等。听课者在比较观察和研讨中，认同创新性，探讨和反思教学的差异性，分析教学的因果性与实效性，以促进听课教师反思自己的教育教学行为，进而修正和提升专业技能素质。

新老教师校际交流的对比观察①

案例

课题：人教版七年级下册第12课《蒙古的兴起和元朝的建立》

授课教师王老师及分析：王老师来自普通中学，有十几年的教学经验，基本功扎实，曾经参加白板教学赛课，比较熟练地掌握了白板教学技术；擅长课本剧编写，历史角色穿越；教学语言故事性强，课堂气氛热烈；借班上课，对授课对象了解不够。

授课教师李老师及分析：李老师来自示范性中学。名牌大学研究生毕业，多媒体教学技术比较成熟；擅长对历史知识进行归纳整理，授课线索清晰；教学语言简练，课堂气氛轻松；对授课对象比较熟悉。

表3-5　对比观察教学目标异同表

教学目标	同	异		对比观察教学设计思路
		王老师	李老师	
知识与能力	知识点基本一致	探究和辩证思维能力	归纳整理能力	基本历史史实的识记相同，不同的是教师依据自身特点，通过史实学习侧重培养学生不同的能力
过程与方法	情境教学，角色扮演	白板教学，学生识图填图，以历史地图为依托，角色穿越	多媒体课件教学，直观图文视频资料展示，史料解析	历史发生在过去，有效的学习必须拉近学生与学习内容之间的距离，情境教学是不同教师的共选，让学生以历史的眼光看待历史问题是历史学习的基本方法。不同的教学方法有各自的特点和优点，白板教学，学生更易动手操作，课件教学，直观形象，条理清晰
情感态度与价值观	统一与民族交融的历史发展潮流	统一是大势所趋，有利于社会发展	文天祥的爱国主义精神	关于文天祥抗元，教师依据自身与学生的特点从不同角度，实现情感态度与价值观教育
启示	教学目标应该以课程标准要求为纲，在基本史实相同的情况下，依据教师自身教学特点以及学生心理特点，选择不同的教学方法并充分发挥其优点，确定相应的或不同的三维目标，对学生某方面的能力、学习方法、情感态度与价值观进行侧重引导和培养			

① 本案例的作者是广西南宁市教育科学研究所周梅老师，选入本书时有改动。

> 通过对比观察，我们可以发现，王老师注重探究和辩证思维能力，教学过程推导完整，语言简练；课堂小结到位，突出重点；并且充分运用历史地图图册，培养了学生看图、识图、解图的能力。李老师关注学情，了解学生，能尊重学生的主体地位，充分运用视频和图片，吸引学生注意力，激发其学习兴趣，且与课堂内容紧密相关，有启发引领思考的作用。

对比观察这种教研方式，极大地促进了教师的参与热情及竞争意识。对比观察操作性强，有利于教师对新课程理念与方法的把握，以及将先进的教学理念转化为实际的教学行为。它促使每位教师在教研中必须深入地观察、分析、比较，并提出个性化的意见，有利于提高对新课程理念的理解与教学领悟能力，提升教学水平，优化课堂结构，更有利于改变学生的学习方式，提高课堂效率。

2. 跟踪观察：改变方式，促进发展

"跟踪观察"是指观察者针对同一个体在不同时间段内（相隔时间相对要长些）展开的课堂观察。跟踪观察不像对比观察能在短时间内取得实效，但多年的实践证明，跟踪观察虽然需要较长时间的等待，但对提高教师的课堂教学水平却相当有效。

观察者在首次进行课堂观察，帮助教师剖析课堂，提出教学建议后，应隔一定的周期（至少一周）再进课堂继续观察，分析课堂的变化，以期通过这样一个有计划的、持续不断的"实践——跟踪反思——再实践——再跟踪反思"的循环往复的过程，达到解决教学问题，完善教学行为，提高教学效率的目的。每一次跟踪，对授课教师来说都是一种实用而高效的培训方式，它改变了教师的教学方式，促进了教师的专业发展。

案例

肖老师的成长案例

肖光老师从大学毕业来到教师岗位上已有近 7 个年头，从一开始我们教研组就和他共同制订了专业成长计划，并进行了一系列的追踪观察。第一次上公开课是在毕业三个月后，授课的内容是初中教材中的"秦朝的统一"。由于经验缺乏，他总是担心在具体的知识点上没有交代清楚，于是将主要精力放在基础知识的落实上，这样的课堂氛围必定不会有太多的趣味性与互动性。为了能够促进学生的参与，教师设计了一系列的问题与讨论，但由于缺少技术含量与思考深度，有效性不够。在精心准备一个星期后，肖老师再一次地走上讲台，虽然力求每一个环节都不犯错误，但最终课堂教学还是很平淡。

教研组课后研究认为，如果一节课完全落入俗套，即使知识点清楚，重、难点得当，但如果没有创新的思考，课堂是很难出彩的。经过研讨，本课的问题在于：首先，整节课的结构不够严谨，没有把教学内容形成一个整体，没有一根主线贯穿始终，给人的感觉是有点散乱。其次，课堂中设问的有效性还有待进一步加强。历史教学的最大功能在于培养学生的历史思维(即平时俗称的历史感)，因此，教师在进行设问研究时应更加精细化、成熟化。最后，创新不足、语速过快、走动频繁、无效提问较多、课堂上忽视学生的主体作用等，这是年轻教师普遍存在的问题。原因在于：一是面对众多前辈，非常紧张，希望整个过程能够按照自己预设的流程与时间来完成；二是课前准备过程中没有学生参与，很多问题都是通过自己的解释来完成，很多问题在授课过程中也没有给学生充分的思考时间而是直接解决了，没有充分发挥学生的主体作用。

第二次观察是在一年后，授课的内容是"第二次工业革命"。肖老师的设计已经开始打破常规，另辟蹊径。他没有按照课本的内容按部就班地介绍第二次工业革命中的各项发明，而是以西门子、奔驰、爱立信、杜邦等几家兴起于第二次工业革命时期的企业传奇故事为背景，穿插这一时期的发明创造，再从这几家企业的发展故事中探寻第二次工业革命给世界经济发展带来的影响。

教研组肯定了他的设计新颖，教学设问层层递进，符合学生思维特征，同时提出，要在设计时更注重历史学的特色，如果授课的容量太大，采用过多的技术性手段可能会干扰知识体系的清晰度。

第三次观察是在两年后。肖老师讲授的《国民革命运动的兴起》一课，内容较杂乱，线索不太清晰，几大知识板块之间缺乏紧密的联系，包括冯玉祥北京政变、孙中山北上和国民会议运动、五卅运动及广东革命根据地的巩固等知识点。在这些知识点中，有孙中山病逝于北京的内容，而且要求对孙中山一生的功绩做一个总结与回顾。肖老师以这一点为突破口，以孙中山一生的经历作为线索来组织教学内容，将课题定位为"中山不死"，并分成四个板块：中山一生、北上绝唱、南方风潮、中山不死。第一板块介绍中山一生功绩；第二板块组织学习北京政变及孙中山北上的内容；第三板块讲授五卅运动与广东革命根据地的巩固；第四板块挖掘孙中山留下的精神财富，升华主题。这样，比较散乱的课本内容用一条线索组织起来，使得本节课显得结构紧凑，体现出了肖老师教学的特色。在导入与结尾处，肖老师紧扣主题，融入地方史内容，以广西师范大学校园中"中山不死"的纪念碑为始，以南宁的中山路、民族大道、民生广场、民权路等地名为终，以引发学生的共鸣。这一设计得到了学生与观课教师的认可，课堂教学取得了良好的效果。

第四次追踪观察是在三年后，授课的内容是"清朝统治危机的加深和辛亥革命的爆发"，内容不多，只有清政府的"新政"与"预备立宪"、武昌起义和湖北军政府的成立两个主要部分。肖老师打破常规，结合即将到来的辛亥革命100周年纪念的主题，将课本内容整编为三个问题：①清朝统治者最后的种种努力，为何不能为王朝续命？②立国275年的庞大帝国，为何武昌便是它的死穴？③皇帝真的下台了，中国真能"共和"吗？以这三个问题作为思考的主要线索，穿插资料，引发思考。在教学过程中，肖老师在结合课本的同时，将内容整编为："(一)历史的真相——起义的经过；(二)历史的必然——起义成功的原因；(三)历史的偶然——成功的另一些原因；(四)历史的玩笑——黎都督，当还是不当；（五）历史的惊喜：大清朝，快完了；（六）历史的无奈：真革命还是假革命"等几个板块，使整个课充满个性特色。

教研组在课堂观察后分析指出，第一，肖老师能正确把握本节课在专题中的地位和相互关系，对本课进行精心构思，巧妙设计，融三维目标于整个教学过程之中。第二，教学过程中能充分利用学生熟悉的、感兴趣的知识和情境来组织教学，充分调动了学生学习的热情。第三，能把握全局，很好地驾驭教材，语言风趣，概念讲解到位、清晰，过渡自然流畅，师生互动活跃，环环相扣，既吸引学生的眼球，又激发了学生的思维，已具备骨干教师的风采，可以在教学风格上再下功夫，朝着教学名师的方向前进。

由观察者对自己教学的某一方面进行一定时段的跟踪观察，发掘自身存在但意识不到的优缺点，并会同观察者对课堂观察的过程不断进行重现、探究，有助于教师深层次的反思。追踪观察充分考虑了个体、时间与空间、情境等不断变化的因素，把对教师一节课的观察放到一个大背景中去思考，以发展的、综合的思维方式和观点去研究教学活动，有助于教师对课堂观察的不断深入，有利于教师在今后的课堂观察中提升质量。

美国卡内基促进教学基金会主席、斯坦福大学教授李·舒尔曼(Lee S. Shulman)把建立教师成长档案袋引入到教育领域，他说："一个教学档案袋就是对一系列指导和监控下教学行为的历史性记录，通过反思性写作、深入思考和严肃对话，它可以让自己的成长有充分的认识。"[①]见表 3-6。

课堂观察不是一时性的短暂的研究，而是持续性的长期的研究。为被观察教师建立一个档案袋，保存课堂观察过程的资料，不仅能记载较完整的原始材料信息，提供充分的证据背景，记录教师成长的历程，还能留下课堂观察整个过程的智力轨迹。

以上两种观察方法的共同点是：通过对比、跟踪观察，保证了观察数据信息的科学性与可比性，为教育决策与教学评价提供较为客观的依据，对被观察者的课堂教学作出科学有效的研究分析。

需要注意的是，不同类型的组织与方式之间是交叉的、重叠的，具有相互补充的作用，而且同一次观察活动具有多重属性，包含多种观察方式。因此在实际操作中，课堂观察应充分考虑观察的具体主题综合运用各种观察方式，体现历史学科的特点及历史课堂教学的现状，以弥补各自的不足，以实现课堂观察组织与方式运用的有效性。

总之，在课堂观察实施过程中，选用的组织与方式应从追求目标的有效性出发，见表 3-7。

---

① 蔡敏、李艳：《美国中小学教师评价的主要模式及特点》，载《外国中小学教育》，2006(4)。

表 3-6 教师教学档案袋类型一览表[①]

类型	目 的	读 者	证 据	反 思	备 注
过程型	表明运用新教学方法的教师在一定时期内个人专业发展	学校领导者、中层管理者和其他相关教师以及家长等	表明实施教学方法的课程计划；学生作业及相关作品；学生家长报告书等	教师能够陈述每一部分的证据和教学方法之间的关系，实施该方法的优势和不足	我们可以看出，教师教学档案袋的目的在于展现教师能力和促进教师专业发展，从而显示出作为超越传统教师评价方式的一种新选择的价值所在。评价在本质上就是一种价值活动，因此，在具体的教学档案袋开发过程中必须注意以相应的教育价值观作为指导思想。这样，我们可以认为教师专业发展是美国教师教学档案袋开发的一条主线
作品型	表明教师个体实施教学方法特定部分的情况	学校领导者、中层管理者以及家长等	实施教学方法时学校领导者指出的特定部分，个体教师需要提供相关的证据	每个教师将集中陈述证据中显现的教学优势	
展示品	让每个教师展示各自运用教学方法的最佳工作品质	学校领导者、中层管理者以及家长等	教师需要选取能够表明他们在实施教学方法中付出努力的证据，包括：有效的课程计划、优秀的学生作业和进步最快的学生的连续记录	个体教师将反思每个事实，强调和教学方法相关证据显现的教学优势	

表 3-7 课堂观察有效的价值追求表

有效的价值追求	选用的组织与方式
实验推广课堂观察，研究课堂教学模式	团队合作观察、切片观察等
提升教研组教研活动科研含量	团队合作观察、诊断性观察等
锻炼教师课堂观察能力和提高教师评课水平	团队合作观察等
优化教师课堂教学行为和提高课堂教学效率	团队观察、互助观察、诊断观察、对比观察等
教师之间取长补短，自觉矫治教学行为	互助观察等
加速青年教师培养	跟踪观察、对比观察、师徒互助观察等
发现存在问题并且寻找矫治方法	诊断性观察、随机性观察等
提炼课堂教学风格和特色	提炼性观察、全面观察等
为了课堂观察走向日常或常态	互助观察、自我观察等
为了提高教师行动研究和课题研究水准	自我观察为主

---

① 本表格是根据下列内容加以整合而成——Ann Adams Bullock, Parmalee P. Hawk. *Developing a teaching portfolio: a guide for preservice and practicing teachers*, Merrill Prentice Hall, 2001, p.21; 李雁冰《课程评价论》，上海教育出版社，2002; 马海涛《美国教师教学档案袋评价的研究》，9～10页，华东师范大学 2003 年硕士论文。

三、课堂观察的流程

课堂观察的类型，主要有定性观察、定量观察、定性定量结合三种。课堂观察的基本步骤为：课堂观察前的准备——确定观察的目的和规划；课堂观察中的实施——进堂及记录资料；课堂观察后的反思——资料的分析与结果的呈现。具体的观察、诊断程序有以下几个方面。

(一)课前会议

▲任务

• 明确实际工作中所需要解决或改善的问题
• 确定观察的目的和规划
• 做好各种相应的准备

▲操作

• 课前会议最好安排在听课前一天，时间为 15～30 分钟左右。
• 课前会议的地点安排和会议气氛应保证观察双方感到轻松和舒适。
• 课前会议的议事日程包括：

1. 明确教学主题
2. 明确教学目标
3. 明确授课计划
4. 明确困难和问题
5. 明确观察工具
6. 明确观察重点
7. 明确课堂观察后的讨论时间和讨论地点

案例

《探寻宋明理学的精神内涵》课堂观察的课前会议[①]

一、背景

任教教师：陈老师

内容主题：探寻宋明理学的精神内涵(人民出版社历史必修三专题一《宋明理学》)

观察者：陈老师　庞老师　叶老师　王老师　吕老师　刘老师

二、课前会议

1. 上课老师说课

【内容分析】

宋明理学是在儒学的权威地位不断受到道教和佛教的冲击而日趋削弱的情况下发展起来的，故又称为新儒学。北宋的士大夫们掀起了声势浩大的儒学复兴运动，二程在对儒学的研究中吸取了道教和佛教中的思想，创立了理学；南

---

① 本案例的作者是浙江师范大学附属中学陈辉老师。

宋的朱熹全面总结了北宋以来的理学成就，并兼采众长，建立了庞大而严密的理学体系。陆王心学的出现标志着重建儒家信仰的理论任务已经完成。教材中对理学的发展脉络还是有一个比较清晰的图景的，不足的是没有很好地体现理学对传统儒学的继承和发展的关系，这一点也是教师在教学过程中必须要突破的一个方面。此外，理学中的一些观点和理论比较晦涩和难懂，这是一个必须要正视的问题。

【学情分析】

本课的授课对象是高一学生，他们具备一定的阅读、分析、归纳、概括的能力，但欠缺对历史材料的正确分析和把握，故须重视学生对史料的理解与分析能力的培养。关于"宋明理学"的相关内容，学生是比较陌生的，一方面是理学家的思想比较深邃和难懂，另一方面是因为年代的久远而产生了时间隔阂。因此，在教学中要充分注意到这样的情况，提供相关的情境帮助学生理解和感受古人的智慧，从而拉近历史与现实之间的距离。

【设计思想】

以探寻宋明理学的精神内涵为主题，重视学生情感态度与价值观的培养。关注学生的心理体验、情感震撼、内心选择和精神升华，充分尊重学生体验与感受的权利，正视学生心理与情感体验的差异，适时、适度地发挥教师的示范、熏陶、引导和启迪的作用。

教学上，教师采取多种方法和途径，设计恰当的学习活动，针对不同的学习内容选择不同的学习方式。在教学过程中，从学生实际出发，营造教学情境，设计教学问题，激发学生探究、解决问题的积极性；同时注意师生互动方式，不仅是形式上的互动，更应是师生之间在情感和思维上的双向互动。

在课的结构上，以"郑氏义门"为例去探寻宋明理学的精神内涵，分为"走近郑氏义气""揭秘兴盛之源""共话今日之思"三个方面来进行教学。

【教学目标】

(1)知识与能力

了解宋明理学的主要代表人物(程颢、程颐、朱熹、陆九渊、王阳明)及其主要的思想观点；认识宋明时期儒学的发展；在此基础上，培养学生理解古代思想家主要学术观点的能力。

(2)过程与方法

通过引导学生对"浦江郑氏义门"的解读来了解和探寻宋明理学的精神内涵，从而使学生分析和理解宋明理学中的相关文化内容；通过对"郑氏规范"的相关内容的分析，使学生学会正确地继承传统文化。

通过教师讲解相关的历史小故事、师生共同探讨的方法来理解和感受相关的理学思想，并在此基础上完成相关的知识表格。

(3)情感态度与价值观

通过对"江南第一家(郑氏义门)"的解读，让学生感受乡土文化的独特魅力，并在此基础上感受古人关于"修身、齐家、治国、平天下"思想的内涵。

> 通过对宋明理学及其代表人物相关知识的学习，感受先代哲人睿智的哲理思想，使学生进一步加深对中华民族博大精深、源远流长的思想文化的理解，增强民族自信心和自豪感，进而感受理学家们无私无畏、襟怀磊落的精神价值。
>
> 2. 观察点设置
>
> 陈老师：学生学习
>
> 庞老师：师生互动
>
> 叶老师：教师教学
>
> 王老师：课程性质
>
> 吕老师：课程资源利用
>
> 刘老师：课堂文化

(二)课堂观察

▲任务

• 进入课堂

• 依照事先的计划及所选择的记录方法

• 对所需要的信息进行记录

▲执行

• 最好在上课开始前就进入教室，选择能观察到学生学习的位置

• 上课开始后，观察者应选择合适的观察位置，立即进入记录状态，见图 3-4

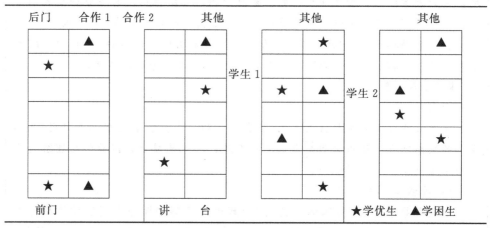

图3-4　课堂观察位置选择示意图

观察学生的老师，如观察"学习状态与学习效果"的应靠近学生就座，特别是选择"优生"与"学困生"相对集中的位置观察；需要合作的教师，如观察"教师的提问方式"和"学生的应答方式"的，可以坐在一起观察，便于观察时相互协调；其他老师的观察维度主要是老师的教学。为减少对课堂教学和学习的影响，应均选择在教室中学生座位背后就座，开展观察。

• 通过定量与定性两种课堂观察记录方式，记录那些所观察的行为，包括：

1. 行为发生的时间
2. 行为出现的频率
3. 师生言语或非言语活动的内容和形式
4. 关于观察对象其他行为的文字描述
5. 观察者的现场感受和理解
6. 音像资料
- 辅助观察：问卷调查、访谈、文献调查等

表 3-8　学生应答方式定量观察记录表

应答方式	频　次	百分比（%）	排　序
1. 无应答	1	1.5	5
2. 集体齐答	38	57.6	1
3. 讨论后汇报	7	10.6	4
4. 自由答	10	15.2	3
5. 个别回答	10	15.2	2

表 3-9　"历史教学情境有效设置"定性观察记录表

观察点	历史教学情境有效设置
课堂教学观察分析	在《罗斯福新政》一课的教学中，教师通过幻灯片展示一系列大萧条时代的图片资料，再现当时的情境，让学生更深入了解经济危机背景下美国人民生活的贫困，体会经济危机的危害。学生通过观看、讨论，学生能想象到经济危机下美国的情境：上千家银行倒闭，造成千家万户分文皆无的灾难性后果，从而为接下来的内容作了较好的铺垫
改进策略	指导相应的读图技巧，让学生指出所看到的一切：人们的姿势、穿着打扮、神情、街道店铺的招牌、建筑物等，最好把大问题分解成若干小问题，每一问题指向明确，步步为营，使学生在思考回答问题时既要调动潜在水平，又不致因超出认知水平而百思不得其解。比如：(1)你从图片中看到了什么建筑？(2)人们在干什么？(3)他们为什么这样？(4)你认为这图片反映的景象出现于什么时候？(5)大萧条时期美国银行倒闭可能对这个国家产生什么影响？
对本人课堂教学的启发	要从整体上考虑情境设置，围绕教学目标设计情境体系。情境要具有历史氛围，要依托文献材料、图片材料等，营造历史氛围，使学生在相应的历史材料中感知历史、认识历史、评价历史。所以，历史教学情境的创设对教师在材料的选择和剪裁能力，以及根据材料调动学生思考探究的能力要求很高，如果不知道如何选材剪裁，不知道如何根据材料创设问题，引导学生在已有知识结构上进行意义建构，就有可能在课堂上堆砌一大堆材料，教学就会成为图片展示，或者文献阅读，使学生如坠五里之云。创设的情境要符合学生认知水平，要能引起学生的兴趣，而且问题的设置不宜过大，因为学生的知识结构尚在形成过程中，知识、能力的储备尚不足，对很多历史现象还不能正确地理解和认识

(三)课后会议

▲任务

• 促进教学、改善实践
• 资料的分析与结果的呈现
• 制定行动方案

▲操作

• 课堂观察结束后，双方都应认真地参加课后会议。每位观察者都应给被观察者一定的反馈信息。会议时间一般不得少于 20 分钟。

• 开始讨论时，双方都应抱着"对话"的研究心态，就具体的话题开展平等、民主、专业的讨论。观察者不要急于宣读观察记录，应保证被观察者有足够的时间表达自己的感觉。

• 会议后，被观察者需要撰写一份反思报告，围绕一定主题，有选择地叙述自己的思考过程或行为变化过程。

• 课后会议的一般议程

1. 自我反思

案例

被观察人毛老师的课后反思

今天，我在高一(5)班讲授"大一统与秦朝中央集权制度的确立"。本节课讲述的是我国大一统局面的开始形成，秦始皇加强中央集权的措施对我国历代封建社会有着深刻的影响，因此本课在政治文明史上有着很重要的作用。以下简要分析一下本节课的优点与不足。

本节课的情境设置具有一定的新颖性、趣味性，基础知识也能够落实到位，基本上完成了课标要求的"三维目标"。

但在课堂设置的具体环节上存在一些问题。主要表现在：

第一，学生的主体性不够突出。在整个教学设计中有两个讨论环节，希望学生在讨论中得出结论。但是，在讲授过程中，基本上是由我引导学生得出结论，有点一言堂的意味，学生的主体性没有凸显出来。

第二，在教学环节的设计上，时间没有把握好，导致整堂课的进程显得较仓促，有点赶着走的感觉。问题主要出在对秦律的讲解这个环节。在教学设计中，原本没有涉及将商、西周、秦维护专制的工具进行比较，但是在课堂教学中，不自觉地把这一内容加了进去，导致后面突破难点时，时间有些紧张。这也是学生主体性不够突出的具体原因。

第三，课堂上和学生交流，态度不够亲切，不能真正做到关注学生的心灵。比如，学生在回答问题时，不能及时给予一些鼓励，对学生回答的评价也过于简单，不能充分发挥学生的积极性和创造性。

第四，在学生能力的培养上，落实得不够。比如，比较分封制和郡县制度，由于高一学生还没有具备分析类似事件的能力，需要老师引领进行分析，教学设计中又没有设计一些比较好的问题引导学生，致使学生的能力得不到很好的培养。

2. 定量或定性分析

"学生课堂参与广度"课堂观察的定量分析

表 3-10　"学生课堂参与广度"定量记录表

活动主题	活动方式	活动时间	学生参与广度（座次表）						排序
1.《凡尔赛合约》的签订为什么在德国人心中留下仇恨的种子？ 2. 巴黎和会的实质是什么？	探究思考	10分钟左右						V	1
				V	V	V	V	V	
						V	V	V	
3. 为什么还要召开华盛顿会议？	阅读书写								4
4. 为什么美日矛盾激烈？	讨论	2～3分钟			V			V V	2
								V	
			V	V					
5. 哪些会议涉及中国问题？	思考	2～3分钟					V	V	3
								V V	
				V					

说明：

(1)学生参与广度可用学生参与活动人数和参与态度来评定。

(2)学生参与的态度可分为：A. 兴趣浓厚，认真倾听，积极主动参加活动；B. 兴趣一般，认真倾听，被动参加活动；C. 不感兴趣，不认真听，被动或不参加活动(发呆、走神、做小动作、和同桌讲话等)。

结果分析：

(1)本课设计思路很好，探讨的问题很多，但是给学生讨论的时间比较少。基本上都是教师问、学生集体回答。集体回答次数多于个别学生回答次数。回答问题的同学基本集中在前几排，最后两排很少有同学回答。

(2)一部分同学的学习能力较强，思维敏捷，但是本课没有学生对老师提出问题，学生参与课堂的质量有待提升。

3. 思考和对话

案例

"课堂问题设置"的课后讨论①

　　汤老师(反思)：这是第一次选择理科班的历史课作为公开课，难度深浅的把握很重要。同时，为了调动学生学习的积极性，备课时问题的设计应注重贴近基础，贴近学生。授课的结果是部分任务没有完成。分析其原因，一是学生基础扎实，训练有素，上课效果良好；二是由于临时借班上课，对学情不熟悉，对学生的基础不了解，不敢让学生过多发挥，讲授的比例比最初备课设想的要大。在教学实践过程中，遇到的最大问题是对课堂驾驭的难度加大，如课堂时间和课堂秩序难以控制、学生的思想动态难以准确把握等，即考查了教师的应变能力，又加大了教师引导的难度。另外，性格内向、不喜欢说话的学生发言极少，其他学生举手太积极而又不给机会，没有顾及到全体学生。

　　陈老师：新课程下历史课堂问题的选择与设置必须要围绕教学的三维目标。问题的设置不是越难越好，一定要符合学生的认知能力，难易得当，有清晰的层次，能面向全体学生，每个层次的学生都能有机会回答，并积极参与到课堂中来。

　　许老师：结构清晰，设计完整。教学过程中，对知识的回顾有必要，方法引导也很到位。另外，思维训练到位，学生逐级参与，积极性很高。

　　龙老师：问题设计层次分明，能有效巩固基础，提升能力。对问题的引导切实有效，能将学生零散的知识调动起来，构成系统，提升思维。例如，"为什么会形成中央集权制度"这个问题的处理就是很好的体现。

　　黄老师：关于如何换角度思考问题，虽然时间不够，但对我们青年教师而言颇有启发。历史课堂教学中，问题的选择与设置是一个很艺术的教学技巧，对取得良好的教学效果至关重要。因此，在问题选择与设置的过程中，我们必须把握好趣味性、启发性、时代性、层次性等原则，提出的问题不仅要由浅入深、循序渐进，能提高学生对知识的理解和技能的把握，有利于学生能力的发展，而且要善于引导学生去讨论、思考和探究，并给予充足的时间和鼓励学生积极回答，让课堂形成良好的师生互动，真正让生动的历史变成"历史"的生动。

---

4. 建议和对策

案例

对"教师讲授的有效性"课堂观察分析与建议

　　历史课堂教师的讲授是指历史教师运用简明、生动的口头语言向学生系统而连贯地传授科学文化知识、培养学生能力并形成科学价值观及人生观的方法。

---

① 本案例的作者是江苏省常州市高级中学汤永成老师，选入本书时有改动。

其优点是授课对象多，信息量大，知识系统性强，可以使学生在比较短的时间里，获得大量的知识。伴随着新一轮基础教育课程改革的推进，讲授法遭到了前所未有的质疑和挑战。这就迫切需要改进传统历史课堂中教师的讲授，提高历史课堂教师讲授的有效性。为此，广西南宁市第三中学历史组开展了"教师讲授的有效性"的课堂观察。下面是针对年轻的陈老师在高一年级上的《近代中国经济结构的变动》一课的课堂观察报告：

1. 教学内容复现

从教师讲授的行为来看，陈老师重视使用知识复现等强调方式，各种重复方式达 8 次，频次 35%，在各种讲授行为使用频次中排序第一，覆盖了每个知识点。从复现的目的来看，一种是对提问和学习任务的重复，从明确学习目标的角度，提高课堂教师指导学习的有效性；另一种是在学生讨论或评价之后的重复，加深记忆。特别是对本节重点内容，陈老师采用了两种目的的重复，都发挥了很好的效果，学生的参与度也很高。对于展现在黑板上的讨论结果，陈老师采用了学生评价与教师引导评价的重复方式。多种形式的教学内容复现很好地落实了教学任务，这是本节课的亮点之一。

2. 学习任务的描述

在讲授过程中，陈老师对于提问与描述学习任务主要是借助学案来完成的，对于重、难点的突破采用了让学生板书或在黑板上记录学生的回答，充分暴露学生的错误并作为课堂的教学资源完成重、难点的讲授，而且整个过程过渡自然，轻松流畅。

3. 交谈技巧的运用

陈老师没有单一地讲述，而是在讨论的过程中，走到学生中去，主动与学生交谈，自然地给予了学生提问和回答的机会。这样的处理有助于教师掌握最真实的学情，也符合高中生的心理特点。

4. 运用直白的语言讲解

陈老师不仅语音抑扬顿挫，肢体语言丰富，还多次运用了口头的言语来代替历史专业的术语。使用口头语的目的是帮助学生理解复杂的过程，但是过多地使用不利于培养学生用准确的术语去阐明历史观点的能力。

5. 借助例子描述

这节课中，没有观察到借助例子描述观点的地方。这节课的内容历史概念比较多，借助例子来帮助学生理解抽象的历史概念应该是一种很好的方式，如"闭关锁国""重农抑商"等都是可以借助例子来理解的。如果能加上一些鲜活的例子，陈老师的讲授就更能锦上添花。

6. 讲授效度评述

总体上，对于讲授程度的各方面，陈老师都完成得非常好，语言生动，富有激情。首先，讲授过程中 90% 的时间及目光都给予了全体学生，这也是整堂课学生的参与度一直很高、讨论与发言都非常踊跃的原因之一。其次，对 6 个学习活动的设计富有逻辑性，步骤清晰，各个学习活动之间的衔接简洁自然。最后，本节课呈现有关信息 10 次，其中 9 次呈现信息的速度适当，仅在完成第 3 个学习内容、阅读学案上图表的时候，对图表的解释时间略显紧张。

课堂观察的前提是发现教学问题，课堂观察的目的是解决问题和行为上的跟进。有组织的大规模的团队观察应追求规范化的程序，进行较为深入的分析和研讨，以求达到全面和综合地解决一些教学重点或难点问题。而个体观察和自我观察应力求程序的简约化，期望尽量让观察和研究成为教师的日常生活。教学前，教研组集体讨论商定实践研究需明确的主题，提出课堂教学的研究点，教研组内每一位教师针对授课教师的教学设计，或者在第一次的课堂教学中，根据研究点对教师与学生的行为提出自己可测的观察点；教学后，每一个参与活动的教师运用典型切片技术，根据自己的观察点重点观看相对应的教学环节，写出观察报告或田野笔记，进行诊断反思。授课教师在教研组集体的诊断基础上确立自己的反思点，然后统一由教研组形成一份课堂观察报告，确立促进授课教师专业化成长的新的发展点，明确下一轮教学中的行为跟进。

第二节　主题与聚焦：课堂观察的视角

主题是课堂观察的灵魂，课堂观察是基于主题的观察。教育理论专家柳夕浪指出，课堂观察"就课堂教学中某一个方面作系统观察，专心致志于特定的事件上"，"注重提供一些局部性的'特定镜头'，有重点地作较为深入细致的诊断。"[①]柳夕浪所说的"某一个方面""特定的事件"或"一些局部性的'特定镜头'"，其实就是所聚集的主题。课堂观察要选择合理的主题进行观察，而且这些主题应该是细小而具体的。主题可以是单一的、也可以多个，但不宜过多；可以是预设的，也可以是适时生成的；可以教师的"教"为主，也可以学生的"学"为主，还可以课堂的文化为主。

一、主题：教学研究的切入点

研究主题是历史课堂教学研究的切入点，与教师在历史课堂实践中需要迫切解决的历史课堂问题密切相关。例如，课堂教学中发现的问题是"学生投入历史课堂学习的状态不理想"，分析其原因，主要是教师创设的历史学习情境不能吸引学生、不注重学习过程中的及时反馈与评价。依据这样的分析，可以选择"历史教师课堂导入环节（导入语）改进"这个点切入研究，然后再慢慢解决其他的问题。于是，"教师课堂导入环节（导入语）如何促进学生快速进入学习状态"就成了教师在连续几堂课中的研究主题。课堂的研究主题很多来源于课堂教学的一线问题，但它不等同于原始问题，而是在对原始问题背后的原因进行分析后，评估现有的解决能力，进一步提炼与聚焦得出的具有明确解决指向的可操作性问题。只有这样，才能让"课堂观察"更加贴近一线教师，发挥它鲜活、及时的特性，也有益于小结和反思。那么，我们确立主题的依据是什么呢？

（一）与历史学科内容有关的研究主题

对教学内容的研究始终是中学历史课堂教学研究的重点。一方面，新入职的

---

①　柳夕浪：《课堂教学临床指导》，59页，北京，人民教育出版社，2003。

教师对教学内容把握不准；另一方面，随着课程改革的推进，课程标准的修订，史学观念的更新，教学内容的研究对老教师来说也是一个常谈常新的话题。

教学内容的理解与把握

由于新课程实施以来，高中历史教材按专题模块形式编写，使得教学内容庞杂且跳跃性过大，原来的通史内容被分解到各个模块中。因此，对历史"教学内容的理解与把握"仍然是制约多数历史教师特别是薄弱学校的历史教师和历史年轻教师专业发展的突出问题。从对南宁市156名高中历史教师及市历史中心组成员、青年教师"合作共同体"成员（36人）的听课、问卷和访谈情况看，48%的历史教师对历史文本的把握及解读能力仍然不够到位。具体表现在：教材处理不够简明，历史问题挖掘没有深度和厚度，课程资源的运用不够多样、有效。尤其是在高中文科班历史教学中，对于历史核心概念的把握、教学中心的确立、教材内容的梳理、专题模块式历史与通史体系的相互整合等方面都有待进一步加强。基于此，我们确立本学期研究的主题就是"历史教师对教学内容的理解与把握"。

对历史学科教学内容进行深入解读是历史教师的基本功，理解并抓住历史学科的本质是历史课堂观察研究的重点之一。

（二）与学习者及其特点有关的研究主题

历史教学的最终目的是培养学生的能力、促进学生的发展，因此课堂观察应重视对学习者的研究。学生是如何学习的？对某一主题他们有着怎样的理解或误解？不同个性或水平的学生存在怎样的互相影响？这些都是课堂观察所应关注的主题。此外，学习者的具体表现有时也可作为教师检验教学成效的依据之一。

历史学习策略的研究

从对某校1710名学生（高三350人，高一1000人、高二360人）学习状况的调查情况来看，有近40%的学生不喜欢历史课，58%的学生没有形成良好的历史学习习惯。有53%的学生反映教师指导的历史学习方法单一，以"划、背、默"为主要形式的被动接受式机械学习方式仍然大有市场，特别是在高一历史的学习中，这个比例达80%以上。从听课和访谈中了解到，教师已意识到对学生的学习过程加以关注、指导，但大多缺乏具体的探索和践行。教师基于学生现状的分层学习策略探究仍然比较滞后。90%以上的受访教师认为，对历史教材的反复阅读以及足量的历史课余练习仍是提高历史教学质量的主要手段。教师对学生课堂学习状况关注很不够，从调查看，有70.8%的学生上课时偶尔会开小差，说明这是大部分学生身上存在的问题，既有学生心理特点和规律的影响，也与广大历史教师对学生认知心理特点重视不够有关。59.9%的学生认为自己在历史课上是不活跃的，这一现象在很大程度上与教师的教学习惯有关。调查结果显示，有64％的学生认为在课堂上与同学交流的机会少，12.6％的学生认为没有交流的机会；57.4％的学生认为课堂上向教师提出疑问的机会比较少，20.4％的学生认为课堂上没有机会向老师提出疑问。可见，不少历史老师习惯于传统的讲授式，给学生思考、提问、交流的机会不多。因此，我们可以针对"历史学习策略的研究"进行主题研究和观察。

（三）从课堂诊断中得来的研究主题

研究主题也可以从同伴和专家的课堂观察与诊断中确立。在日常的听评课活动中，我们会在课堂中发现一些问题，如果这些问题对于执教者来说较为突出，而且较大程度地影响了课堂教学的效益，或制约了执教者学科教学技能的发展，就有必要将问题转化为执教者近期内需要突破的研究主题。

案例

小组合作学习之"分散话题权，促进组内平等"的研究

伴随我国新一轮课程改革，小组合作学习作为新课程倡导的学习方式，备受广大教师关注，并且其研究成果也开始得到应用。某学校为了把课堂话语权还给学生，决定在全校范围推行小组合作学习的教学实验，首先，按照"组内异质，组间同质"的原则在班级内进行分组，并指派小组长、副组长，明确每一位学生的角色。其次，在课堂上，把教学任务转变为可供小组合作交流研讨的问题，小组中每个学生负责一个子问题。再次，在独立思考基础上，组织学生在组内交流研讨，确保小组内所有成员都理解和掌握问题解决的各种策略和结果。再再次，组织小组织间交流，进一步分享各小组的学习成果。最后，针对对各小组完成任务或解决问题的水平，教师进行及时评价，并将评价结果作为小组的学习成就加以对比。

但是历史教研组的老师在教学实践中发现了一个令人头疼的现象，个别优秀学生经常掌握着话语权，小组其他成员只是被动地接受。学困生的学习热情逐渐下降，学习成绩没有明显提高，甚至学困生群体有扩大的态势。这就是说，小组合作学习，没能解决学困生的学困问题，相反，有进一步扩大两极分化的趋势。针对小组合作学习中的上述问题，他们进行了深入调查分析，寻找问题产生的可能原因。调查工作以课堂观察和学生座谈为主。课堂教学观察分为两个方面，一方面观察教师组织和管理小组合作学习的过程，包括任务设计和问题提出；另一方面观察学生的行为表现，确认小组合作中哪些学生积极参与，哪些学生适度参与，哪些学生没有参与，并做好记录。在课堂观察基础上，随机抽取部分学生，分别召开座谈会，请学生谈谈小组合作学习的感受。通过课堂观察和座谈，影响小组合作学习的消极因素，特别是阻碍学困生参与合作学习的因素渐渐明晰，主要集中在这几个方面：学优生掌控话语权；学困生化整为零，淡出教师视野；小组尚未形成"利益"共同体。

于是，教师们开展了以"分散话题权，促进组内平等"为主题的课堂观察，采取合理设计小组合作学习的任务难度、改进组间竞争规则和精心选择小组长等措施，最终找到了有效的解决策略。

案例

"课堂活动与教学目标匹配设计"的研究

　　王老师是一位刚从师范大学毕业的新教师。从教第二年，整个教研组的教师都参与了他的汇报课活动。在听评课当中，大家发现，王老师虽然按照课程标准所规定的三维目标的宏观要求，制定了一节课的教学目标，但不明白教学目标的作用，教学不是围绕着目标进行，随意性很大。而且在制定某一节课的教学目标时，不够具体、明确，往往把课程目标的内容定为某一节课的教学目标，表述不够准确到位，含糊其词，尤其是设计教学目标时没有从学生认知差异的角度出发，造成教学目标实施缺位。所以实际课堂教学中并没有很好地达成课前所制定的教学目标，往往使教学活动设计与教学目标不匹配。针对这一现象，教研组提出了"课堂活动与教学目标匹配设计"这一研究主题，并借助专家研究成果进行跟踪观察，见表 3-11。

表 3-11　目标、策略与评价一致性表[①]

"旅程"隐喻	学习者	教 师	教 学
从哪里出发	现有状态：知识准备、学习需要、学习特点	把握学习者的现状	教学分析：将要到哪里去
要到哪里去	结果状态：预期学习结果	(1)"课程标准"要求 (2)现实可能性 (3)教科书与学习者之间的落差(避免机械地覆盖教材内容)	教学目标：可以到哪里去
怎么去"驿站""台阶""索道"	过渡状态：学习活动和体验	教的活动：讲解、提问、操作、表现	教学策略：激活旧知、示证新知、尝试应用、融会贯通
是否到了那里	自我评估	实施教学评估：评估学习者的学习业绩	教学评价：如何知道是否达成了目标

　　上表突出了研究主题，即课堂教学设计一定要结合教材内容和课程目标拟定出教学的核心目标。也就是说应该在历史学科课程目标指导下，结合本课教学内容，根据学校的实际教学条件和学生的实际情况，制定本课必须达到且有可行性的目标。依据这样的研究主题，在学校其他新教师的课堂教学中也进行了类似的实践并取得较好的效果。

---

　　① 表格内容是根据盛群力、马兰、储献华《论目标为本的教学设计》(载《教育研究》，2008 年第 51 期)绘制的。

(四)从自我反思中获取的研究主题

对于元认知水平较高的教师,研究主题也可以从他们对自己教学的反思中确立,这是一个很好的自主发现问题、解决问题的过程。教师通过从具体存在的问题中分析原因,形成操作设想,从而将教学中存在的问题提炼成具体的研究主题。

案例

把握学生学习起点,调控课堂教学

青年教师谭老师平时虚心好学,善于反思自我。他在课堂教学中发现自己课堂调控能力不够好,就算是自己常常很投入地讲课,可总有一些学生注意力不集中,不爱听教学内容。为此,他感到很苦恼。谭老师找到了他们的组长:"马老师,在课堂教学中我有很多的疑惑,尤其是缺乏调控课堂教学的能力,有时我很投入地讲课,可总有一些学生不听,马老师你有什么更好的解决方法吗?"马老师就问他:"在每次上课前你有没有把握好学生的学习起点?""什么叫学习起点?学习起点有哪些?每个学生的学习起点都一样吗?为什么要把握学习起点?怎么样通过学习起点来调控课堂教学的?"谭老师一连串的提问使自认为教学经验比较丰富的"老"教师也不知所措,陷入了沉思……

周五上午是历史组的教研活动,组长马老师把谭老师的问题抛给了其他几位阅历丰富的教师,科研处的李主任说:"这几年我们历史组添入了不少新鲜的血液,其实在平时听一些年轻老师的课时我也发现了类似的问题,也一直在思考,何不就把这个问题作为我们历史组的研究课题呢?"马老师说:"对呀,学校正在运用课堂观察进行教研组群体性教学诊断的课例研究,我们把我们的问题作为研究点,那不正好吗?"陈老师说:"太好了。其实,谭老师遇到的这些问题也一直困扰着我。"于是,大家各抒己见,群策群力,经过协商,一致确定以"把握学生学习起点,调控课堂教学"作为研究主题。

(五)从历史教学前沿的热点问题获取的研究主题

研究主题也可以从教育教学的前沿热点、难点问题中确立。随着新课程改革的推进,无论是在课程领域还是在史学研究领域都出现了很多前沿热点,教师在教学实践中如何理解这些前沿热点,并能够依据教学的实际情况进行调整,有赖于主题研究来解决。

案例

新课程背景下初高中历史的教学衔接

新课程改革以来,高中历史教材的专题史编写体例与现实教学之间存在一定的矛盾。教材编写者的出发点是,初中学生的通史知识已经相当好,因此在高中阶段为了有所提升并且避免重复,即采取专题史编写体例。但实际上,由于各地教学水平的差异和中考制度的不同,大多数初中生的通史基础打得并不牢固，导致升入高中的学生历史知识出现较大的空白和盲区，因而造成初中历史基础知识与高中专题教学之间很难衔接，高中教学无异于构建"空中楼阁"。因此，可以进行"新课程背景下初高中历史的教学衔接"主题研究。

在研究中发现，初、高中教学内容的衔接题问题主要表现在课程内容和呈现方式两大方面上。

在课程内容上，初中课程重中国史，轻世界史；高中中外历史的比重大致相当。初中历史课程重政治史，经济史、思想文化史相对薄弱；高中历史课标政治、经济、思想三足鼎立。初中历史课程改革着眼破除旧课程繁、难、深、重的知识体系，大量删减知识点，结果呈现出简单浅显的特点。而高中新历史课程改革的着眼点却放在拓宽知识面、深化知识点上，结果新课程展现出的特点是分量重、内容深。历史课程改革使初、高中历史课程的距离拉大，脱节。

在呈现方式上，新课程为克服旧课程的弊病，高中教学内容以专题形式呈现，在很大程度上削弱了历史知识的系统性，不利于学生掌握历史知识。

要想实现初中和高中两个学段最大程度的衔接，历史教师应该本着"互相看、互相联"的原则，在整合课程资源进行教学设计时要基于学段，瞻前顾后，置身于学段衔接的高度整体研读教材，把握教学内容；努力实现初中教学向上看、高中教学向下看，初中教学要联想到高中的教学所需，高中教学要联系到初中所学。这样一来，两个学段的教学就不会是孤立的、毫无关联的事情了。"你中有我，我中有你"的学段教学才会是一个纵向的、贯通的、有机的教育活动，而不是一个或两个零散的、毫无关联的教学片段。

主题是课堂观察中不可或缺的切入点，在确定研究主题的过程中，要注意研究的主题要有潜在的价值，解决后能有效地提高教师的教学效益，改进教学方法。同时，研究的主题要有解决的可能性，所选的问题通过研究能得到解决或局部解决，难易程度适中，不能超越教师目前的能力和水平。对于一线教师来说，主题的切入点要小，要具体，具有可操作性，要符合学生学习的规律，有利于学生的学习。

二、聚焦：确立观察点

进行课堂观察，一定要有观察点。观察点是一个观察的切入口，一个可以从"点"看到"面"、看到"体"的切入点，也就是说从某个观察点可以看到整个课堂。如果说研究主题就是课堂上要解决的问题，那么观察点就是为了解决这个问题，检测在本节课中涉及的教师和学生的行为而设立的切入点。

在开展课堂实践研究前，研究小组成员通常根据预先确定的研究主题，围绕研究主题所要解决的问题，一一列出可能的观察点，并明确教师与学生在本节课的重要教学片段中所涉及的行为，从而提出具体可检测的内容。围绕一个研究主题的观察点可以是一个，也可以是多个。"课堂观察点越是具体的、经过商定的，收集的数据就越有可能有利于实现发展的目标。"[①]由于观察点是课堂中存在或发

---

① ［英］霍普金斯：《教师课堂研究指南》，杨晓琼译，65页，上海，华东师范大学出版社，2009。

生的某个具体行为或者事件，因此观察点的种类和数目相对繁多一些，也只有这样具体的观察点，才尽可能全面地把一堂课中存在的和发生的行为事件涵盖进去。浙江余杭高级中学在崔允漷教授团队的指导下总结出了从学生学习、教师教学、课程性质、课堂文化四个维度观察课堂（见图 3-5），并确立了 20 个视角、68 个观察点（见表 3-12），很好地解决了"依据什么"听评课的问题，[①] 给我们进行课堂观察提供了技术支持。

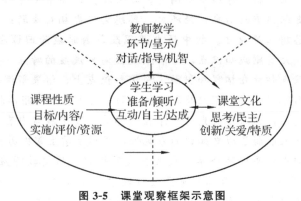

图 3-5　课堂观察框架示意图

表 3-12　课堂观察框架表（第三版）[②]

维度一：学生学习	
视角	观察点举例
准备	课前准备了什么？有多少学生作了准备？ 怎样准备的？（指导/独立/合作）？学优生、学困生的准备习惯怎样？ 任务完成得怎样（数量/深度/正确率）？
倾听	有多少学生倾听老师的讲课？倾听多少时间？ 有多少学生倾听同学的发言？能复述或用自己的话表达同学的发言吗？ 倾听时，学生有哪些辅助行为（记笔记/查阅/回应）？有多少学生发生这些行为？
互动	有哪些互动/合作行为？有哪些行为直接针对目标的达成？ 参与提问/回答的人数、时间、对象、过程、结果怎样？ 参与小组讨论的人数、时间、对象、过程、结果怎样？ 参与课堂活动（小组/全班）的人数、时间、对象、过程、结果怎样？ 互动/合作习惯怎样？出现了怎样的情感行为？
自主	自主学习的时间有多少？有多少人参与？学困生的参与情况怎样？ 自主学习形式（探究/记笔记/阅读/思考/练习）有哪些？各有多少人？ 自主学习有序吗？学优生、学困生情况怎样？
达成	学生清楚这节课的学习目标吗？多少人清楚？ 课中哪些证据（观点/作业/表情/板演/演示）证明目标的达成？ 课后抽测有多少人达成目标？发现了哪些问题？

①　沈毅、林荣凑、吴江林、崔允漷：《课堂观察框架与工具》，载《当代教育科学》，2007(24)。

②　沈毅、崔允漷：《课堂观察：走向专业的听评课》，104～106 页，上海，华东师范大学出版社，2008。

续表

维度二：教师教学	
视角	观察点举例
环节	教学环节怎样构成(依据、逻辑关系、时间分配)的？ 教学环节是怎样围绕目标展开的？怎样促进学生学习的？ 有那些证据(活动/衔接/步骤/创意)证明该教学设计是有特色的？
呈现	讲解效度(清晰、结构、契合主题/简洁/于苏/音量/节奏)怎样？有那些辅助行为？ 板书呈现了什么？怎样促进学生学习？ 媒体呈现了什么？怎样呈现的？是否适当？ 动作(实验/制作/示范动作)呈现什么了？怎样呈现的？体现了哪些规范？
对话	提问的时机、对象、次数和问题的类型、结构、认知难度怎样？ 候答时间多少？理答方式、内容怎样？有那些辅助方式？ 有那些话题？话题与学习目标的关系怎样？
指导	怎样指导学生自主学习(读图/读文/作业/活动)？结果怎样？ 怎样指导学生合作学习(分工/讨论/活动/作业)？结果怎样？ 怎样指导学生探究学习(实验/课题研究/作业)？结果怎样？
机智	教学设计有那些调整？结果怎样？ 如何处理来自学生或情境的突发事件？ 呈现那些非言语行为(表情/移动/体态语/沉默)？结果怎样？

维度三：课程性质	
视角	观察点举例
目标	预设的教学目标是怎样呈现的？目标陈述体现了哪些规范？ 目标的根据是什么？(课程标准/学生/教材)与舍得？适合该班学生的水平吗？ 课堂有无生成新的学习目标？怎样处理新生成的目标？
内容	怎样处理教材的？采用了那些策略(增/删/换/合/立)？ 怎样凸显本学科的特点、思想、核心技能以及逻辑关系？ 容量适合该班学生吗？如何满足不同学生的需求？ 课堂中生成了哪些内容？怎样处理的？
实施	预设那些方法？(讲授/讨论/活动/探究/活动)？与学习目标适合度？ 怎样体现本学科特点？有没有关注学习方法的指导？ 创设什么样的情境？结果怎样？
评价	检测学习目标所采用的主要评价方式有哪些？ 如何获取教/学过程中的评价信息(回答/作业/表情)？ 如何利用所获得的评价信息(解释/反馈/改进建议)？
资源	预设哪些资源(师生/文本/实物与模型/实验/多媒体)， 怎样利用？生成那些资源？(错误/回答/作业/作品)？怎样利用？ 向学生推荐那些课外资源？可得到程度怎样？

维度四：课堂文化	
视角	观察点举例
思考	学习目标怎样体现高级认知技能(解释/解决/迁移/综合/评价)？ 怎样以问题驱动教学？怎样指导学生独立思考？怎样对待学生思考中的错误？ 学生思考的习惯？(时间/回答/提问/作业/笔记/人数)怎样？ 课堂/班级规则中有那些条目体现或支持学生的思考行为？
民主	课堂话语(数量/时间/对象/措辞/插话)是怎样的？怎样处理不同意见？ 学生课堂参与情况(人数/时间/结构/程度/感受)怎样的？ 师生行为(情境设置/叫答机会/座位安排)怎样？师生/学生间的关系怎样？ 课堂/班级规则中有那些条目体现或支持学生的民主行为？
创新	教学设计、情境创设与资源利用是怎样体现创新的？ 课堂有那些奇思妙想？学生如何表达和对待？教师如何激发和保护？ 课堂环境布置(空间安排/座位安排/板报/功能区)是怎样体现创新的？ 课堂/班级规则中有哪些条目体现或支持学生的创新行为？
关爱	学习目标怎样面向全体学生？怎样关注不同学生的需求？ 怎样关注特殊(学习困难/残章/疾病)学生的学习需求？ 课堂话语(数量/时间/对象/措辞/插话)、行为(叫答机会/座位安排)怎样？ 课堂/班级规则中有哪些条目体现或支持学生的关爱行为
特质	在哪些方面(环节安排/教材处理/倒入/教学策略/学习指导/对话)体现特色？ 教师体现了哪些优势(语言/学识/技能/思维/敏感性/幽默/机智/情感/表演)？ 师生/学生关系(对话/话语/行为/结构)体现了哪些特征？(平等/和谐/民主)

上表对课堂观察的四个维度及"内容设计""教学表达""进度安排""资源运用""激发动机""师生互动""自主学习""鼓励创新"等多个视角作了详细的观察分析。每个视角下又包括若干"观察点"，设计的观察点反映了观察者对课堂的全面把握。

观察点的确立，体现了教师对课堂教学的全面理解。对观察点的分析应该是能从"一斑"中见到"全豹"。观察点是一种视角，重要的是我们要善于从"点"看到"面"，看到"体"，从某个观察点看到整个的课堂世界。而观察量表是根据具体的观察点来确定或制定的，要从观察课堂的目标、重点、难点及具体分析观察对象和观察内容等要素下手，寻找出清晰的目标，再根据观察课的具体情境进行设计。

(一)在全面理解历史课堂的基础上确立观察点

在课堂观察中我们发现，平时实践中所选择和采用的专题观察点都是课堂里一些共性的内容，没有与历史学科紧密结合，未能突出历史学科的特点。那么，课堂观察如何才能回归历史学科研究的本源？如何才能提高历史课堂观察的实效？我们认为，在历史课堂观察中必须把握"历史专题"这一核心和关键点。所谓"历史专题"是指历史学科特有的研究问题或历史课堂教学特有的形态。然而，目前很难找到现成的、理想的历史专题观察表用以选择或改进应用，这就需要自行开发与设计历史专题观察表。

"史料的运用与历史教学目标达成"课堂观察

史料是历史学科特有的语言，是学习和研究历史的重要工具。史料教学又是历史教学最重要、最经常的教学方法，是历史教学独有魅力之所在。使用各类史料也是历史课堂教学的突出特征，是提高课堂教学的基本落脚点。所以，开展以"史料的运用与历史教学目标达成"课堂观察实践是以历史学科的视角和特点来研究课堂，以期提高专业教学能力，提高历史课堂教学的有效性。我们在分析与研究时，首先要确立史料的分类及其各自的价值，然后以史料运用的方式作为观察点分析整个的课堂教学，一般涉及教师教材解读、教学设计、教学机智，以及由此而产生的课堂观、学生观等问题，由"史料类型——史料来源——利用方式——目标达成"所组成的观察点来捕捉与分析一些深层次的教学理念问题，见表3-13。

表3-13　史料的运用与历史教学目标达成观察量表

观察人：　　　　　　　　时间：

观察内容			次 数	比 率	形成性评价
史料类型	文字史料	文献史料			
		文艺史料			
	图像史料	原始图像史料			
		再造性图像史料			
		视频			
		其他			
史料来源		教师			
		学生			
		教材			
		其他			
利用方式		媒体展示			
		教师讲述			
		学生阅读			
		学生讲述			
		其他			
目标达成		达成			
		正相关			
		不相关			
		负相关			
综合评价					

从上表可以看到，观察量表的使用为观察者提供了最明确的观察点。课堂观察需要观察者、被观察者、学生之间开展合作，对任务进行分解。让每位参与者都有特定的任务与方向，把每位观察者带到中心地带，有助于在听课过程中对相应的一个观察点进行深入的、有针对性的观察研究与思考。对观察者来说，不管是一张量表还是多张不同的量表，拿到手中即是听课的任务，也是对这个观察点的一个自我反思。

(二)在落实历史课堂效果的环节中确立观察点

要考查研究主题在解决课堂问题中的效果，首先需要了解哪些教学内容与解决这个问题相关，涉及教学内容的具体教学环节是哪些，这有助于课堂观察前做好定位工作。

案例

"历史教学目标预设的有效性"课堂观察

我们在日常的课堂教学中经常会有着这样的困惑：有时上课一开始学生似乎都懂了，但由于事先已辛辛苦苦地备了很详尽的教案，只好生拉硬扯地把学生拽回来，让学生"懂装不懂"；有时精心设计的活动学生往往不领情，不是提不起兴趣，就是难以开展探索活动。那么该如何组织有效的教学，该怎样来找到教学的最佳切入点？如何给学生提供更多的空间和时间，让学生积极探索，从而减少无效学习时间，提高课堂教学效率？我们认识到学习是学生的经验体系在一定环境中自内而外的"生长"，必须以学习者原有的知识经验为基础来建构知识体系。尊重学生的生活经验和知识基础，意味着历史教学活动必须预设有效的教学目标，在学生原有认知水平上组织及展开学习活动。

于是高一历史备课组围绕把握历史教学目标预设的有效性这一研究点作为本阶段历史教研组的研究主题，利用课堂观察技术，开展课堂教学观察和反思，以此提高课堂教学效率。首先制定了"历史教学目标预设的有效性"的若干原则，接着选择必修I《专题二　列强侵略与中国人民的反抗斗争》作为研究的内容，然后备课组教师仔细倾听了执教者的说课，经过分析，发现"掌握抗日战争爆发和抗日民族统一战线形成的史实，理解两个战场在抗战中不同作用"这一教学环节与我们的研究主题息息相关，于是针对这一教学环节，制定了相应的"历史教学目标预设的有效性"观察量表，见表3-14。

表3-14　历史教学目标预设的有效性观察量表

历史课标要求	简述中国军民抗日斗争的主要史实，理解全民族团结抗战的重要性。
省教学指导意见	抗日民族统一战线的建立、中共全面抗战路线和独立自主的游击战争；知道正面战场的淞沪会战、太原会战与平型关大捷、徐州会战与台儿庄大捷、武汉会战和敌后战场的百团大战等；体会全民族团结抗战的重要性。

续表

预设的教学目标	合作探究：掌握抗日民族统一战线的建立过程。	理解正面战场和敌后战场的区别和联系。
目标提出的时间		
目标提出的方式		
提供师生探究的方式和时间		
是否产生了生成性问题		
解决方式		
目标达成依据的分析		

布卢姆指出："有效的教学是通过有准备的教学达到一定的目标。目标是一切活动的出发点和归宿，教学要建立以目标为导向、以反馈矫正为核心的目标控制体系。"[①]那么，该如何对"历史教学目标的有效性"进行评价？从课堂教学目标的达成度来看，由于本研究的主题是"把握学习起点，有效调控课堂教学"，因此，我们要重点关注教师是如何对课堂进行掌握和调控、学生又是如何参与其中和反馈信息的。以下是设计的评价要点：

1. 教师在某一问题或概念上，语言表达清晰、准确；
2. 教师对学生的活动有针对性的指导；
3. 教师评价性的语言对学生具有激励性和启发性；
4. 教师提出的问题能引起学生知识上的冲突；
5. 教师对于学生课堂中反馈的信息能及时分析并合理处理；
6. 学生积极主动参与学习，且人数较多；
7. 学生能运用所学知识正确解答问题；
8. 学生能用语言组织表达解题的过程和方法；
9. 学生能与组员进行合作交流，互帮互助，分享学习成果；
10. 学生敢于提出有意义的问题或发表个人的见解。

通过以上观察和评价，对于一堂历史课，我们应该以学生的学习现状为起点

---

① ［美］洛林·W. 安德森(Lorin W. Anderson)等编：《布卢姆教育目标分类学(完整版)：分类学视野下的学与教及其测评》，蒋小平等译，1 页，北京，外语教学与研究出版社，2009。

选择恰当的教学方法，让课堂教学在过程的实施、情境的创设、知识的迁移、问题的拓展、活动的安排、练习的设计等多个环节上，始终处于内容鲜活化、过程活动化、问题探究化、交流互动化、思维多样化、体验有效化的良好状态，激发学生从多个层面主动全程参与学习过程，这样的课堂教学才是有效的教学。

(三)在师生行为交互中确立观察点

教学观察最主要的落脚点是课堂中教师与学生的行为，教师的行为如讲解、提问、应答、倾听等，学生的行为如倾听、问答、讨论、朗读、练习等。围绕某个具体的观察点，我们会发现，教师与学生的行为并不是各自独立分列的，而是一个相互联系的交互系统。

| 案例 | "教师评价语言对学生学习历史兴趣的影响"课堂观察 |

为了探索课堂教学的有效性，我们历史教研组以《秦的统一》一课作为实践课，把观察目标具体缩小到"教师的课堂评价语言"上，并由此思考下面三个问题：第一，在自己的课堂中或见过的课堂教学中，教师的教学评价语言还存在着哪些问题？第二，教师评价语言运用较为成功的案例有哪些？原因何在？第三，我们应如何提高运用教学语言评价学生形成成功经验的能力？于是，我们以"教师评价语言对学生学习历史兴趣的影响"作为研究主题，在授课教师肖老师备课的基础上，历史教研组集体进行教材分析，围绕研究主题进一步确立课堂的观察点，以及商讨该研究主题所涉及的师生行为有哪些。陈老师和马老师从学生行为——学生课堂反应的角度提出了许多观察点，如学生有强烈共鸣、学生迷惑不解、学生反应不足等；毛老师和廖老师从教师行为的角度提出了许多观察点，如教师评价语言的内容、情感性评价(学生习惯态度兴趣)、内容性评价(文本内容)、方法性评价(学习方法)等。下面，我们用观察量表的形式来分析"教师评价语言对学生学习历史兴趣的影响"，见表 3-15、表 3-16、表 3-17。

表 3-15　教师课堂行为观察记录表(一)

教师评价语言的内容						
情感性评价 (学生学习历史的 习惯态度兴趣)		内容性评价 (文本内容)		方法性评价 (历史学习方法)		效度原因 分析
次数	%	次数	%	次数	%	

表 3-16 教师课堂行为观察记录表(二)

教师评价语言的有效性						
评价目的 (清晰、准确、精练)		评价时机 (成熟、不成熟、生硬)		评价态度 (交流式；表演式； 个性化)		效度原因 分析
次数	%	次数	%	次数	%	

表 3-17 教师课堂行为观察记录表(三)

	评价语言内容						效度原因分析
学生反应	情感评价		内容评价		方法评析		
	次数	%	次数	%	次数	%	
热烈有共鸣							
迷惑不解							
无反应							

备注：半数以上学生参与或响应为热烈有共鸣。

一、观课点说明

现代教育评价的重要理念之一是"评价最重要的意图不是为了证明(prove)，而是为了改进(improve)"。教师在新的课堂教学行为评价理念下，不能再把知识传授作为自己的主要任务和目的，应把主要精力放在检查学生对知识的掌握程度上，应成为学生学习的激发者、辅导者、各种能力和积极个性的培养者，把教学重心放在促进"学"上，实现教是为了不教，达到培养能力的目的。要使教师的"教"真正服务于学生的"学"，就要正确地评价教师的课堂教学行为，发挥教师课堂教学行为评价的作用，促进学生发展，教师提高，教学发展。课堂评价行为是高中历史课堂教学中的软肋，如何评价？评价是否到位？除了对操作技能上进行评价外，我们还要对学生的哪些方面进行评价？在平时的历史教学中，面对评价，我们存在很多的困惑，于是很多老师害怕评价，怕评价不到位，于是消极地面对评价，逃避适当的评价，无法很好地引导学生。于是本次课堂展示活动我们选择"教师评价的有效性"这个主题，以同课异构的方式展开研讨，通过不同角度的观察，让我们发现问题，解决问题。希望通过本次活动能够让大家直面评价，积极地提高教师的评价能力，更好的进行新课程背景下的历史教学。

二、观察量表说明及观察结果

本次活动主要通过三个方面、多角度地观察课堂，分别是：

1. 教师评价语言的内容

教师在教学设计中要进行精心的问题设计，也要预设学生可能出现的答案，进而能够让自己的评价在充分的预设下达到更好的效果。

2. 教师评价语言的有效性

(1)评价目的。其着眼点在于课堂评价的提出是否有利于学生思维能力、实践能力的发展。其着眼点在于评价的精准度、分布的类型与层次的合理性。

评价是主体对客体行为方式等所作出的判断，准确、简洁的评价语言能帮助学生客观地认识自己，能强化知识的落实力度，提高学生学习的效果。教师的评价语言客观而具体地指出学生的长处和存在的缺点，让他们感受到教师重视，从而获得正确的学习方法和习惯。如果评价模糊不清，泛泛而评，缺乏针对性，就不能适应学生发展的需要，评价就失去了它本身的意义。此外，教师在评价时还要有意识地避免重复学生的语言，以免冲淡学生的逻辑思维能力。我们观察到肖老师要求学生在书本中寻找关键词，完成学案中表格的内容，并在此之前已经进行学法上的指导，在分配各个小组学习任务之后，学生开始进入自主学习，肖老师亦走下讲台巡视指导，在巡视到第二组时，肖老师对学生自主学习行为作出评价："我发现了很多同学很快掌握了老师的方法，一个词语足够概括内容。但是似乎也有一些同学找歪了。要注意是哪一个方面，还有如果你越写越长，那就是你没有写对。"从中我们可以发现，肖老师的评价是非常及时的，这个时候学生的自主学习刚开始不久，学生已经按照自己的理解进行学习，而对于自己的学习行为是否正确，部分学生是无法判定的，及时的评价在肯定了部分学生学习行为的同时，又能启发一部分学生及时纠正错误的学习行为。如果肖老师等到学生回答错误时再去纠正，那么学生的错误面可能已经扩大，学生想要及时地纠正并做出正确的回答就会显得较为困难，学生回答问题的积极性可能还因此受到打击，这将会不利于继续学习的开展。因此，及时的评价尤显可贵。从中我们还可以发现，肖老师的评价是准确具体而带有启发性的。

(2)评价方法。这一问题指向的是评价的态度方式，其着眼点在于教师对评价控制权的实施与使用。

(3)评价对象。这一问题指向的是对评价对象的选择，其着眼点在于教师对学生获得公平教育权利的机会控制。

3. 学生课堂的反应

通过课堂观察，我们发现课堂有了活跃的氛围，教师从居高临下的权威位置走下来，走到与学生平起平坐、平等交流的关系中来。课堂上教师创设一种互相尊重、理解、宽容、和谐的学习气氛，用真诚亲切的微笑、和蔼可亲的教态、饱满的精神、良好的情绪，不断加强师生间的情感交流。学生在这种真诚对话的氛围下，敢于大胆表达自己的独特想法，陈述自己的疑惑。课堂评价有效的指向学生思维的形成过程，其着眼点在于学生思维呈现的何种可能性。无论学生的回答是期待答案还是非期待答案，都是其现有知识结构的呈现、积极思考问题的体现、多元思维的具体呈现，甚至是创造性思维的表现和思维灵性的瞬间闪现。课堂观察中我们发现肖老师对学生的课堂评价，包含了语言评价、表情评价(惊讶、肯定的微笑等)、动作评价(鼓掌)等方式,很好地激发了学生的学习行为,形成了融洽的学习氛围,但肖老师的课堂评价方式并没有仅限于此,他还引入了"团体目标评价"。所谓团体目标评价就是"根据预定目标,对每个小组的总结发言或作业打上一个团体的分数"。肖老师具体是这么做的:各小组轮流根据本课内容挑选另一组提问,提出一个问题得1分,对方答对得1分,答错可由其他组补答1次;若提出有质量的问题额外加1分,最高分的小组有奖,最低分的小组要罚。从课堂录像中我们发现,在提出这样的评价机制后,各学习小组在竞争且有奖惩的条件下,立刻进入较好的学习状态,现场的小组讨论非常热烈。这种良好的学习效果在之后的提问题和回答问题这一环节中得到体现,7个学习小组中每一个小组都能针对本课知识提出很有价值的问题,有6个小组能积极举手对提出的问题做较为正确的回答,并有4人次的同学举手对相关问题进行补充。

(四)依据学校的实际情况和教师自身发展的需要来确立观察点

由于每位历史教师本身的素养不同,对课堂教学关注的视角及程度也会各不相同,因此这就需要观察者找准自己的位置,选择合适自己的量表,通过观察提高自己的专业素养。例如,观察"学生活动创设与开展的有效性",若想从学生参与活动的人数和态度来判断,那么在界定不同态度表现行为的基础上,采用定量的记录量表,这就要求观察者有较好的观察能力、良好的反应能力、快速的判断能力;若想从活动的难度系数及学习目标达成情况来判断,需要记录一些教学片段中的行为、对话、情境等细节,这就要求观察者有快速记录的能力和较好的记忆能力等。

一个新建学校和百年老校,学校存在的问题和发展的起点是不一样的。除了校本教研中的共性问题外,普通高中和重点高中在历史教学中的难点也是不同的,这就决定了课堂观察的个性内容。同样的,刚毕业的新教师、工作5~6年的教师和工作10年以上的教师对课堂观察的目的和要求也是不同的。组织青年教师观察经验丰富的优秀教师的授课,是为了学习教学经验、教学策略,然后根据自我需要生成主题,进行观察,分析总结,在教学中得以借鉴。有经验的教师在自己的教室或新教师的课堂中为新手教师上示范课,向新手教师展示问题解决的过程,甚至展示自己解决问题中的思考过程。新教师在对良好实践示范的观察中,不仅可以加深对教育教学的理解,加快掌握教学技能,更重要的是获得了对教学策略应用情境或条件的理解,获得对教学职业文化的理解,从而能更快地成长为教学实践共同体的真正的一员。

案例	**青年教师对老教师"历史概念教学"的课堂观察**

　　我们教研组由特级教师李老师讲授高三历史复习的示范课，毕业刚一年的宗老师主要观察她是如何深入浅出地讲解历史概念的。那么小宗老师就先要做以下准备工作：自觉地将历史现象或概念进行合理分类，按照不同的类型分析它们，从而为解决历史问题奠定基础。

　　第一步：了解概念类型。历史概念通常可以分为史实概念与史论概念。史实概念按照历史事物本身的类型可以分为：历史事件、历史人物、历史文献、历史典章制度与历史物品、遗迹等概念；史论概念也可以按照所涉及的学科性质，分为政治学概念(如革命、国家、民族、国际关系等)、经济学概念(如贸易、关税、生产力、技术等)、文化概念(艺术、文学创作、艺术流派等)、哲学概念(内因与外因、矛盾、必然性、量变与质变等)以及历史哲学概念(历史中的时间与空间、史料、史论等)等。有些概念是综合性的，成为几个学科共同研究的对象，如民族这一概念，政治、历史、地理等学科都可以进行研究。

　　第二步：弄清分类标准。这个过程中可以做一些双向练习，如由类型标准来举例说明，或对列出的概念进行分类，再指出标准。如给上面每一个类型的概念举出3～5个实例，"历史事件：鸦片战争、抗日战争等；历史文献：《史记》《论法的精神》等；历史典章制度：科举制、三省六部制等……"再讨论分类标准，即了解"什么是历史事件、历史文献、典章制度"。需要说明的是，分类具有多维性与相对性，不要把某一分类看成是绝对的，同一历史事物有不同的侧面、联系与层次，各个子类也并非严格区别、彼此排斥的。

　　小宗老师在听了一系列李老师的复习课后，进行了反思，他发现李老师在讲历史概念时，特别注意了以下三个方面：

　　第一，确定的时空定位：历史概念都是一定历史时期的产物，因此要界定其时间、空间、人物、事件等。

　　第二，历时性和共时性：历时性是指历史概念所界定的历史事件经历了产生、发展(或转变)、结束(完成或消亡)的纵向发展过程。共时性是指历史概念所界定的历史事件与同一时期的政治、经济、文化、空间等的横向联系。

　　第三，结构性：就是指概念自身随时间变化而发生的内涵变化，以及与其他概念相关联而形成的逻辑性结构。弄清历史概念的结构关系，能培养学生把握历史发展的阶段特征或趋势的能力以及逻辑思维能力。

　　通过课堂观察前的准备和课堂观察后的反思，小宗老师对历史概念的教学有了较为深入的认识。

　　每位教师所具备的知识结构和发展方向各有不同，对课堂关注的角度及关心程度亦各不相同，因此对于量表的选择要因人而异，因需而定，这样才能凸显特色。而观察量表中各项指标是细化教师的各个教学行为动作"标签"，我们的观课教师首先要学会用研究的视角去分析它，深刻的理解这些指标的内涵和外延，这样才能给观察者提供明确的观察方向和具体的观察内容，而且他的观察和分析也会更具有针对性、实效性。同时，这些观察点能为观察者和被观察者课堂教学的改进提供科学的数据与资料，一方面，观察者能通过观察和分析比较，获得一定可借鉴的经验；另一方面，被观察者通过经过观察而得到的量化的分析，能够有效地改进课堂教学，提高自己的专业素养。

第三节　细节与深描：课堂观察的现象

课堂是一个动态的系统，随时都会有许多偶然的事件发生，从某种意义上说，有些事情是教师备课时永远也想不到的。

案例

寻找现象背后的教育意义①

刚开学，兴致勃勃批改五年级第一张作业，陌生名字记下。发现有一张作业很特别，与我要求相差甚远。作业上脏脏的印记，我当时很生气，这位学生肯定没认真画。上课了，环顾一眼，随意点了几位学生认识一下。我深深记下那位作业特别的学生，个子高高，一脸憨厚，靠窗口最后一排。上课，不时盯着他，舒缓了心情，观察他完成作品的情况，观察后很吃惊，因为这个学生按照教师介绍的作业步骤一步一步地认真画，不满意就擦掉，反反复复，很执着。于是及时指导一些技巧，当时的心情就是对待我的一个心爱的学生。

假如你碰巧在进行课堂观察，作为观察者，能观察到什么呢？也许看到的只是教师在上课之前点了几位学生的名字，之后就按照自己的要求一步步讲解，让学生做作业，最后展示了一个并不是很好的作品。更仔细一点，可能会发现教师有几次盯着一个学生看，有时在观察，有时对他进行一下指导。

如果仅仅是这些，那么这只是一节再普通不过的课。实际上，通过教师细腻的描述，我们却感受到了课堂中看不到的东西。

所谓"课堂描述"，是指在课堂观察中，对课堂现象、情境与细节进行选择性的再现。简单地说，就是白描式的课堂观察，观察的焦点是学生。② 课堂是一个动态的系统，随时随地都会有许多偶然的事件发生，从某种意义上说，有些事情是我们备课时永远也想不到的。因此，我们可以通过观察者（执教者或观课者）对教学进程中教师和学生的具体行为以及环境进行事实性的描述，将师生的语言、动作、表情的描述或互动时的情境再现，追寻其背后的教育意义。

---

① 香港教育学院课程与教学系课堂学习研究中心副总监李树英博士：《教育现象学：原理、方法与课堂学习研究实例》，见 http://www.edu11.net/space.php? uid=78&do=blog&id=443281。
② 唐皓等：《课堂细节描述——推进校本教研有效实施的新技术》，载《教育科学论坛》，2006(12)。

一、"用数字说话"

"用数字说话",即基于定量观察的现象描述,这是课堂描述常用的方法。用定量分析的方法对课堂观察的结果进行分析,可以让模糊的课堂行为清晰化,从而对其科学性、合理性进行评估,有利于教师行为的改进。

案例

课堂教学过程时间序列(时序列)定量分析[①]

西北师范大学薛小明老师对兰州市第十四学校唐劲老师的一堂世界近现代史高二历史课"美国内战"课的录像资料进行了课堂教学过程时间序列(时序列)定量分析。

1. 主要教学过程描述,见表3-18

表3-18　课堂主要教学过程描述表

时间	教学内容	教学描述
00:25—02:12	复习旧课,导入新课	提问,陈述
02:12—03:40	美国的领土扩张	动画演示
03:40—07:16	美国的西进运动	图片展示,引导提问
07:16—12:15	美国内战的原因	小组讨论
12:15—19:45	美国内战的原因	小组陈述与辩论总结
19:45—24:00	内战前的南北比较、北强南弱	提问与录像
24:00—25:54	初期南胜北败的原因	提问、分析
25:54—26:30	《宅地法》《解放黑人奴隶宣言》	内容展示
26:30—29:30	美国内战的胜利	图片展示
29:30—34:32	独立战争与南北内战的比较	小组讨论
34:32—37:32	美国两次战争在背景、性质、作用和结果等方面的异同点	教师提问,总结
37:32—41:50	学习本课的体会与启示	小组讨论与回答
41:50—42:30	思考题:我国的台湾问题该如何解决	在《回家》轻音乐声中下课

2. 教学过程分析

(1)从教学过程时序列描述可看出,整个教学过程中,媒体使用时间与总时间的比率为42.5%,其中运用计算机进行动态课件演示占13%,展示图片和例题等内容占24.5%;班级小组讨论与总结时间占总时间的比率为48.5%。即教师采用多媒体制作工具开发的教学软件支持教学,用小组讨论的方式支持探

---

① 薛小明:《对一堂高中历史课课例的分析》,载《教育科学研究》,2006(2)。

究性学习，可见本节课采用的教学模式是计算机支持的讲授与探究性学习模式。

（2）教学过程中，教师设计了 3 个探究性小课题来支持学生的学习。学生积极思考，得出解决方案共用时 11 分 26 秒，约占总时间的 25.5%；教师引导学生利用讨论互相交流解决方案，最后达成共识得出三种较好的结论共用时 10 分 36 秒，约占总时间的 23%。这体现出教师能从学生的主体角度出发来安排教学内容，同时从录像上观察到这一环节有力地增强了学生参与课堂教学的积极性。

（3）在整个课堂中，学生独立思考和小组学习活动所占时间约为 26 分钟，占课堂总时间的 57.7%，说明学生自主学习在课堂中的行为比重很高，充分发挥了学习的自主性。

此外，弗兰德斯互动分析系统是弗兰德斯提出的一种结构性的、定量的课堂行为分析技术，为我们课堂观察的定量分析提供了理论方法，见表 3-19。

表 3-19　弗兰德斯语言互动分类分析体系表（FJAS）[①]

教师讲	间接影响	① 接纳学生感觉 ② 赞许学生行为 ③ 接受学生主张 ④ 问学生问题
	直接影响	⑤ 讲解 ⑥ 指示或命令 ⑦ 批评或维护权威
学生讲	间接影响	⑧ 回答老师的提问或按老师要求表述
	直接影响	⑨ 主动表达自己的观点或向老师提出问题
静　止	直接影响	⑩ 静止或疑惑，暂时停顿或不理解

弗兰德斯将教室中所有师生的语言互动情况分为 10 个类别，每一个类别用一个数字来表示。其中，"①"代表接纳学生的情感，以一种不具威胁性的方式，接纳及澄清学生的态度或情感语气；"②"代表称赞或鼓励学生的动作或行为；"③"代表接受或利用学生的想法，澄清、扩大或发展学生所提出的意见或想法；"④"代表提问题，以教师的意见或想法为基础，询问学生有关内容或步骤的问题，并期待学生回答；"⑤"代表演讲，就内容或步骤提供事实或见解，表达教师自己的观念，提出教师自己的解释，或者引述某位权威者（而非学生）的看法；"⑥"代表指示、指令或命令；"⑦"代表批评学生或维护权威，陈述的语句内容是为了改变学生的行为，从不可接受的形态转变为可接受的形态；"⑧"代表学生话语——教师驱动，学生为了回应教师所讲的话；"⑨"代表学生话语——学生主动，学生主动开启对话；"⑩"代表安静或混乱，暂时停顿、短时间内的安静或混

① N. A. Flanders. *Analyzing Teaching Behavior*. Addison-Wesley Publishing Company, 1970, p. 107.

乱，以致观察者无法了解师生之间的沟通。

弗兰德斯互动分析系统抓住了课堂教学的本质，为我们探索中学历史教学规律提供了一条有效的途径，是观察、分析、评价、研究中学历史教学的一种可资借鉴的评价工具。但它为课堂分析中的运用带来了极大的局限性，因为仅仅以一个技术性的结构，是难以表现课堂教学生动丰富的意义的。因此，在我国，宁虹教授等人对 FIAS 进行了改进：(1)对编码的赋值赋予意义的联系；(2)绘制主要参数的动态特性曲线，描述课堂教学过程；(3)以描述性观察、访谈所获得的质性资料与 FIAS 互动分析主要参数及其动态特性曲线相结合进行深入分析。[①] 宁虹教授等人的改进，不仅为 FIAS 的发展提出了方向性的建议，而且为各研究方法以及研究范式的综合、融合、发展提供了宝贵的经验。

而从新课改的实施理念和信息技术运用的角度来看，FIAS 也具有不足之处，具体如下：重视教师在课堂教学中的行为表现(7 个类别)，忽视学生在课堂中的行为表现(2 个类别)，无法真实地了解课堂中学生的学习行为；信息技术作为课堂教学中一个不可忽视的要素，在教学过程中与教师和学生都会产生丰富的交互活动，但 FIAS 无法反映出这一类互动；"沉寂"表达的情形复杂，含义也有所不同，把它们归为一类无法分清楚真实情况，FIAS 转化后的变量数据无法回溯。基于此，顾小清教授等人对 FIAS 做了进一步的改进。[②] 基于信息技术的课堂互动分析编码系统加入了信息技术这一要素，同时对学生的学习行为进行了有益的补充，极大地发展了 FIAS。

我们在借鉴弗兰德斯互动分析系统的基础上，从现实条件出发，结合有关资料研究，尝试对其进行了适当、有效的改进。经过改进，我们将其运用于历史课堂观察当中，分析历史课堂的特征，找到课堂互动中的薄弱环节，用定性和定量相结合的方式分析教学过程，期待能够打造一个因地制宜、因时制宜的高效历史课堂，见表 3-20。

表 3-20　基于技术的互动分析编码系统表(ITIAS)

分　类		编码	表　述	内　容
教师言语	间接影响	1	教师接受情感	以一种不具威胁性的方式，接纳及澄清学生的态度或情感的语气
		2	教师鼓励表扬	称赞或鼓励学生的行为
		3	采纳意见	承认学生的说法；修饰或重述学生的说法；应用它去解决问题；与其他同学的说法相比较；总结学生所说的
		4	提问开放性问题	以教师的意见或想法为基础，询问学生问题，并期待学生的回答
		5	提问封闭性问题	

　　① 宁虹、武金红：《建立数量结构与意义理解的联系——弗兰德互动分析技术的改进运用》，载《教育研究》，2003(5)。

　　② 顾小清、王炜：《支持教师专业发展的课堂分析技术新探索》，载《中国电化教育》，2004(7)。

续表

分　类		编码	表　述	内　容
教师言语	直接影响	6	讲授	就内容或步骤提供事实或见解；表达教师自己的观念，提出教师自己的解释，或者引述某位权威者(而非学生)的看法
		7	指示	指示或命令学生做某件事情，此类行为具有期望学生服从的功能
		8	批评	陈述的语句内容为企图改变学生的行为，从不可接受的形态转变为可接受的形态；责骂学生；说明教师为何采取这种行为；极端地自我参照
学生言语		9	应答(被动反应)	(对编码4的反应)学生为了回应教师所讲的话。教师指定学生回答问题，或是引发学生说话，或是建构对话情境。学生自由表达自己的想法是受到限制的
		10	应答(主动反应)	学生的回答超出了问题的答案，表达自己的想法；引发新的话题；自由的表达自己的见解和思路，如提出具有思考性的问题开放性的架构
		11	主动提问	主动提出问题，自由地表达自己的见解
		12	与同伴讨论	讨论、交流看法
静止		13	无助于教学的混乱	暂时停顿、短时间的安静或混乱，以致于观察者无法了解师生之间的沟通
		14	阅读史料，思考问题	学生思考问题
		15	做练习	学生做课堂练习
技术		16	教师操作技术	教师使用技术呈现教学内容，说明观点
		17	学生操作技术	学生使用技术来呈现教学内容，说明观点
		18	技术作用于学生	学生观察媒体演示

　　我们以实践中的实际操作困难为出发点，结合历史学科教学的特点，把历史教师的板书、演示、组织以及学生演示多媒体等行为纳入观察范围，运用弗兰德斯互动分类系统，对历史课堂进行观察，尝试改进教师的教学行为。

运用弗兰德斯互动分析系统分析师生言语互动

案例

　　广西南宁市第三中学历史组运用弗兰德斯互动分析系统，对毛书华老师的"鸦片战争"课进行观察和定量分析。弗兰德斯语言互动分类分析体系主要采用时间抽样的办法，每隔3秒钟，观察者记录下最能描述教师和班级言语行为的种类的相应编码，并记在一个统计表中，形成矩阵，进行分析。假如课堂师生语言行为代码为6、10、5、1、4、8、2、3、6，每一个代码分别与前一代码和后一代码结成"序对"。除首尾两个代码各使用一次外，其余代码都使用两次，即有 N 个代码，就得到 N-1 个"序对"，上面代码的"序对"为（6，10）、（10，5）、（5，1）、（1，4）、（4，8）、（8，2）、（2，3）、（3，6）。10 类语言行为构成 10×10 阶矩阵，每一"序对"的前一个数字表示行数，后一个数字表示列数，（6，10）表示在第 6 行第 10 列的方格中计数 1。将全部"序对"进行计数，就形成弗兰德斯互动分析系统矩阵。矩阵中的每个单元格数据表示了连续的课堂行为出现的频次，依据矩阵中各种课堂行为频次之间的比例关系以及它们在矩阵中的分布可以对课堂教学状况作出有意义的分析。而且，在分析的基础上，也可以看出教师在教学中存在的问题，提出相应的改进方案。所以，弗兰德斯互动分析系统矩阵具有较强的诊断性。本节课片长 40 分钟，采用 3 秒的间隔抽样，观察所得下面的数据，见表 3-21。

表 3-21　弗兰德斯互动分析系统矩阵表

	1	2	3	4	5	6	7	8	9	10	合计
1	42	15	10	19	18						104
2	12	6	15		21				13		67
3	13		9		3			5	4		34
4				16	19	6		52	29	1	123
5	11			25	214	7		68	15	2	342
6				6	7	5		2	2	1	23
7											0
8	26	30		38	32			156	40		319
9		16		18	26	8		35	36		140
10				1	2			1	1	1	5
合计	104	67	34	123	342	23	0	319	140	5	1157

表格中对角线上（左上到右下）的各个单元格叫做"稳态格"，表示某种行为出现的时间超过 3 秒钟，即持续地做某事。例如：5—5 稳态格中的数字表示持续讲授，8—8 稳态格表示学生与教师的积极互动，10—10 稳态格则表示这段时间内课堂中进行的是一些无意义的语言或行为。矩阵中 1—3 行于 1—3 列相交的区域是积极整合格，如果在这个区域里记录次数密集，反映的是教师与学生之间情感氛围融洽，是一种积极整合的表现。矩阵中 7—8 行和 6—7 列相交的区域是缺陷格，如果在这个区域里记录的次数密集，反映的是教师和学生之间情感交流上有隔阂，是课堂上应该注意避免的缺陷。当落在积极整合格的记录次数占总次数的比率大于或是远大于落在缺陷格中的比率时，我们就说教师与学生的情感气氛融洽。

表 3-22　弗兰德斯互动分析系统矩阵分析公式、含义表

分析内容	计算公式	含义
教师语言比率	1—7 列次数/总次数	课堂中教师语言所占的比率
学生语言比率	8—9 列次数/总次数	课堂中学生语言所占的比率，即学生参与率
课堂沉寂比率	第 10 列次数/总次数	课堂中安静及混乱所占的比率
教师间接影响与直接影响的比例	1—4 列次数/5—7 列次数比值	如大于 1，表示教师倾向于对课堂和学生作间接的控制；反之，则表示教师倾向于直接的控制
教师积极影响与消极影响的比例	1—3 列次数/6—7 列次数比值	如大于 1，表示教师注重对学生施加积极的强化；反之，则表示教师注重对学生施加消极的强化

　　上述弗兰德斯互动分析系统矩阵中，1—7 列是表 3-21 编码 1—7 所代表的教师语言，1—7 列数据之和与总数的比率，即为教师语言比率。同理，8—9 列之和与总数的比为学生语言比率，这一指标反映学生参与情况，也叫学生参与率。第 10 列合计数据与总数的比为课堂沉寂，即无有效语言时间的比率。通过计算这三类行为在课堂行为中所占的比例，可以分析出该课堂结构特征，见表 3-23。

表 3-23　课堂结构分析表

	时　间		比　率	
	计算方法	时间	计算方法	比率
教师语言	1—7 列次数	12.6（分钟）（252×3/60）	1—7 列次数/总次数	252/486 =59.89.9%
学生有效语言	8—9 列次数	10（分钟）	8—9 列次数/总次数	200/486 =39.67%
无有效语言	10 列次数	1.7（分钟）	10 列次数/总次数	34/486 =0.04%

　　通过对一系列数据的分析，得出以下结论：

　　1. 课堂结构。该课中教师语言比率（1—7 列次数/总次数）为 59.89%，学生语言比率（8—9 列次数/总次数）为 39.67%，教师的语言行为占较大比重；无效语言比率（第 10 列次数/总次数）为 0.04%，说明课堂教学利用率非常高；教师提问比率（第 4 列次数/总次数）为 10.63%，可以看出高密度提问是本课教学的重要方式（一堂课提问 123 个问题），学生的参与率极高。

2. 教师行为。该课中教师间接教学与直接教学的比值（1—4 列次数/5—7 列次数）为 89.86%。该课中教师的语言情感比值（1 列次数/5 列次数）是 30.41%，积极影响与消极影响的比率（2—3 列次数/6—7 列次数）是 439%，可以看出，该课教师借助情感语言，对学生的讲话以接纳、鼓励为主，从而使整堂课的气氛比较宽松，进而极大地调动起学生的参与积极性。

3. 师生互动。矩阵中 1—3 行与 1—3 列相交的区域（深灰色）是积极整合格，如果在这个区域里记录次数密集，反映的是教师与学生之间情感气氛融洽。矩阵中 7—8 行与 6—7 列相交的区域（斜纹）是缺陷格，如果在这个区域里记录次数密集，反映的是教师和学生之间情感交流上有隔阂。从上图可看出，落在积极整合格的记录次数占总次数的 10.54%，而缺陷格为 0，可见该课中教师与学生情感气氛融洽，互动充分。

二、"用细节说话"

"用细节说话"，即基于定性观察的细节描述，这是课堂描述最基本的方法。"天下大事必作于细"形象而富有哲理，高度概括了细节的重要性。"教学细节"是教学过程中的每一个环节操作的具体工作，细节虽小，但在教学过程中能发挥重要的功能和作用，如促进学生发展、优化课堂教学等。关注细节，就是关注新课程的理念是否落实到位，以及教学过程是否得到优化，也是追求教学的合理化、智慧化、精确化，是教学达到一定境界后的品位与追求。由于教学细节是由教师主动发出以完成教学任务为目的，指向教学过程、教学对象的连续不断的教学行为或师生互动的总和，它本身具有外显的、可观察的特点，所以关注细节是课堂观察的一门基本技术。要学会关注细节，就要先了解课堂教学细节的各种类型。

课堂教学的细节有着多种多样的表现形式，从不同的角度出发，又有着不同的类型。从对象与内容看，课堂教学细节有三种：一是以教师为主角的教师教学行为，包括教师教学的指令、教学言语、教学方法等；二是以学生为主角的学生学习行为，包括学生即时性行为和延时性行为，学生即时性行为就是指学生在教学现场发生的行为，而延时性行为就是指由于教学的影响后续学生发生的行为；三是以师生为共同主角的一种互动型行为，包括师生对话合作行为、交流互动行为等。

从教育的功能看，可分为积极意义与消极意义两种教学细节，前者应提倡与优化，后者可摒弃或改造。

从发生时间与空间看，可分为教学前行为细节、教学中行为细节、教学后行为细节。

从表现的程度看，可分为外显性教学细节与内隐性教学细节。前者是可见的教学现场与实录，是教学的外部表现；后者往往隐藏于表象的背后，是教学的本质与真义所在。

《隋朝大运河》一课典型教学资源观察记录[①]

案例

表 3-24　典型教学资源观察记录表

环节	资源内容	课堂描述	现象分析
导入环节	有关运河的抒情诗	播放关于运河的音像资料，在展示画卷、音乐、文字的同时，朗诵了一段自己创作的抒情诗	学生的注意力很快集中，且被教师充满感情的朗诵吸引，有了较好的情感交流基础。虽出现音响过大影响了教师朗诵的效果，但学生的关注度依然很高
运河设计	穿越时空之旅：在地图上设计运河方案	展示一幅隋朝地图，要求学生依当时皇帝交通方便的目的，按图中所标注的南北各点，提出运河线路的设计方案，并说明理由。有的学生凭直观感觉选择了西部相近的两点进行连接，教师及时补充地理知识修正。最后教师给出答案	学生有些紧张，第一位学生出错后，虽积极引导，学生应答也不多。对初一学生而言，选取的资源内容和任务要求过高，学生的知识储备和学科综合能力无法顺利应对
运河概况	在"练习纸"上画出简单的运河示意图	展示运河图的基本框架，提出学生活动（尝试：画一幅简单示意图，标明大运河要素）和"12345"的运河要素记忆法，并指导看图常识。学生在"练习纸"上绘制时教师进行巡视交流，最后用课件展示参考图例	在该任务之前教师对运河概况已有介绍，学生动手的积极性较好，同时有简化记忆的学习方法，目标达成度较高。如能适时展示学生作品，效果会更好
运河背景	运用数字图表提取信息	用图表展示隋初和隋盛时期的人口、垦田、粮仓等数据，引导学生从资料中归纳经济繁荣的表现。学生能回答"增加、增多"等词，并理解经济基础为大运河的开凿提供了可能的结论	学习图表阅读、分析数字资料对学生来说是一种较新的尝试。由于资料选取适当，教师未强调有统一结论，学生能进行基本的解答，且能锻炼提取信息和联系归纳的能力
运河作用	用三种类型的史料说明运河的重要作用	展示三幅图画，观察得出大运河船只往来频繁、码头工作繁忙、沿岸城镇发展。然后展示古诗句（"至今千里赖通波"）和史书资料（"天下转漕，仰此一渠"），最后结论是：隋朝大运河的开通，大大促进了我国南北经济的交流	通过图说、诗说、史说三个部分的史料展示，引导学生得出结论，重视原始资料。因形式新颖，尤其是图说部分最为直观形象，学生的兴趣度最大

[①] 李岚：《基于"课堂观察"的教学资源开发与利用研究——以人教版七年级历史下册〈繁盛一时的隋朝〉为例》，载《中学历史教学参考》，2010 年第 1、2 期合刊。

续表

环节	资源内容	课堂描述	现象分析
评价运河	面对运河的利弊问题，提出解决方案	出示两段反映运河之弊的古诗词，提出问题：既要开凿使用运河，又不想"怨声载道"，能否"两全其美"？学生讨论且发言积极，如用外星人、高薪开发、以身作则、海运、招标等。老师对有理的内容给予鼓励，并给出了建议：做好宣传工作、减少龙舟出游、适当延长工期等	问题建立在对运河利弊分析的基础之上，具有开放性，利于学生的换位思考和有感而发，突出了以史为鉴的实际意义。教师及时鼓励与指导让课堂的探究和表达气氛良好；学生参与的主动性较好，自主能力得到培养
拓展环节	大运河申请世界文化遗产的介绍	展示一组京杭大运河图片，说明大运河正在申请世界文化遗产，并列出一些申遗的资源网站，提供给学生课后了解，同时介绍我国的世界遗产资源。还以圣诞节为题，指出国力强盛是一个地区的文化迅速传播的重要原因。最后师生一起祝愿大运河申遗成功，向世界展示中华特色与繁荣	教学资源来源于现实话题，并进行了课外活动的拓展延伸，大部分学生记下了资料，显示出较大的兴趣。教师充分结合资源内容，激发学生情绪，较好地实施了爱国主义教育

　　由以上记录可以看出授课教师对本课教学内容进行了充分整合，并在此基础上以《隋朝大运河》为核心选择资源，展开教学。通过选择丰富、独特的资源，大部分资源的内容选排和使用策略适当，资源的关联度高，针对性强，突出史论结合意识，注重现实资源与学生资源，注重情感资源的生发，因此整体目标达成度好。我们观察到课后有十多名学生来到讲台旁让这位异地授课的教师留下签名，这种情境就反映了这堂课的有效与成功。

三、基于情境的"深描"

　　对情境的描述和捕捉是开展课堂观察的基础。牛顿之前，不知有多少人看到过苹果落地，但是并不知道它落地的原因，而牛顿把它放到了这样一个背景中来观察，即为什么苹果不向四面八方飞散，而偏偏垂直下落呢？于是地心引力的理论就进入了他的视野。教学细节形成于特定的教学情境之中，教学情境既为教学细节的生成提供特定的条件，也能使潜在的、预设的教学过程和教学行为转化为现实的教学过程与教学行为，并能有效地激活教学细节的出现，是教学行为和教学细节发生、运行并实现的操作平台。因此，我们在进行教学细节的描述时应跳出预定思维，置于当时所处的情境之中。

　　一般情况下，教师的听课记录包含的是教学的全过程，许多教师的听课本呈现出来的是教师的教学环节。我们如果把精力放在对教学全过程的记录上，势必会减少对其他课堂行为的观察。从技术层面改进观察，首先应该从观察者入手，设计一种新的课堂教学细节描述观察表，要求教师不再记录教学的全过程，而是把目光投向学生，记录教学进程中引发自己思考或困惑的几个课堂教学细节。在细节描述观察表的旁边，留出了等量的空白处，要求观察者在课后剖析这些细节对学生深层次的影响，以及细节后面的教育观念，最后总结出"最值得分享的经验""最值得研究的问题"等结论。

《列强的入侵与民族危机》一课的课堂细节描述

案例

表3-25　课堂观课记录细节描述范例表

执教者：	学科：历史		班级：高一年级	日期：
教学课题：必修一专题二第一节《列强的入侵与民族危机》		观察者：肖光		
研究专题：对历史细节的多元解读研究				

教学环节	课堂细节描述	分析
一、谈话导入 二、整体感知 三、研读史料，多元解读	导入课题后，教师先让学生看印发的材料，简单介绍了"三重门"防御体系。在学生看材料的时候，我已经听到他们互相讨论的声音了。片刻之后就有学生（生1）大声提问："三重防御体系为什么还失败了？"这个学生几乎来不及站起来。 　　师：哪个同学来回答他的问题？ 　　生2：英国强大啊！ 　　师：你是怎么看出英国强大的？ 　　生2：材料中讲到沙角之战时英国使用的武器很先进啊！ 　　师（追问）：为什么英国有先进的武器而中国没有？不都是用的火炮吗？ 　　生3（马上举手回答）：材料中说，英国有了近代工业，用机器生产出来的火炮比起中国传统工艺制造的火炮当然威力大多了。 　　师：没错。（肯定学生的回答）你是怎么知道近代工业就是机器生产？ 　　生3：也是材料里讲到的，用先进的工业设备提纯的火药配方原料爆炸后杀伤力很强。工业设备不就是说明有机器生产了吗？	历史学习应该是学生与历史的对话，教师只是对话的促进者。要使对话富有成效，就必须对学习的内容进行精心地组织和整合。对历史事件的细节描述，既提高了学生阅读文字、观察图片、获取信息的能力，又促使学生进一步思考和提出问题，在对史实的把握基础上培养历史思维能力。对鸦片战争细节的描述，可以让学生具体感知中国落后、英国强大以及中国失败的原因，为理解列强侵华战争和近代的民族命运、进行知识迁移做了铺垫。 　　引导学生自主阅读材料，深入思考。细节描述能使学生加深对历史问题的认识和理解，活跃思维，唤醒求知欲望。对于高中一年级学生，我们要尽量在教学中站在学生的角度，关注学生的思维过程，由传授课程到建构课程。 　　只有用总领性的问题贯穿整课教学，才能聚焦文本关键点，使我们的历史课堂真正成了学生主动学习的场所。

续表

教学环节	课堂细节描述	分析
	师：这个同学很细心，利用材料里的信息互相推证解决了问题。 师（继续追问）：那么，强大的英国为什么还要侵略中国？ 稍事沉闷…… 生4：机器生产应用得越多，生产的产品就越多，就需要更多的原料和商品市场。所以，英国肯定会对外侵略。 ……	

最值得分享的经验	最值得研究的问题
1. 设计能牵一发而动全身的核心问题是引导学生有效感悟历史的条件。 2. 抓住史料的关键词进行反复追问，是促进学生对历史现场深入理解的有效策略。 3. 细节的描述要有所取舍，切不可冲淡教学主题。史事的细节有很多，不可能在课堂讲授时都用上，这就需要对细节进行筛选，根据教学重点选取最有代表性、最生动的细节。	如何发挥同伴的影响作用，促使不同程度的学生都能对史料进行有效的解读。

　　"深描"（thick discription）是人类文化学的典型研究方法之一。课堂观察必须建立在对现象、情境、细节进行深描的基础之上。没有描述，就没有分析；没有细致的描述，就没有深刻的反思；没有具体的描述，就没有针对性的"建构"。"描述"是课堂观察的重要支柱之一。可以说，在我们的历史课堂教学研究中，"深描"是课堂观察与一般性听课的分水岭，也是"学会观察"的入门券。"深描"的基本原则一般是指通过特殊的视角和细致的分析，对课堂教学中师生的语言、行为、态度等细节进行充分、详细地描述，并对其背后隐含的社会、文化、心理背景进行深入地分析，从而使他人能根据这一描述，真实还原和解释这一细节的现象。"深描"具有其他细节观察所不能替代的、以小见大的作用。通过"深描"，教师可透过现象看到本质，使课堂行为更加理性，真正提高课堂的教学效率。同时，"深描"还可以培养教师观察课堂、研究课堂的意识，使其作为研究者成为可能。

四、高度聚焦下的"放大"

　　教学细节的放大目的在于透过对教学现场的描述与阐释，发现内隐的教学细节，明了深层的教学理念，探寻教学的真谛。通过不断放大教学行为的细节，聚焦教学行为的某一个局部，详细研究它的结构、成因等，我们可以准确、及时地探究到问题的关键，既能使问题解决策略更具针对性、有效性，也能使课堂教学研究向精细化、纵深化发展。

那么，"放大细节"的关键又有哪些呢？

第一，拥有敏锐的心灵，捕捉教学的细节。课堂是由无数个教学细节组成的，细节可以体现一位教师的实力和功力，细节的变化也标志着课堂理念与实践的变化。但并不是每一个细节都具有研究的价值，我们所要捕捉的细节，应该蕴含有教育理念，或是能凸显教师正确理念的，或是反映教师教育问题的，甚至还可以是那些可能会引起争议的。这些细节，有的教师能意识到，但有的是教师意识不到的。课堂观察者，要善于捕捉这些包含研究信息的细节，尤其是那些稍纵即逝的细节。

捕捉学情的变化 案例

七年级上册第九课《中华文明的勃兴》介绍的是春秋战国时期的思想文化成就。在第一年的教学中，我引导学生认真阅读教材，并请几位学生来归纳、概括各派的观点和著作。然后以时间为经、学派为纬，对儒家、道家、墨家、法家、兵家的创始人及代表人物的主要观点、著作进行了全面的归纳、分类。当时学生大多能按我的要求完成以上教学活动，因此，我当时觉得这种教学方法还是不错的。

今年，我又采用这种方法进行教学，结果碰到了问题。当我要求学生认真阅读教材时，就有不少学生没有静下心来认真看书而是在说话。我很生气，批评了学生。下课后，我一直在思考这节课应如何改进。经过一番学情调查，我发现，所学的春秋战国时期的思想文化成就离学生生活太久远，对学生来说，教学内容缺乏亲切感，也就不能够吸引学生的注意力。

晚上，我又重新进行备课。怎样才能将两千多年前的孔子、老子等人与现实联系起来了？用什么作媒介才能让学生对孔子、老子等人感兴趣呢？我苦思冥想——突然，我想到：现代人特别是名人都有名片，可以用学生十分熟悉的"名片"作为媒介，拉近孔子、老子与学生的距离，让学生制作古代名人的"名片"，从而对两千多年前的的古人产生兴趣，进而自觉地参与到教学中来。

由上面这案例可以看出，善于观察和反思的教师，能够通过课堂观察和课后的学情调查了解学生心理的特点，从而改进教学。

第二，保持理性的思维，客观地重现细节。捕捉细节是为了在课后客观地重现，并进行探讨研究，以进一步提高课堂教学的有效性。细节回放的过程，就是一个"放大"的过程。

案例

课堂导入细节的聚焦与放大①

师(微笑着)：我和大家一样都是学生。我是"园丁工程"的学生，而同学们是具有百年历史的桂林中学的学生。今天我非常幸运，能和同学们一起学习。

这么多同学来听课，我心里发虚呀。能不能给我点掌声鼓励一下？

生：(大笑，鼓掌欢迎)

平等是师生之间开展有效对话的前提。一上课，教师就面带微笑，用亲切的语言把自己定位于"学生"，以学生的身份和同学们一起学习。亲切的语言，能让学生感到教师和蔼可亲，师生之间没有了隔阂和身份的悬殊。"我心里发虚"，把自己内心的紧张，真诚地、真实地说出来给学生听，让学生感到教师的真诚与亲切；鼓掌欢笑，正说明了学生对老师的欢迎和认可。短短的几句话，冲淡了一上课时的紧张、拘束，拉近了师生的心理距离。

上面这个案例对导入课堂短短两句话进行了聚焦与放大，从中可以看到教师平等的师生观和灵活的课堂教学技巧。这种对课堂教学细节的"回放"，有助于观察者准确透视授课者的优点与不足。

第三，透视纷繁的现象，深入分析细节。对教学细节的分析，不是远离观察到的细节空发议论，浮光掠影说"道理"；也不是囿于细节，就细节说细节；而是要透过纷繁的课堂教学细节，进行深刻而有效地分析。如果缺少深刻的分析，就不会真正触及教师的理念，停于表面的、缺少专业解读的"细节分析"也不能打动人心，取得课堂观察的效果。

案例

"多角度分析历史问题"的观察及分析②

在《辛亥革命》一课教学中，有这样的师生对话。

生：袁世凯复辟为什么会失败？

师：我们考虑问题要抓角度，看中心词或关键词。这个问题的中心词是袁世凯。首先，我们可以从袁世凯自身这个角度来分析为什么会失败。谁能说一下？

生：袁世凯复辟帝制倒行逆施，不得人心。

师：光从袁世凯自身这个角度行不行？还可以从哪些角度分析？

生：还可以从孙中山等革命党人的行动来分析，由于他们的强烈反对和斗争，才使得复辟失败。

---

① 郭强：《值得称道的教学细节》，载《广西教育》，2006(11)。
② 郭强：《值得称道的教学细节》，载《广西教育》，2006(11)。

师：很好，还有别的角度吗？

生：好像没有了。

师：还可以从帝国主义这一角度来分析。袁世凯一开始敢称帝的一个很重要的原因是帝国主义的支持，后来随着全国人民的反对，帝国主义放弃支持袁世凯。还可以从袁世凯派系内部来分析。

生：众叛亲离。

师：当然还有最根本的原因，是什么？

生：违背了历史发展的趋势和潮流。

师：这个问题我们可以从袁世凯、袁世凯派系内部、帝国主义、孙中山等革命党人这些角度来分析，这样就比较全面了。同学们以后分析问题要抓角度，这是学习历史的一个很重要的方法。

新课程在教学目标中特别增加了"过程与方法"，注重历史学习方法的教学，这就要求教师在教学过程中要加强历史学习方法的指导。"历史教学的关键并不仅仅让学生记住多少历史知识，更重要的是通过各种有效的方法和途径，使学生学会认识历史的方法，养成正确的历史思维习惯，从而为学生人格、个性的健康发展和学习潜力的发展提供坚实的基础。"[①]善于从不同角度发现问题，积极探索解决问题的方法，这是新课程课程目标中提到的一个重要的学习方法。在细节中，教师引导学生从不同角度分析问题，不仅帮助学生掌握了一种学习历史的方法，更重要的是拓展了学生的思维，让学生认识到解决问题的途径不是单一的，而是多维的，每一个角度都会给我们分析问题展开一个新的视野，会给我们解决问题提供一个新的方法或途径。从多个角度、多个侧面思考问题，不仅思维能逐步从狭隘走向广阔，从闭塞走向开放，思考问题也会更加全面、深刻。

敏锐地捕捉，是对教学细节的发现；客观地重现，是所观察的教学现象的"放大"；深刻地进行分析，是教学本质的"剖析"。放大细节看课堂，可以真实地再现教师头脑中模糊的、似是而非的全部教学事件，有助于授课教师结合"真实"的课堂情境，唤醒对自己课堂中采取的某种不合理的、无意识的教学行为意图的回忆，寻找采取这种不合理教学行为的思想症结，从而真正理解观课教师合理化建议的真谛，形成正确观点，明确改进教学的方向和方法。从这个意义上说，课堂观察技术帮助教师客观地面对自己的课堂，勇敢地审视自己的不足，从而促进教学行动的变革，追求和谐而又精致的课堂教学。

第四节　诊断与思考：课堂观察的分析

对观察信息的加工分析，我们是不是经常会犯这样的错误：按照我们的教学

---

① 余伟民主编：《历史教育展望》，264页，上海，华东师范大学出版社，2002。

经验对别人的课堂大加评论和指挥？如果是这样，我们就无法得到真实的反馈信息。

> 　　有一天，美国知名主持人林克莱特访问一名小朋友，问他说："你长大后想要当什么呀？"小朋友天真地回答："我要当飞机的驾驶员！"林克莱特接着问："如果有一天，你的飞机飞到太平洋上空所有引擎都熄火了，你会怎么办？"小朋友想了说："我会先告诉坐在飞机上的人绑好安全带，然后我挂上降落伞跳出去。"当在现场的观众笑得东倒西歪时，林克莱特继续注视这个孩子，想看看他是不是自作聪明的家伙。没想到，孩子的两行热泪夺眶而出，使得林克莱特觉得这个孩子的悲悯之情远非笔墨所能形容。于是，林克莱特问他说："为什么要这么做？"小孩的答案透露出一个孩子真挚的想法："我要去拿燃料，我还要回来！"

　　在生活中也有这样的例子，你真的听懂了他的意思吗？同样，在课堂上，你真的听懂他人的课了吗？如何准确而又完整地分析你所观察的课呢？英国哲学家培根说过：真正的哲学家应该像蜜蜂一样，既要采集材料，又要消化材料。为此，他说："实验家像蚂蚁，只会采集和使用；推论家像蜘蛛，只凭自己的材料来织成纺纲。而蜜蜂却是采取中道的，它在庭园里和田野里从花朵中收集材料，而用自己的能力加以变化和消化。哲学家的真正任务就正是这样，它既非完全或主要依靠心的能力，也非只把从自然历史和机械实验收来的材料原封不动，囫囵吞枣地累置在记忆当中，而是把它们变化过和消化过而放置在理解力之中。"[①]而狭隘的经验主义者好像蚂蚁，只会收集材料而不会加工使用；而那些不关注实践的研究者就像蜘蛛，只会从肚子里吐丝结网。

一、信息与数据的统计

(一)定量数据与定性数据

　　课堂观察中的信息与数据有定量数据与定性数据。定量数据是对教学现象的数量特征、数量关系与数量变化的分析。观察者先要对根据观察评价量表所记录的信息进行定量的统计和整理，例如在"提问行为类别频次"和"课堂师生互动的效果"观察统计中，可以从记录中推算出一些能说明问题的百分比、频数或排序，呈现在相应的观察评价量表上，见表3-26、表3-27。

---

　　① 北京大学哲学系外国哲学史教研室编译：《十六——十八世纪西欧各国哲学》，75页，北京，商务印书馆，1975。

表 3-26 提问行为类别频次统计表

行 为 类 别	频 次	百分比％
A. 提出问题的类型		
1. 常规管理性问题	3	2.9
2. 记忆性问题	78	74.3
3. 推理性问题	22	21.0
4. 创造性问题	2	1.9
5. 批判性问题	0	0
B. 挑选回答问题方式		
1. 提问前，先点名	0	0
2. 提问后，让学生齐答	44	41.9
3. 提问后，叫举手者答	57	54.3
4. 提问后，叫未举手者答	1	1.0
5. 提问后，改问其他同学	3	2.9
C. 教师理答方式		
1. 打断学生回答，或自己代答	12	11.4
2. 对学生回答不理睬，或消极批评	2	1.9
3. 重复自己问题或学生答案	13	12.4
4. 对学生回答鼓励、称赞	78	74.3
5. 鼓励学生提出问题	0	0

表 3-27 课堂师生互动情况统计表

项目	观察内容	观察结果	次数
观察记录	学生参与程度	1. 积极	7
		2. 适中	3
		3. 不感兴趣	1
	学生讨论氛围	4. 热烈	6
		5. 适中	3
		6. 不热烈	2
	互动类型	7. 师生互动	6
		8. 生生互动	3
		9. 师班互动	2
	教师对互动过程的推进	10. 以问题推进互动	8
		11. 以评价推进互动	2
		12. 以非语言推进互动	1
	学生是否积极回答	13. 是	9
		14. 不是	2
	互动管理	15. 有效调控	8
		16. 放任	3

定量分析在搜集课堂数据方面有优势，但也有弊端，有学者认为，"弗兰德斯分析法注重师生课堂互动行为的客观的定量分析，这种分析如果完全抽去具体

的教学内容就显得意义不大。"[①]因此，在进行定量统计和分析时，一定要结合所教历史课程的具体教学目标和教学内容，特别要考虑学生的实际学情，结合课堂学习行为的表现，对课堂教学效果作综合性的分析。只有"把定量数据放在具体的课堂教学的情境中考察，从课堂教学的实际情况出发，我们才能判别具体教学互动行为的优劣。"[②]定性分析是指对诸如教学行为的描述、照片、观察结果之类的非数值型数据（或者说资料）进行的分析，下面就是一个对学生观察的定性数据分析的案例。

案例

学生课堂学习状态的定性分析

我在上课前专门深入该班认识了 5 位学生，了解他们在学习层次上的差别。现在将我课堂上对他们的观察作简短的汇报。

我主要观察的是这 5 位学生在课堂上的学习参与度，我从以下三个方面对他们的学习参与度进行分析：

第一，课堂上专注听课程度：5 位同学基本上都能够认真听老师在课堂的讲解，积极地查阅课本上的相关知识，并适时地做笔记。从中可以看出，黄老师的教学内容及教学设计是合理的，学生愿意积极地进入课堂。

第二，学生主动回答问题、参与评论的情况：5 位学生在学习层次上的差别，决定了他们在课堂回答问题这个环节中存在着差异。坐在前排的三位学生成绩好一些，主动回答问题的积极性显然高过坐在后面的两位学生，明显地表现出了愿意学习、愿意发表自己意见和观点的倾向；成绩稍差的两位同学在老师提问时回答问题的主动性明显低了很多。由此可以得出，成绩优异的学生在课堂上比较自信，所以愿意主动学习、探究思考、积极配合老师完成教学任务。相反，由于自信心的缺乏，成绩稍差的学生在这个环节表现得不尽如人意。

第三，学生课堂学习落实的表现：我观察的 5 位学生在这个环节中的表现，他们基本上做到了百分之百的专注，对黄老师讲授的重点部分也都认真地做了笔记，比较令人满意。

定量分析与定性分析在课堂观察中有着不同的功效，也对改进课堂起着不同的作用，在课堂观察中应该结合起来运用，见表 3-28。

---

① 柳夕浪：《课堂教学临床指导》，159 页，北京，人民教育出版社，2003
② 柳夕浪：《课堂教学临床指导》，159 页，北京，人民教育出版社，2003。

表 3-28　定量分析与定性分析区别表

	定性分析	定量分析
目的	对潜在的理由和动机求得一个定性的理解	将数据定量表示，并将结果从样本推广到所研究的总体
样本	由无代表性的个案组成的小样本	由有代表性的个案组成的大样本
数据收集	无结构的	有结构的
数据分析	非统计的方法	统计的方法
结果	获取一个初步的理解	建议最后的行动路线

定性分析与定量分析应该是统一的，相互补充的。定性分析是定量分析的基本前提，没有定性的定量是一种盲目的、毫无价值的定量；定量分析能使定性分析更加科学、准确，以及得出广泛而深入的结论。

(二)信息、数据采集的方法与技巧

保证课堂观察的有效性，首要的前提是确保实地采集信息的正确性，但在采集信息的过程中要根据课堂观察研究主题的要求，注意操作的时间、手段、方法、技巧等问题。

1.利用各时间段采集信息

(1)课前摸底。观察之前，必须做好一系列的准备工作，如确定观察主题、观察内容、观察工具、观察方法、成员分工等。为了更清楚、更全面地获得课堂信息，观察者可以通过正面调查或侧面了解的方式摸清更多的情况，如班级学生数量、位置安排、学习成绩情况等；对授课教师也要做到心中有数，如教师的教学习惯、教学方法、教学语言、教学基本功、从教年限等。

值得一提的是，观察者应在课前熟悉钻研教学内容，做到观课时游刃有余地应对分析课堂中出现的各种教学状况。

(2)课中采集。做好了充分的准备工作后，观察者进入课堂开展观察活动，根据需要，在现场采集信息。由于这一过程既紧张又忙碌，初次观察者往往会出现手忙脚乱的情况。因此，在实地观察的过程中，要注意：一是做到心中有数。观察都要在课前仔细阅读和研究量表，熟记表格中的每一条要求以便于课堂记录时富有针对性，避免浪费功夫。二是根据分工要求做记录。由于课堂观察是一项合作要求相当高的活动，因此观察者要按照课前的分工，明确自己所观察的主题、时间段、学生学习状况等，切忌三心二意，导致分工任务弄错而影响其他教师的观察。

(3)记录清晰。课堂观察过程中，不能随意记录，要围绕主题，有目的地观察和记录，记录的资料要清晰而有序，以保证数据的准确性和统计的科学性。

(4)课后访谈。课堂观察结束后，如果还存在着某些疑惑，需要进一步了解更多真实的情况，观察者有必要停留在教室，随机抽取一些学生进行访谈，掌握更多的一手资料，以佐证或改变课堂临时作出的观察判断结果。例如，在一次主题为"关注学生学习投入状态"的观察活动中，一位观察者发现有位学生上课时经常做同一个小动作——剥手指，观察者以为这个动作是这位学生的习惯性动作。下课后，观察者在访谈时发现，原来这位学生的手指受伤了，上课时他是在有意无意地碰触自己的手指。

2. 运用多种感官采集信息

课堂观察，顾名思义，不能仅停留在听课的层面。"观"，宏观，需要从大处着眼，不要盯住偶然的失误和缺陷；"察"，"明察秋毫"，一方面需要仔细看，另一方面需要感悟和体察。一从宏观着眼，一从微观入手，"观察"合用，告诉了我们课堂观察的本质含义。因此，进行课堂观察时最首要的任务是需运用多种感观采集信息。

(1)倾听。一般的课堂活动主要是由教师教的行为与学生学的行为组成，观察者都需要认真倾听，一要细听教师在课堂上的每一句话语；二要倾听每位学生的每一次回答，不放过任何一个细微的情节，不漏掉任何一个重要的线索。因此，课堂观察过程中需要听课者的注意力高度集中，必须"每一根耳神经都紧张着"，以免遗漏了重要的信息，因为任何一位观察者遗漏的信息都会给整个的课堂观察造成缺失。

(2)明察。课堂观察与听课不同的是，除了听课，还需要动用视觉器官，练就一双火眼金睛，观察课堂中教师的教学行为，以及学生在课堂上的一举一动。观察课堂中的常见现象时，更需要注意一些偶然或意外事件的发生。

(3)筛选。虽然课堂观察要求比较全面，但并不是面面俱到，全部照搬，它需要观察者针对观察所搜集到的信息进行合理的筛选，根据观察要求、主题与目的，选择有用的信息进行分析。

(4)速记。课堂观察时，为了保证信息的及时性与可靠性，需要田野笔记式的记录。比如，观察"课堂提问的有效性"，要求观察者观察教师的提问时机、提问形式、提问内容、学生的回答、老师的理答、师生和生生围绕问题的互动，等等，涉及采集信息的线索很多，但课堂是一次性的，不可能重演，因此记录的过程中，除了要做到"眼观六路""耳听八方"，更要快速记录下所需的原始文字与材料信息，切忌犹豫不决、拖泥带水。

观察时要做好"两项记录"：一是记录时间。为了便于操作起见，一般是以5分钟为时间段记录的，以作为进行讨论时的一个时间标尺。二是记录细节。记录与观察主题相关的典型细节是观察阶段最主要的任务，这是整个课堂观察的意义所在。

3. 采集信息的技巧

(1)基于合作。课堂观察与传统听课方式的最大不同表现在合作的有效性。以往的听评课方式缺少有序而规范的合作，往往各听各的，互不相关，角色不确定，分工不明确，因而很难具备共同研究与探讨的有利因素。华东范师大学教授崔允漷在他的报告《听评课范式的转型：一种专业的视角》中提出了"合作"四要素，认为合作要有主体的意愿、要有可分解的任务、要有共享的规则、要有互惠的效益。课堂观察为我们创造了这样的条件，可以组合成一个又一个的合作体，包括教研组的合作、年级组或备课组的合作、观察者之间的合作、观察者与被观察者的沟通合作、一线教师之间的合作、教师与专家之间的合作等。

因此，为了做到课堂观察合作的有效性，就必须做好分工：一是分时段，每位（或每若干位为一组）教师观察某时段的课堂，比如每位教师负责观察某 5 分钟时间段的提问情况；二是"盯人法"，每位（或每若干位为一组）教师对某几位学生进行自始至终的观察，比如观察"学生的学习状态"，就要求每位教师观察四位至五位学生每 5 分钟时间段的学习状态；三是分时盯人相结合，因为比较复杂的观察必然会涉及既有分时段的观察任务，又有具体的"盯人"的任务。

（2）辅以标记。由于堂课时间有限，教师教学过程短暂且无法重复，在有限的时间内，观察者对课堂现场的记录无法做到面面俱到、一字不漏，因此在记录时可辅以一些有鲜明特征的符号、标线、圈注等标记，力求保证记载材料数据与信息的客观性与准确性。比如，需要给学生进行座位的编号，便于记录；教师可以自己创造出一些记录的符号，以便于课后能藉此唤起课堂的回忆。又如，在课堂提问这一主题的观察过程中，在规定时间段内，观察者除了要快速记下授课教师的所有问题，还应在有关具体提问的旁边标注学生的回答、教师的理答，甚至是教师所用的"等待时间"等情况，以帮助观察者获得更多的信息，从而针对课堂情况进行有理有据和更为系统的描述与剖析。

（3）借助工具。即使课堂观察中做到眼观六路、耳听八方，但毕竟人力有限，观察不可能全面和细致，难免会出现顾此失彼遗漏有关线索等情况。因此，课堂观察必须借助运用的观察工具，如准备好的钢笔、记录表（田野式原始笔记）和座位表等；同时，还应借助录像、录音、观察量表等观察工具，以备观察之后出现疑问时"重现课堂"之用，再次将观察人员带入"现场"，从而有针对性地进行分析与交流。观察记录最好采用原始记录草稿表，观察量表的记录可放到课后时间充裕的情况下根据原始记录来进行，这样做更有利于归类统计。

三、整理和归类

在资料分析过程中，最基本的方法是对所记录的课堂行为进行归类，主要是对观察前商定的重点观察内容所涉及的行为进行归类，将表面上复杂多样的行为按其性质归为不同的类别。例如，教师的提问行为、学生的举手行为、讲授新课时教师的行为等都可以作为归类范畴。通过归类，我们可以了解哪种行为的发生频率最高，如果该行为能够促进学生的学习，那么就应该鼓励教师继续运用这种行为；如果该行为不利于学生的学习，那么就应该给教师指出来，作为今后改进的方向。见图 3-6。[①]

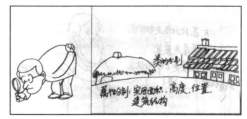

图 3-6　事物分类示意图

对观察记录的文字材料要进行整理归类。观察者应在课后按观察评价量表的

---

① 颜玉强主编：《西方哲理大师漫画故事：从人本哲学到分析哲学》，179 页，合肥，安徽文艺出版社，2006。

设计意图，进行仔细核对，或补充、或增删、或合并，转换成简单明了的语言，真实地还原当时的课堂情境。如果是多人观察评价的同一内容，需要统合整理所记录的信息，在交流、讨论的基础上，对各自的信息进行必要的合并。在此基础上，寻找并发现可以陈述的问题或观点，建构分析框架，对统计整理的结果按不同的问题进行归类，把具体的事实和数据集中到相应的问题或观点中去，为下一步的解释做好准备，见表3-29。

表 3-29　分析课堂研究数据表

分　析	信息和数据来源				
	调查	问卷调查	观察	访谈	文献资料
1. 数据收集和范畴或假设的生成					
2. 范畴或假设的证实					
3. 参照理论确定的标准、惯例和老师的判断进行解释					
4. 行动跟进					

在课堂教学中，由于观察对象、观察目的、观察方式、观察兴趣等的不同，虽然共同面对着相同的观察情境，但是会出现截然相反的观察结果。所以，为了确保观察结果的可信性，我们可以借助三角校正法（Triangulation）对进行数据整理和分析，[①] 见图3-7。

三角校正法的基本假设是：任何一种资料、方法和研究者均有其各自的偏差，唯有纳入各种资料、方法和研究者时才能中和（neutralize）。例如：假设你是教师，收集了许多学生的资料要进行研究，但在分析资料时很容易陷入主观的困境和遭质疑，因为你的研究不过是自说自话。在这种情况下，除了教师的观点、学生的观点外，还需要另一个中立的第三者的观点，这样就形成了

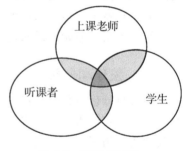

图 3-7　三角校正图

一个三角，即透过不同的资料来相互校正，以增加研究的可信性。通过这种方法分析资料，会使研究的结果比较客观可信。

三角校正法要求从三个不同的角度收集关于同一个教学情境的信息：教师的角度、学生的角度、参与性观察者的角度。对于每一个教学环节而言，上课的教师、学生和参与观察的教师都有自己独特的认识立场。

经过了同一个课堂情境后，授课教师最有可能反省当时教学情境下的意图和目标来获取相关数据；学生有可能解释在当时教学情境下教师的教学行为如何影响他们的回应方式，参与观察的教师最有可能收集到关于反映教学情境中师生间

① ［英］霍普金斯：《教师课堂研究指南》，杨晓琼译，9页，上海，华东师范大学出版社，2009。

互动的显著特征方面的数据。而通过把自己获取的信息与另外两个角度的信息进行比较，立于三角之一点的这个人就有机会在数据更充分的基础上检测自己的感受和理解是否正确，并有可能对之进行修正。尤其是授课教师、参与观察的教师和学生以共同经验（图中黑色的部分）为支点进行交流，扩展为三方共享的经验（图中灰色的部分）。授课老师的课程定位、学生定位、教学设计等一些内在的经验，可以通过交流外释成为共享的经验。参与性观察的教师通过多角度的观察和多维度的思考，使"教育现象"更加立体，也使授课者看到了自己原来无法看到的现象。学生的体验更能使一些知识、情感态度与价值观等"内在的"现象敞开来，同时也能反映出教学效果的真实情况。通过这样的观察，授课者的独特体验被释放，同行的经验得到交流，学生的体验得到补充，从而共同获得经验的"交融"。因此，我们的课堂教学和研究"要把评课活动由'证明式'和'鉴定式'转变成双向互动、平等交流的探究式和引领式。要创设宽松和谐、平等自由的评课氛围，实现评课者、被评者以及旁听者之间充分而有效的沟通，使所有参与者都能够畅所欲言。通过充分的讨论、交流甚至争辩，使所有参与者都能互相激发学习的激情、点燃思维的火花、释放教学的潜能，达到相互学习、共同进步的目的。"①

为了增加课堂观察研究可信度和有效度，至少有四种三角校正检测的方式可以供我们运用。数据的三角校正：运用各种资料来源；研究者的三角校正：运用较多的人（不只 1 人）搜集和解释资料；方法的三角校正：运用多元方法（如访谈和问卷同时使用）；理论的三角校正：运用多元的观点来搜集或解释资料。

美国心理学家阿恩海姆在《艺术与视知觉》一书中谈道："一个桌面，即使它在视网膜上投射的式样是各不规则的梯形，我们仍然是会把它看成是长方形的。"②他认为，这样的"长方形"的共识是视觉和经验的结合物。课堂教学也是一样，我们可以借助"共识"来把握课堂教学的规律。在执教者进行自我反思和观评课者整理分析观察结果后，还要组织由双方（有时还有第三方、多方）参加的对话与交流活动，形成民主的、平等的、互动的、合作的、开放的，以语言（主要是口头言语）为中介的双向（多向）的信息交流。这样的交流活动是一个异中求同、同中求异的多向思维过程，是一个主体与他人沟通、合作、共享收获的行为，是一个展开探究对象意义的行为。"教学既是一门科学，也是一门艺术"，教学中既反映了一定的科学规律，也包含了一些不可控的因素。正因为如此，我们可以通过共同的体验来判断课堂的价值，通过现实的观察来接近教学本质，通过直观的体验来接近教学规律。

三、解释和建议

"复杂的课堂现象背后是一片意义的天空、意义的海洋。透过课堂现象发现其背后隐藏的意义是课堂诠释的首要任务。"③解释的任务在于对发现的问题或被

①　杨映川：《评课怎样让每个参与者都有收获》，载《中国教育报》，2008-12-05。

②　[美]鲁道夫·阿恩海姆（Rudolf Amheim）：《艺术与视知觉》，滕守尧、朱疆源译，354 页，成都，四川人民出版社，1998。

③　刘云生：《课堂观察：现象、诠释与建构》，载《中国教育学刊》，2007(2)。

观察者的教学过程、教学特色进行剖析和反思，对数据的具体含义与现象背后的原因及意义作出解释，并提出相应的教学建议。但无论是解释还是建议，都必须依据课堂教学实录进行解释，不能进行过多的经验类推或假设，这样的课堂观察才是有意义和有价值的。

案例

《隋朝的统治》一课教学资源观察结果的分析[①]

四位老师共同上了《隋朝的统治》一课，观察团队对四位老师在教学资源的选择、运用及效果等方面进行了观察。

本课教学资源的来源按出处分类，主要包括分别来源于教师、学生和教材。根据观察数据统计，四位教师选用的资源总量分别为 18、26、27、14（单位为个或组），见表 3-30。

表 3-30　教学资源来源（按出处）统计表

序号	总量（个/组）	来源于教师		来源于学生		来源于教材	
		数量	比率(%)	数量	比率(%)	数量	比率(%)
教师 1	18	9	50	6	33	3	17
教师 2	26	18	69	5	19	2	28
教师 3	27	18	67	6	22	3	11
教师 4	14	11	79	2	14	1	17

从表中可以看出，出自教师的教学资源比率整体都大于学生资源和教材资源，但其中的个体差异较大，比率少的只占总量一半，多则接近八成。这充分说明，一方面，教师的资源意识已和教学活动紧密地联系在一起；另一方面，多数资源为教师选择掌控，预设性强，容易形成话语霸权。在这部分资源中，内容重合度较高的有关于隋朝经济繁荣的数字图表、《贞观政要》的史料、对运河评价的古诗文等，这些材料主要来自于教师教学用书，反映出该书仍是教师备课的常用资源。

来自于学生的资源主要是在课堂上依据教师提供的资料而生成的资源，整体数量比例较课改前增多了，并且在部分课堂中占有重要分量，这表明教师在资源的使用设计上能关注到学生因素，重视课堂互动，重视动态生成。但在四堂课的所有资源中，仅有一例是来源于学生的素材性资源（一幅关于运河的学生创作漫画），表明教师对学生资源的认识、开发和利用还有待拓展和加强。

新课改背景下的教材观不再过分强调教材的权威性，而是将教材作为一种重要的资源和工具。本课教材资源以图片、文字、地图等多种形式呈现，其中

---

① 李岚：《基于"课堂观察"的教学资源开发与利用研究——以人教版七年级历史下册〈繁盛一时的隋朝〉为例》，载《中学历史教学参考》，2010 年第 1、2 期合刊。

的文字资料也包括故事、史料、知识阅读卡、模拟议论等内容，人文性和生动性特点明显，较为贴近学生的年龄层次和认知水平。根据表 3-30 的数据显示，四位教师选用教材中的资源数量不到教材资源总量的三分之一，占实际使用的教学资源的总量不到五分之一。这一方面反映出课改后许多教师锐意创新、充分发挥专业能力和网络优势开发资源；另一方面对教材资源却不够重视，容易造成优质资源的浪费，也使得课后学生的巩固提升缺失重要的文本资源。

专家型教师与教学新手在课堂教学行为方面的比较研究　　案例

　　广西南宁市第三中学历史组根据布卢姆认知领域六级目标分类法，通过课堂观察、音像分析和访谈等方法，分别对工作 18 年的专家型教师毛老师和刚毕业 2 年的新手教师陈老师的课堂教学行为进行比较研究。

　　根据教师呈现历史教学内容的途径或手段不同，将教师的教学行为分为语言行为、采用非语言媒体手段行为和指导行为三类来加以比较。通过对两位教师教学实录进行分析比较可知，在教学目标明确、教学思路清晰的设计方面两者差异不大，这些可能属于课堂教学行为较为一般的要求，它们容易被新教师认识到，也相对容易被掌握。然而，毛老师和陈老师在所展现的语言行为、采用非语言媒体手段行为和指导行为的频次以及教学行为效果方面有较大差异，见表 3-31。

表 3-31　毛老师和陈老师主要教学行为频次统计比较表

	语言行为					采用媒体手段行为			指导行为	
	发问	追问	反问	评价	总结	史料	视频	板书	讨论	练习
毛老师	9	8	4	6	5	6	2	4	5	3
陈老师	10	2	1	2	2	7	3	2	1	1

　　1. 在语言行为上

　　(1)提出问题的类型、目的不同

　　陈老师提出的问题基本属于"是什么"和"为什么"或"怎么样"的问题。他对学生的回答不习惯做出及时应有的评价、进一步进行追问或反问，甚至对回答中的不妥和错误难以产生敏捷的反应。在陈老师的教学实录中，我们发现陈老师提问的目的似乎是想从学生那里寻找一个自己讲述教学知识的起点，只要这个起点从学生那里脱口而出，他就接过来顺着自己的思路往下讲述。可见，陈老师提问的目的是为了印证自己的讲解，他与学生的语言互动多停留在表层化和形式化。

　　毛老师提出的问题除了"是什么"和"为什么"或"怎么样"以外，还有"你是怎么判断的""你是怎么想的""该怎样证实"等问题。而且针对学生的回答，毛老师不仅能做出及时、中肯的评价，而且还在学生回答的基础上通过追问、反问、板书等使学生回答思路清晰化，使新旧知识产生联系或者转换提问角度将学生的思维及讨论引向深入，以推进学生主动参与学习活动。毛老师提问的目的是让学生独立思考、主动地探索和解决问题。

（2）总结的频次和深度不同

陈老师总结两次（过程中总结 1 次和主题结束总结 1 次），可见陈老师缺乏过程中的总结意识，而且主题总结停留在要点的罗列，要点间的逻辑关系或关联未曾揭示。

毛老师总结五次（过程中总结 4 次和主题结束总结 1 次），而且毛老师善于及时进行带有精致和整合色彩的总结，帮助学生进行新旧知识的联结条理化和结构化。

（3）对学生应答的态度不同

毛老师对学生的回答，不论正确是否，先对学生的思考行为进行肯定，常用"好""很好""基本正确""有一定道理"等给予激励，并能进一步分析学生的回答对与错的关键点，引导其得到结论。相形之下，陈老师对学生的回应似乎是在佐证自己的结论。

2. 采用直观教学手段的目的性和多样性上

陈老师和毛老师采用的史料有明显的差异，而且安排的时机和目的不同。毛老师鼓励学生去分析史料内容，引导其从中得出推论。尤其对没有史料论证的重点、难点内容教师可适当补充史实，这样让学生认识这些史料如何能作为这一推论的证据，再加上他们日益增长的背景知识，用"把史料放到它的背景之中"的方法，慢慢加深对"论从史出"的掌握，要求学生针对不同材料，就内容和可信度作比较。鼓励学生分析史料的内容，从中引出推论，说明自己的观点，而不是让他们只是重复或摘要史料的内容。

陈老师把史料教学仅仅当成呈现教材中各种叙述的引证，这种运用史料的方法只是把史料作为教材的一种生动的例证，以证实教材所言的真实性。史料的角色地位是附属于课文内容之下的，仅仅是起到点缀的作用。我们还发现毛老师和陈老师板书均以关键词、纲要式地呈现主题的基本信息，但毛老师在板书上注重体现内容的逻辑关系，与学生的表述或自己的讲解紧密配合并及时地通过板书展现。

3. 指导学生活动的能力上

陈老师的教学基本是以自己的预设来展开教学的，教学以创设情境，围绕叙述历史等方式讲述知识内容，可能受对教学内容不够熟悉、教学经验有限的制约，不敢放手开展学生的讨论活动，也缺乏讲练结合的教学实践活动安排。

毛老师则是以学生的讨论为中心展开教学活动的，不仅通过有效的提问、评价、追问以及引导学生进行学科知识思考，而且还安排及时性、拓展性以及变式练习等活动促进学生加深理解，合理地建构知识。

新手教师向专家教师的转变与发展是一个日积月累的过程，新手教师在清楚与专家教师差异的基础上，更能明确自己努力的方向，发挥主体性和创造性，以过渡到专家教师。

由上面两个案例的分析，我们可以知道，根据已经收集的数据做出必要的推论，可以说是一个专业判断的过程。因此，在整理分析观察结果、对数据进行必要的推论中，需要注意以下五个方面的问题。

第一，要注意理解量表的理念和目的。

量表的设计是根据观察点设置的，所收集的数据是对焦点状态问题的解释，它们在某些方面能进行有效的推论，但不可适用于所有的推论。

第二，要注意把量性观察评价与质性观察评价的方法结合起来。

量性观察评价的方法在于使研究有数据，通过观察数据的比较分析，归纳出相应的结论；质性观察评价的方法着眼于综合课堂教学各个要素，使观察评价者形成全景式的感知。这两种观察评价方法相互补充，有助于对教师课堂教学行为从细节到整体上的把握。

第三，要注意数据的信度和效度问题。

由于观察评价是对于课堂教学自然生态的介入，而且观评课者处于不同的发展阶段，秉持不同的教学观，观察数据的信度和效度不可避免地受到主客观因素的影响。观评课者在运用这些数据时，要考虑到课堂教学观察与评价的特性，反思自己的教学理念，将重点置于数据产生的可能性原因的分析上，与执教教师对话交流、研究探讨，而不是作简单的价值判断。

第四，要注意基于数据与事实进行推论，推论评价的程度要恰当。

传统听评课所作的评价和所提出的建议，大多是基于主观经验和印象的，缺乏足够的证据做支撑。课堂教学观察与评价的一个核心特征就是推论的可靠性来源于证据，有什么样的证据，做什么样的推论，既不能低估，也不能拔高。

第五，同时要注意不能用部分的观察结果简单地来推论整堂课的结果。

选取观察点秉持的是一种分析逻辑，教师某一教学特点既可能被凸显，其不足也可能会被无限放大。这些与教师个人特质、教学风格及教学情境的复杂性紧密相关，局部的瑕疵并不妨碍其成为一节好课。同样的，用一次观察活动来评价教师的课堂教学也是不可取的。

在进行解释和建议的过程中，观评课者最好应以撰写观察评价报告的形式来完成。当然，要求所有的课堂教学观察与评价都撰写出观察评价报告，这不现实，但至少应作为基本的要求，因为有文本的记述与备案，我们更方便深入地开展研究工作。

德国哲学家亚瑟·叔本华（Arthur Schopenhauer）说过："记录在纸上的思想就如同某人留在沙上的脚印，我们也许能看到他走过的路径，但若想知道他在路上看见了什么东西，就必须用我们自己的眼睛。"[1]课堂观察就是这样一种用眼睛看、用心思考，从而促进教师专业发展的有效途径。

---

① ［德］亚瑟·叔本华：《读书与书籍》，李瑜青、庞小玲编：《叔本华哲理美文集》，128 页，合肥，安徽文艺出版社，1997。

第四章
课堂观察
与历史
教学实践

案例1　走向合作的团队观察

——以《古代中国的经济政策》一课为例[①]

听评课是中学里最为常见的教研活动形式，也是中学教师一项基本的专业能力，它对提高课堂教学效率发挥着相当大的作用，因此成为教师们最为喜爱的教研形式和专业发展途径。但是，以个人听评为主要形式、以个人经验为主要依据的传统听评课，在教师专业发展日益精细化的今天，显得有些力不从心。而课堂观察作为一种合作研究的听评课范式，[②] 备受关注。课堂观察不同于传统的听评课活动，它需要观察者、被观察者、学生之间展开合作，才能顺利完成。在课堂观察背景下，教研组不再是一个行政组成，而是一个专业合作共同体（即合作体），教师在这样的一个共同体内一起发现课堂中的问题并努力解决。下面以"古代中国的经济政策"一课的课堂观察为例，来看教研组如何通过分工合作对课堂进行观察，发挥团队的作用。

一、活动背景

课堂观察已成为杭州市余杭高级中学教研活动的品牌，在改进听评课方式、切实提高课堂教学有效性等方面具有积极而独到的作用。目前，余杭高级中学历史组正积极推进"在高中历史新课程背景下提升教学有效性的策略研究"这一市级立项研究课题，课堂观察活动自然成为他们推进课题研究、提高教学有效性的主要抓手。

本次课堂观察的研究课例是"古代中国的经济政策"，任课教师是杭州市余杭高级中学刘亚萍老师。

二、课前会议

通过课前会议，合作体成员认领各自的任务，承担相应的职责，规范而有序地开展课堂观察的专业活动，避免听评课流于形式化，趋于业余。

(一)刘亚萍老师说课

1．重难点的确定：我这堂课的课题是《古代中国的经济政策》。本课共涉及三个主要知识点：重农抑商政策、海禁政策和明清资本主义萌芽。那么，该如何将知识点加以分解，合理确立重点和难点呢？选点是教学准备过程中最为重要的环节之一，选点选准了，问题解决就能事半功倍。经过权衡教材和学情，最后将中国古代重农抑商政策的原因、表现、评价及启示，海禁政策实施的原因、表现、评价及启示确立为重点；将如何理解重农抑商、海禁与资本主义萌芽三个知识点之间的内在联系，确立为本课的难点。

2．学习目标及方法的确定：(1)图示法化难为易，化繁为简：用流程图形式

---

①　本案例的作者是浙江省杭州市余杭高级中学历史组，选入本书时有改动。

②　吴江林，《基于合作体的课堂观察：教研组的视角》，载《当代教育科学》，2009(2)。

化解对雇佣关系的理解，分析重农抑商、海禁及资本主义萌芽三者的关系；用表格法整理琐碎知识点，给学生以清晰的知识结构，同时教给学生自主知识整理的基本方法。(2)漫画、图片法化枯燥为鲜活：如对重农抑商和闭关锁国的导入都用了比较鲜活的图片资源，创设了较为逼真的时代情境，以激发学生的兴趣，并引发学生的积极思考。(3)递进设问法化感性为理性：比如对资本主义萌芽从现象到本质的分析；比如从闭关锁国入手，进而分析对外贸易的形式，通过递进设问层次剥离海禁政策"禁止"和"限制"两个关键词的内涵。(4)史料法化抽象为具象，通过史料的解读，培养学生解读、提取历史信息并运用所学知识解决问题的能力。

3．教学流程。(略)

4．设计意图及困惑：(1)希望通过丰富的素材资源和清晰的知识结构，既可以有效地解决学生的基础知识点、能力提升点和思维突破点，又可以增强课堂的灵活性和互动性。(2)我的困惑在于：教材挖掘比较全面，铺面是否过宽？教学时间和节奏能否准确把握？教学资源丰富，是否过于累赘？漫画、图片教学直观形象，但学生能否经由形式进而把握内涵？史料解读是否应以老师引导为主？相关难度是否适应学生学情？

(二)确定观察点

为对本课进行全面观察，确定了五个课堂教学观察点，并进行分工，要求各位老师会后认真设计课堂观察量表。分工如下：

1. 教学目标预设观察点：毛宏良老师和华婷老师；

2. 课堂师生对话观察点：俞艳萍老师；

3. 课堂问题设计观察点：谢根祥老师；

4. 学生倾听与互动观察点：蒋春华和刘美老师；

5. 教学资源运用观察点：郑怡和姚伟建老师。

三、课中观察

上课前，全体老师提前来到高一(5)班教室，根据相应的观察点选定观察位置。上课时，观察者根据观察任务，运用观察工具分别进行观察记录，下面是本课主要观察量表。

表 4-1　教学目标预设有效性观察量表

观察人：毛宏良、华婷

课标要求	了解"重农抑商""海禁"等政策及其影响		分析中国资本主义萌芽发展缓慢的原因	
预设的教学目标				
目标提出的时间				
目标提出的方式				
提供师生探究的方式和时间				
是否产生了生成性问题				
解决方式				
目标达成依据的分析				

表 4-2　课堂师生对话有效性观察量表

观察人：俞艳萍

观察内容＼学习目标					
教学环节					
对话的缘由	预设				
	新生成				
对话的主体	师生				
	生生				
	生本				
	师生自我对话				

续表

观察内容＼学习目标					
对话的 表现形式	问答				
	讨论				
	争鸣				
	沉默				
	纸笔（书面表达）				
	形体语言				
对话中 教师的反应	引导				
	追问				
	评价				
	其他				
对话的类型	开放性与闭合性				
	弹性与僵化				
	真实与假想				
对话的分布	平衡与不平衡				
对话的氛围	民主、平等				
	权威、依从				

表 4-3　课堂问题设计有效性观察量表

观察人：谢根祥

	问题设计				学生反应		备　注
创设的 问题	提出方式 A 预设 B 生成	问题的明晰 与精准度	目标指向 A 知识 B 能力 C 情感	认知层次 A 基础 B 理解 C 分析 D 综合	理解 反应	应答 反应	
问题 1							
提问数量							
比例							

表 4-4　学生倾听和互动有效性观察量表

观察人：蒋春华、刘美

活动内容	活动形式与耗时						活动效果及建议 （描述 A 为较好，B 一般，C 欠缺）				
	口述	书写	交流			其他	知识能力	过程方法		情感态度	建议

表 4-5　教学资源运用有效性观察量表

观察人：郑怡、姚伟建

素材名称	素材类型	素材来源	生动性			科学性			简约性			目的性			总体评价	建议
			新颖度	趣味度	情境度	知识准确度	内容契合度	学情适合度	使用数量	整合方式	呈现时间	目标指向	达成方式	达成效果		
素材1																
素材2																

注：1. 素材类型包括文字、图表、图片、动画和影像等。

2. 素材来源：A. 教材内　B. 教材外

3. 新颖度是既可指材料的选择，也可指材料的组合，分为：A. 新颖　B. 一般　C. 陈旧

4. 趣味度：A. 有趣　B. 适中　C. 枯燥

5. 情境度：A. 良好　B. 适中　C. 欠佳

6. 知识准确度：A. 引用材料知识正确　B. 引用材料存在知识错误

7. 内容契合度，即与教学内容的相关性：A. 紧密　B. 适中　C. 不强

8. 学情适合度：A. 适度　B. 过简　C. 过难

9. 使用数量：A. 适度　B. 偏少　C. 偏多

10. 整合方式：A. 适度　B. 过简　C. 过繁

11. 呈现时间：A. 适中　B. 过长　C. 太短

12. 目标指向：指素材针对的教材具体教学目标或过程，包括导入、重难点、能力培养、情感态度塑造等。

13. 达成方式：包括简单呈现、教师讲解、问题探究、角色扮演等。

14. 达成效果：指材料及运用的目标性达成的程度。

15. 总体评价：指对素材资源运用有效性的整体评定。

四、课后会议

课堂观察需要一个专业合作体作为教研文化基体，在基体内教师可以进行自由、共享、互惠的对话与交流。

(一)刘亚萍老师课后反思

本课亮点在于素材资源的合理运用和教材的深层挖掘。以此为载体，课堂上学生的思维能力得到了很好的锻炼。但是，由于史料出现的数量过大，又多是古文，特别是在课堂时间比较紧张的情况下，给学生在理解上带来了很大的困难。而且，本课内容使用了过多的方式和方法来尝试解决问题，使得学生不知所从，教学效果也大打折扣。具体课堂反思如下：

1. 在化解明清资本主义萌芽缓慢发展的原因这一难点时，授课中存在的问题主要是老师讲得过多，把本应给学生的机会或时间占用了，其结果是教学进度显得过快，学生也未能很好地消化、理解。在原因结构图上也有待进一步完善，应该在政治(制度、政策)和经济两个层面上，给学生更为清晰的结构，进一步化繁

为简。

2. 主题升华部分的预设是，通过追问、求证、启迪三个部分来提升对古代经济政策的认识，把对中国古代经济政策的认识置放在世界背景中，从而更加坚定走改革开放道路的决心。但在时空的转换上，出现了不少错位。如在教学环节的衔接上，本部分没有能够很好地承接前面所学内容，不少学生和部分老师可能把求证部分理解为对明清资本主义萌芽原因的进一步分析。因此这部分材料对于原因的分析稍显脱节，解决的针对性略有欠缺。

3. 最后一个环节的知识整理，目的是希望学生能够掌握重农抑商、海禁和资本主义萌芽三者之间的内在联系，但由于运用的是政治经济学的相关原理，学生没有相关的知识基础储备，所以，形式上主要以教师讲为主，学生的参与度有待提高。

本课不完善的地方还有很多，希望大家通过自己的观察点，给予批评建议。

(二)各观察点观察结论与评析

1. 教学目标预设与达成观察点评析

华婷：通过课前会议，我们已经基本了解了刘老师预设的四个教学目标：(1)了解中国古代重农抑商政策的原因、表现、评价及启示；(2)认识海禁政策实施的原因、表现、评价及启示；(3)分析资本主义萌芽缓慢发展的主要原因；(4)理解重农抑商、海禁与资本主义萌芽的深层关系。

我认为，教学目标是否能够达成受教学目标预设、课堂教学行为、课堂学习环境等多种因素的影响。我们进入新课程，如何基于课程标准进行教学是新课程实施过程中的核心问题。我们观察到刘老师预设的这四个教学目标与课标的要求以及省教学指导意见是吻合的。

第一，了解中国古代的重农抑商政策和认识海禁政策的原因、表现、评价及启示

这个环节中，对于这两个内容的突破，刘老师都采用了"漫画演绎——表格整理——材料阅读与分析"三种教学手段来突破本课的重点，学生没有产生生成性的问题。这两个内容既是本课重点也是难点，刘老师共花了26分钟的时间，由浅入深，难点突破手段多样，条理清晰。表格梳理法更是让学生容易理解和掌握书本知识，教学目标基本达成，也很值得我在平时的教学中借鉴。

第二，分析资本主义萌芽缓慢发展的主要原因。

关于这一目标，刘老师使用了图示法，从资本、市场、劳动力和经济政策等多角度进行突破，用时大约4分钟。说明刘老师的教学准备充分，讲解也很详细。在这一环节中，也产生了两个生成性的问题：(1)诸多原因中，根本原因是什么？(2)历史现象的原因可以从哪些角度进行分析？

第三，以上两个问题的生成，旨在引导学生掌握历史学习的基本方法和经济基础决定上层建筑的原理。在这一点上，教师做得很到位，从当时的课堂气氛中就能够感受到学生对这一问题非常的关注，也很愿意学习。

第四，理解重农抑商、海禁与资本主义萌芽的深层关系。

这个问题对于高一学生而言，思维含量较高，有较大的难度。刘老师通过对

资本主义缓慢发展的原因分析，在潜移默化中点出了：明清时期的重农抑商和海禁政策是资本主义缓慢发展的主要原因。在最后的小结环节，刘老师利用图示法讲述了经济基础和上层建筑的相互关系，直接明了，方法得当。

总体而言，本课内容专业性强，思维含量大，高一学生并不容易掌握。刘老师使用多种教学手段，尤其是利用表格整理重点知识，利用图示法化解难点内容，使教学目标达成情况良好。另外，高一（5）班的学生整体素质较好，愿意表达，语言表达也很到位，师生关系也很融洽。教师在40分钟的课堂内重难点突出，只留给学生2分钟左右时间复习巩固，有利于学习情况的落实。

2. 课堂师生对话的有效性观察点评析

俞艳萍：本堂课从导入（漫画和角色扮演）到最后用图示法揭示三个内容之间的关系，对话形式贯穿始终，教学内容、学习目标在对话中完成，体现了自主、探究、合作的学习方式，反映出教师具有较强的新课程理念。

对话形式丰富多元，有师生对话、生生对话、生本对话等，其中师生对话和生本对话，体现在课堂的每一个教学环节中。古代经济政策理论性较强，学生学起来比较枯燥，不太感兴趣，也不易理解。刘老师通过图示法化难为易，通过表格法化繁为简，通过漫画图片法化枯燥为鲜活，通过递进设问法化感性为理性，通过史料法化抽象为具象，再以对话为途径，以引导思考和问答为主要手段进行教学，很好地完成了教学内容，较好地达成了教学目标。整堂课有深度又不失生动，既落实了知识又极好地进行了能力的培养，起点低，落点高。充分体现了教师对学情的分析掌握，对教材的理解和驾驭能力。

对话的主要方式是问答式，其次是引导式。整堂课下来，学生表现比较活跃，一直处在认真听课和积极思考的状态中，在阅读材料、提取信息、回答问题等环节对知识的把握都很不错。可以说，学生本课学习目标的达成情况应该是不错的。

对于资本主义发展缓慢的原因，老师进行了引导分析，非常好。但如果影响资本主义发展的因素能由学生自己得出，再加以分析可能会更好；还有，最后揭示本课三个内容的关系时，如果让学生思考或加以引导得出结论，可能会使学生的思维进入到一个新的高度。

3. 课堂问题设计观察点的评析

谢根祥：思维是从疑问开始的。苏格拉底曾说过："问题是接生婆，它能帮助新思维的诞生。"历史课堂教学中，问题无时不在。一个匠心独具的问题设计，往往会产生"一石激起千层浪"的效果，使课堂教学更为流畅。基于这样的思考，本次课堂观察中，我选择的是问题设计的有效性观察点，并确立了问题的数量、问题提出的方式、问题的目标指向、问题的思维层次、学生的（理解、应答）反应五个具体的观察角度。

第一，关于问题的数量。一节课内问题的数量是问题有效与否的一个重要影响因素。从培养学生的思维和解题能力这一主要目标来说，每一个问题都应给学生留有一定的时间思考，尤其是一个好的问题，必定需要经过认真思考，才能做出较正确的回答。一节课内，如果问题过多，即使问题设计得很好，也会因为留给学生的时间少而影响思考与探究的深度和广度。所以，在课堂教学中要注重数量和质量的统一。大体而言，一个问题从提出、思考、回答，平均约需 2 分钟，因此一节课以设置 20 个左右的问题为宜。本节课中，刘老师共提出了 18 个主要问题，这样的密度是比较适当的。

第二，关于问题的提出方式。预设性问题能避免课堂提问的随意性与盲目性，保证问题设计的一定质量，从而为课堂思维、讨论和探究奠定基础。本节课预设性问题占了 15 个，说明刘老师对这节课作了充分的准备。难能可贵的是，其中的 3 个问题的设计具有开放性、生成性，不仅使原有问题得到了深化与拓展，给课堂增添了不少活力与生机，也反映了刘老师的教学智慧。

第三，关于问题的目标指向。问题是教学目标的具体化，课堂教学中主要问题的设计必须紧扣教学目标，围绕教学内容的重点、难点。就本节课而言，所有问题都指向重点、难点知识，并且非常注重学生对问题的过程体验和能力训练，关注情感态度与价值观，很好地体现了三维教学目标。这样的设计是与高一学生的学习实际相适应的，也反映了刘老师预设的教学目标指向准确、到位、有效。

第四，关于问题设计的思维层次。过于简单的问题，会抑制学生的发散思维，难度过大也会挫伤学生的自信心。本节课的绝大多数问题不仅难度适中，切合学生的"最近发展区"，而且都富有思考价值和思维含量，特别是在关注分析、综合、概括等思维能力与信息提取、语言表述等解题能力上，既适合学生已有的知识经验和能力水平，又具有一定的高度和难度。不少问题的设计还具有启发性、探究性和挑战性，兼顾了各梯队学生的发展，体现了对学生全面发展的关注。

第五，从学生的反应角度看，刘老师有意用一些有趣的阅读材料、实物照片、场景图或游戏活动等创设了学生喜闻乐见的问题情境，不仅激起了学生学习的兴趣，而且也都能很好地理解和应答。这表明，本节课问题的设计是有效的、合理的。

4. 学生倾听与互动观察点

蒋春华：本节课共有 9 处学生活动，从量来说，活动内容比较丰富，活动时间共计 24 分钟，占 60%，这样的比例体现了教师以学生为主体的理念；从学生活动的形式上来看，有角色扮演、填充表格、小组讨论、独立思考、倾听、批注笔记、思考中查阅课本及其他资料等多种；从活动任务完成情况来看，大多数都比较好。

总体来说，刘老师对学生的活动组织得法，活动内容指向明确，引导启发到位。在教学过程中，刘老师还适时地教给学生一定的学习方法，如分阶段、分方面辩证客观地评价某一历史事物和事件，这对于起始阶段的高一学生来说是非常重要的。在设置学生活动时，教师还充分考虑到了学生认知水平的差异，并依据学生的认识误区设计问题，如提问闭关锁国是否等同于没有对外贸易、应怎样理解海禁政策中"禁止"和"限制"两个关键词等。

本节课内容抽象，头绪较多，理论性强，学生又缺乏体验，但刘老师却能用多方法、多形式的教学，让整堂课真正互动起来，既启迪了学生，又充分展示了历史，也给了我很大的启发。

刘美：在本节课堂观察中，我的观察角度是学生活动。在新课程背景下，学生是课堂学习的主体，适量和合理的活动能够发挥学生的主体性。通过学生积极而广泛的参与，有效提升课堂教学的效率。

从学生活动的频率上来看，刘亚萍老师在本节课预设了9处学生活动。我们知道，学生活动的安排，直接影响到课堂教学的进度和效果。如果学生活动频率太高，会使课堂流于热闹的表面，而缺乏思维的力度；如果频率太低，会使课堂节奏过于缓慢，气氛沉闷。就本节课言，刘老师预设的学生活动频率适中，整个课堂气氛活跃，学生思维被充分调动了起来。

从学生活动的类型上来看，刘老师预设的这些活动，既有学生的自主活动，又有师生密切配合交流的互动，体现了对学生的关注，对发挥学生主动性的注重，以及刘老师新课程教学理念的落实和优秀的教学才华。

从学生活动的效果上来看，这些学生活动充分调动了课堂气氛，师生沟通顺畅自然，知识目标落实到位。以本课的第一个学生活动——角色扮演为例。在引入重农抑商政策时，刘老师鼓励学生主动参与角色扮演，由两位学生分别表演儿子和父亲。学生积极参与，表演逼真，把古代重农抑商的现象体现得淋漓尽致。虽然这个活动环节耗时仅1分半钟，活动时间紧凑，但作为导入环节，效果却立竿见影。第二个学生活动是古文解读。由于文言文比较艰涩难懂，既需要时间，也需要教师的配合指导，所以这个活动用时6分钟，时间安排上比较合适。在活动类型上，属于师生共同参与的互动活动，主要由学生解读，难点配合教师的解释，难度适宜，很好地达成了理解重农抑商政策的目的、表现和影响等知识目标。

5. 课堂教学资源运用观察点评析

姚伟建：刘亚萍老师在"古代中国的经济政策"一课中用了10则材料。2则为教材内容，8则为教材外内容。2则为图片，7则为文字材料，1则为图示。其中文言文材料占4则，比例分配上符合本课主题。材料新颖度较高，注重整合方式，教学目标指向性明确，从课堂上学生的思维活动和发言行为来看，教学目标达成度较高：漫画材料的使用使导入环节自然、轻松、有效；表格材料的使用让知识条理化、模块化；文字材料的使用让高一学生提高文言文阅读能力和提取信息、整合知识的能力；图示材料让知识结构清晰明了，便于课后知识的复习和巩固。这是一堂高效的课，对我启发很大。

郑怡：从"教学资源运用"观察的角度可以发现，本课设计简约，目的性强。就简约性而言，从数量上来看，没有发现过多重复运用的现象。从整合的方式来看，体现了刘亚萍老师的精心设计，总体运用了一种成熟的模式——先以漫画引入，再以表格归纳知识，接着用几组文字材料进行解析阐释。尤其是最后，运用了示意图的方式来梳理总结本课知识结构，极好地体现了教学素材运用的简约性。就呈现的时间而言，总体比较合理，呈现时间适中，只是几张表格最初呈现的时间过短，学生一时有点反应不过来。就目的性而言，各个教学素材运用的目标指向很明晰，如将漫画用于导入、将表格运用于重点知识归集、将文字材料用于难点的突破等。在达成的方式上，综合运用了角色扮演、直接呈现、问题探究、教师讲解等，值得肯定。

值得商榷的地方主要是最后部分的"中西方对比"。虽然突出了课外知识和教材内容之间相互联系的教学理念，但在高一阶段的新课教学中，运用这一方法有点超越学情实际，与本课教学目标的达成相关性也不大，似有牵强之嫌。如果只是简单地点到，以说明海禁和抑商政策的消极影响，这样的处理可能更为合理。

谢根祥（课后会议小结）：本次课堂观察活动各位同仁都非常支持和配合，在此深表感谢；我们更为务实了，所选择的观察点结合了各自的子课题与自己的教学关注点，观察维度广泛且全面；我们量表制作的水平有了极大的提升。我相信，以后的课堂观察活动，我们会开展得更实、更好。

从这个案例中可以看到，随着课堂观察活动的开展，教研组的活动内容更贴近教师的教学研究实际，从仅靠经验听评课发展为从课堂现象中收集数据，更有利于促进教师专业发展，为教研组深入开展课堂教学研究找到了"把手"。为了更好地进行课堂观察，教研中进行了"课前会议——课中观察——课后会议"三次聚会；经过分工后，不同的观察者制作了观察量表；在课堂观察过程中，各位老师提前进入教室，选择了各自最佳的观察位置；上课开始后，观察者立即进入记录状态，教师使用的观察方法多种多样——有的采用文字记录，有的采用量表记录，经过认真仔细的观察，观察者从课堂情境中收集到了翔实的一手资料。通过对这些观察量表的评析，教研组的老师完整地把握了课堂的信息。从课后会议的交流情况来看，大家的发言非常积极，对刘老师的课提出了合理化的建议。因此，以团队合作形式进行的课堂观察，更有利于教师研究向专业化方向发展。

案例 2   关注"过程与方法"的课堂观察

——以《中国古代科技成就》一课为例[①]

"过程与方法"课程目标的提出是新课程的突出特点之一，这一目标变"追求学习的结果"为"强调学习的过程"，注重学生学习过程中的积极体验和对学科思维方法、学习方法的掌握与内化。浙江省实施新课程改革以来，教师对"过程与方法"目标的认识经历了"怀疑—认可—理解—运用"的过程。但通过课堂观察与教师的评讲，我们发现，很多老师对"过程与方法"的内涵及外延还没有完全理解正确：或把学法与教法混为一谈，或把学习过程与课堂教学环节等同视之，或对"过程与方法"的评价只局限于有或无的粗略、笼统评价。这种认识现状势必影响"过程与方法"课程目标的落实。

课堂教学行为是快速而复杂的。那么，应如何实施对课堂教学中"过程与方法"的观察？如何正确评价"过程与方法"的实施情况、为改进课堂教学行为服务？我们认为，首先，观察者需要掌握观察"过程与方法"的视点。"点"是课堂教学的细节，为了正确找点，就先得从"过程与方法"目标入手，细化"过程与方法"目标，分析课堂教学组成要素，从中找出课堂教学观察的视点。然后，根据新课程理念与教学实际确定评价的标准，对课堂教学中的"过程与方法"目标作出有针对性、建设性的诊断。

一、基于历史学科"过程与方法"目标的阐释

《普通高中历史课程标准（实验）》描述的"学习过程"目标是："进一步认识历史学习的一般过程。学习历史是一个从感知历史到不断积累历史知识，进而不断加深对历史和现实的理解过程；同时也是主动参与、学会学习的过程。"[②]在对"过程"目标的描述中，历史教育的知识与能力目标、方法目标、情感态度与价值观目标得到完美体现。所以，实质上学习目标中的"过程"目标就是实现学习目标的"学习过程"，这个过程贯穿着课堂教学的始终。

《普通高中历史课程标准（实验）》规定的"学习方法"目标是："学习历史唯物主义的基本观点和方法，努力做到论从史出、史论结合；注重探究学习，善于从不同的角度发现问题，积极探索解决问题的方法；养成独立思考的学习习惯，能对所学内容进行较为全面的比较、概括和阐释；学会同他人，尤其是具有不同见解的人合作学习和交流。"[③]从上述描述中可知，"学习方法"目标中既有习得方法的一面也有运用方法的一面。若把"方法"细化开来，历史唯物主义就有"生产力与生产关系、经济基础与上层建筑、现象和本质、普遍联系、发展观、因果关

---

①   本案例的作者是浙江省瑞安市教育局教研室陈冬云老师，选入本书时有改动。

②   中华人民共和国教育部制订：《普通高中历史课程标准（实验）》，4 页，北京，人民教育出版社，2003。

③   中华人民共和国教育部制订：《普通高中历史课程标准（实验）》，4 页，北京，人民教育出版社，2003。

系、个性和共性、主次要矛盾、人民群众及个人在历史上的作用"等基本观点与方法。课程标准中的后三种方法是从"自主、合作、探究"的学习方式转化过来的，探究的过程中始终贯穿着"发现并提出问题——猜想与假设——制订计划——收集资料——解释与结论——反思与评价——表达与交流"等一般的科学探究方法。"发现并提出问题"方法中又包含着听、读、观察、调查、探究、讨论等方法。所以，在课堂教学方法目标的制定中，学生应该习得和运用具体方法，而不是笼统的探究、合作等，课堂观察即是要挖掘具体"方法"目标的呈现与落实情况。

"过程"与"方法"又是不可分割的整体，没有过程就没有方法的习得与运用，没有方法支撑的过程也会是无效的过程。只有理解了"过程与方法"的目标，教师才能正确制定"过程与方法"目标，有效地进行教学设计，在课堂教学观察中才能正确抓住有关"过程与方法"的视点。

二、"过程与方法"课堂观察视点的确定

课堂教学是教师指导学生，通过对教学内容的学习达成学习目标的过程。观察"过程"离不开观察教师的行为、学生的行为、教学内容的呈现、教学方法的运用、学习方法的习得与运用等。因而，观察"学习过程"即是要观察课堂教学的各个环节与细节。

对学生学习方法习得与运用情况的观察虽是"过程"观察的重要组成部分，但可以进行有选择性的、有关方法的细节观察。学生学习方法的习得可以通过自悟、交流，但更多的还是需要老师的指导作用，所以教师的方法指导也是对"方法"进行观察的一项重要内容。

为此，我们从"过程与方法"目标理解与课堂教学的本身特点出发，为了更方便、更有针对性地开展课堂教学观察，对"过程与方法"课堂观察视点设计了如下的记录表，见表 4-6。

表 4-6　"过程与方法"课堂观察视点表

学习要求	教师设计	学生行为			教师随机表现
		语言	行为态度	方法	

"学习要求"是指教学目标，简言之是浙江省《学科教学指导意见》的要求，是评价"过程与方法"有效性的重要依据。

"教师设计"是指为了实现学习目标，教师对课堂教学的设想，包括教学内容的呈现，学生学习过程的设计，学生学习方法的指导，教师语言、行为的表现等。

"学生行为"是观察"过程与方法"的重点，可分为三个角度：

一是"语言"，包括朗读的语言、回答的语言、质疑的语言、个体的或群体的语言等。

二是"行为态度"，包括：（1）参与状态，观察学生的参与是积极的还是被动

的、是群体的还是个体的；（2）交流状态，观察学生的交流与合作是否融洽；（3）思维状态，观察学生的思维是否被激活，是否敢于提出问题、发表见解，问题与见解是否有挑战性与独创性；（4）情绪状态，观察学生是否有愉悦感，能否自我控制与调节学习情绪；（5）生成状态，观察学生的知识、能力、方法、认识是否是生成的，而不是简单地接受，要看学生的学习目标是否达成。

三是"方法"，是指学生运用何种方法或习得何种方法。根据对"方法"的细化理解，方法不仅仅局限在史论结合、自主合作探究上，学生需要养成的方法是很多的。

"教师随机表现"，由于教学中的许多不确定性，尤其是学生的课堂表现的无法预料性，在如何处理这些情况以有利于课堂教学的深入发展上，教师的随机表现就显得非常重要。

三、"过程与方法"评价标准的试拟

依据一定的标准对课堂教学进行评价是课堂观察的最主要任务，而不同的教育价值观又会有不同的课堂教学评价标准，从而导致不同的价值判断。新课程的核心理念是"以学生的发展为本"，因而评价的焦点应该是评学，从评学的角度来评教。在发展性评价理念的指导下，以激励性、形成性为原则，在"过程与方法"课堂观察评价标准时应该遵循有效与合适的原则。

1."有效"是"过程与方法"目标生命力的体现

"过程与方法"学习目标是否达成，主要是看教学的最终效果。其"有效"表现在：其一，"过程"是学生学习的过程，是学生自主合作探究的过程，是学生知识能力、方法和情感生成的过程；其二，教师是授之以"渔"，不是授之以"鱼"，"方法"需要实实在在地习得并能运用于学习中；其三，三维目标是一个有机的整体，"过程与方法"目标达成的同时，还要能促进知识与能力、情感态度价值观目标的达成，不能是"形势一片大好，内容空洞无实"。

2."合适"是"过程与方法"目标达成的重要标准

"过程与方法"目标达成中所谓的"合适"原则，主要有以下几个方面：适时，能在规定的课时内完成，把握学生的学习积累时机；适人，即设计的学习过程、运用的学习方法符合学生的认知水平；适课，即不同的教学内容要有不同的过程与方法，要"因课制宜"；适物，要立足学校的硬件条件；适量，在学习方法上不宜过多，多了就难以落实。某位教师在对《中国古代科技成就》一课进行过程与方法教学目标的设计时，标新立异，让学生通过"科技之光网"，从古代四大发明的发明过程、外传、影响等角度来学习。由于条件限制，只有一台电脑，四个小组依次对着电脑学习，每个小组用时15分钟，如此这般，一节课远远无法完成学习任务。

具体地说，"过程与方法"课堂观察评价标准应是，在规定的课时内，教师选择的教学材料应能反映教学内容和激发兴趣，学生能积极主动地参与学习，能大胆质疑、发现问题，并能从材料中获取有效信息、解决问题，通过教师的指导，习得普适性的学习方法。

四、"过程与方法"课堂观察与诊断的尝试

下面的案例是高一必修Ⅲ专题二《中国古代科技成就》"过程与方法"目标达成的随堂定性陈述记录和初步诊断。我们的目的，旨在通过对"过程与方法"视点细节的观察，根据上述标准进行诊断与评判，以发挥其对改进教学的作用。

授课的班级在一所刚刚创办的私立高中，生源在全县居中等水平。教师是刚刚从事教学的大学毕业生。该教师从了解、理解、见解的一般历史学习过程设计教学环节：了解中国古代科技成就的概况，理解中国古代科技成就对世界文明的影响，理解中国古代科技成就的社会条件，对中国古代劳动人民的创造发表自己的见解。

环节一：了解历史

表 4-7　环节一　"过程与方法"课堂与观察记录表

学习要求	教师设计	学生行为			教师随机表现
		语言	行为态度	方法	
概述中国古代科技成就（四大发明）。过程与方法目标是"分组合作，学会正确梳理课文结构，阅读课文的方法"	分组学习，分4组，明确学习任务：（1）造纸术的发明，改进及影响；（2）印刷术的进步及影响；（3）指南针的发明与应用；（4）火药的发明和使用	学生个别看书回答问题	比较认真，个体学习	朗读教材段落，没有概述	进行补充与鼓励性的评价

【诊断】从教学细节观察可以发现，教师对新课程标准有了一定的理解并能在教学中加以体现；能紧扣《浙江省高中历史学科教学指导意见》，结合《会考标准》条目的要求；制定的"过程与方法"目标具体、可操作，符合高一学生的认知水平，设计的学习任务富有针对性；注重学生的学习过程，尽可能地使学生能参与到学习中来。但在课堂教学的进程中，教师对分组合作学习没有有效地落实，在实际操作中变成了局部任务的分组、个体形式的学习。由于没有对学生进行"概述演变过程"的方法指导，学生缺乏"概述"的具体方法，所以无法梳理课文结构，只能大段地阅读教材，难以明确地掌握知识点。

【建议】教师应对学生进行固定的分组，可按座位的编排分四大组，四人一小组；在明确各组任务的基础上进行"自主学习→小组合作学习→小组成果展示与补充→大组之间进行评价与教师评价"，有效达成合作学习的目的。在"概述演变过程"的环节中，要指导学生习得"概述"历史事件演变过程的方法，要抓住不同变化阶段的时间、人物、事件等各要素。有了概述的方法，就能事半功倍地达成学习目标。

环节二：理解历史

表 4-8 环节二 "过程与方法"课堂与观察记录表

学习要求	教师设计	学生行为			教师随机表现
		语言	行为态度	方法	
1. 理解中国古代科技成就对世界文明的影响	1. 出示三则材料，分别是培根、罗伯特、马克思对四大发明的高度评价。2. 提问：根据材料，指出四大发明对世界文明进程的影响。（教师预备了四大发明对资本主义发展的影响答案）	学生阅读材料，读教材	学生站起来读材料，大部分同学倾听，由教师点名后积极主动回答	从教材中找答案，没有依据材料	教师引导学生，最后告知学生四大发明对资本主义发展的影响
2. 理解中国古代科技成就的社会条件	提问：科技发明需要哪些条件	学生提出多种说法	学生讨论，自由回答	运用分析方法	鼓励、要求多角度分析

【诊断】该教师对"理解历史"这一环节的教学设计，先是出示三则材料，以历史名人对中国古代四大发明的评价来提高学生对四大发明影响的认识，以降低学生的学习难度。但在运用的过程中，学生没有从材料中获取信息、概括信息，而是依据教材的内容，照搬教材的说法；教师不仅没有要求学生根据材料进行概括，从材料中步步深入、环环相扣引出四大发明对资本主义进程的影响，反而很快把事先准备好的答案打出来，硬塞给学生。结果是，学生的"学习过程"没有了，学习方法也发生了变化，即从"材料学习法"变成为"朗读教材法"了。

对中国古代科技成就产生的社会条件的理解，教师应引导学生通过对问题的讨论与合作，分析相关的条件，如发明家的个人品质、政治、经济、教育等，然后结合史实达到论从史出的教学目标。这样的教学，学生不仅印象深刻，而且既习得了知识，也学会和运用了方法。

【建议】"材料学习法"是较为有效的历史学习方法，收集信息、整合信息，运用所学知识解决问题是这一学习方法中十分重要的环节。首先，教师要指导学生认真地、逐字地阅读材料，了解材料所表述的大致意思；其次，整理三则材料中历史名人对四大发明影响的认识；最后，通过认真审题，找出提问的关键字，再依据材料，结合所学知识作答。通过方法指导与对方法的有效运用，学生学会了材料学习法，在学习中可以起到举一反三的作用。应该注意的是，在对问题的原因、条件或影响进行分析时，要不断地启发学生从多角度进行分析，并做到史论结合。

环节三：谈历史见解，即对古代先民创新精神的感悟

表 4-9　环节三　"过程与方法"课堂与观察记录表

学习要求	教师设计	学生行为			教师随机表现
		语言	行为态度	方法	
体验古代先民的精神	提问：从这节的学习中，你们感受到了我国古代先民怎样的精神品质	单一表述为"创新"	个体学习	概括	补充

【诊断】由于教师没有出示感性的材料，学生没有了感性的体验，发表的看法只能是口头说教，难以达成目标。

【建议】情感态度与价值观是历史教育功能的重要体现，情感态度与价值观目标的达成不能依靠教师的说教，而要引导学生在大量的史实面前形成一种自然而然的感悟。没有相关的材料情境，学生是很难达成理解古代先民创新精神这一目标的。

【反思】对这节课用表格式、分视点的方法进行细节记录，能一目了然地了解"过程与方法"的落实情况，也利于有效地作出诊断。总的说来，对于本节课的教学，教师对"过程与方法"目标的实施做了一定的努力，但在实施过程中没能很好落实，比如：没能有效开展合作学习；在情感态度与价值观的教学目标上缺乏背景材料；对学生习得学习方法缺乏指导；等等。虽然这只是众多课例中的一节，但反映出的却是目前课堂教学中存在的共同问题。所以，教师一是要加强学习，掌握方法的程序和运用；二是只有多读多看、涉猎面广，才能选择恰当、形象、能激发学生学习兴趣的情境材料；三是要把握好运用的度，切切实实地运用，扎扎实实地落实。

"过程与方法"目标是新课程改革带来的新话题，对如何落实"过程与方法"目标的文章很多，很多教师对"过程与方法"目标的实施也作出了不懈和卓有成效的努力。从课堂观察层面来推进"过程与方法"的实施还是一个新的角度，本案例中，"过程与方法"目标的阐释为确定"过程与方法"课堂观察要素提供了重要依据，也为"过程与方法"课堂观察评价标准的拟定提供了思路；要素的确定、标准的拟定是"过程与方法"课堂观察诊断的前提，最终为课堂观察诊断服务。

案例3　课堂观察视野下的提高"学习参与度"策略研究
——以《物质生活与习俗的变迁》一课为例①

新课程改革要树立"以学生发展为本"的核心理念，不仅要体现在教学目标的设定上，更要凸显于教学过程中。越来越多的教师在教学中试图改变以往学生被动参与的局面，力求唤醒学生的参与意识，积极地参与到课堂教学中，以体现学生的主体性地位。怎样通过学习参与度的观察和分析来改进课堂，以探索出有效的课堂教学策略呢？本文结合具体课例，就学生课堂参与的广度和深度进行分析，以求探讨提高课堂参与度的方法，提出改进策略，提高历史课堂教学的有效性。

一、对课堂学习参与度的认识

（一）课堂学习参与度的研究

随着20世纪90年代教育界对学生主体性发展关注度的提高，课堂参与度逐渐成为人们研究的焦点。研究者普遍认为，提高学生课堂参与度是转变学生学习方式的重要途径，更是提高学生学习知识能力与组织能力的重要手段。美国建立了一所关于学生参与度的调查机构，即 HSSSE（High School Surveyof Student Engagement），每年对美国部分中学的学生参与进行抽样调查。在调查和分析中，它把学生的参与方式划分为认知/智力/学习参与（cognitive/intellectual/academic engagement）、社会或行为参与（social/behavioral engagement）、情感参与（emotional engagement）。这种分类方式为我国学生参与研究提供了有意义的价值。华东师范大学孔启平教授在他的《数学教学过程中的学生参与》中着力地阐述了学生参与的内涵。他结合了国外学生参与的内涵，提出学生参与是学生行为参与、认知参与及情感参与的有机组合。如何把这些对课堂参与度的研究转化为有效的实践行为，我们在实践中做了一些尝试。

我们成立了专门的研究小组，在参照前人研究成果的基础上确立衡量课堂参与度的指标体系，观察课堂、做好课堂实录，以期对课堂参与度进行较为深入而系统的研究，探索出课堂教学的有效策略。

（二）学生课堂参与度的可观察指标体系

学生课堂参与度可分为对课堂活动参与的广度和深度两个方面，由此组成学生课堂参与度的可观察指标体系。

1. 学生课堂活动参与的广度

学生课堂活动参与的广度可用学生参与活动的人数（次）和参与态度来评定。

（1）学生课堂活动参与的人数（次）

在传统的课堂教学中，课堂的主动权牢牢地掌控在教师的手里，教师是课堂的绝对权威，课堂很少能够关注到每一个学生的需要，学生的学习行为多属被

---

①　本案例的作者是广西南宁市第三中学李杰老师和广西贺州市高级中学蒋启章老师。

动，于是"一言堂""满堂灌"就成了传统课堂教学的代名词。而现代课程理念强调的是将学生被动的学习行为转变为带有一定主动性的学习行为，将主要靠听讲、读书来达成的学习行为转变为从自己"做"中领悟学习内容的学习行为。通常情况下，是按学生课堂活动参与的人数（次）占班级人数总数的比例来衡量学生的课堂参与度，如做好课前预习的人数、课堂上积极发言的人数（次）、及时做笔记的人数、参与课堂组织活动的人数（次）、完成学习任务的人数、老师对学生的关注度等。主动参与学习和教师的教学有机结合，二者相得益彰，更能达到预期的学习效果，所谓"教学相长也"。学生参与人数（次）不多或没有人参加，表明学生缺乏自主性、独立性，过于依赖教师的教，是被动学习的表现，这样的学习往往效果不够理想。

（2）学生参与课堂活动的态度

俗话说："态度决定一切。"学生对某一学科的态度取决于对该学科的兴趣，亦即"兴趣是最好的老师"。如果学生对某一学科或对某一项活动没有兴趣，又如何能以积极的态度去对待学习呢。那么，应该用什么标准来衡量学生参与课堂活动的态度呢？我们认为，就学生的学习兴趣而言，学生参与课堂活动的态度，可用以下指标来衡量：

①兴趣浓厚，课堂上认真倾听，积极参加学习活动；

②兴趣一般，认真倾听，被动参加学习活动；

③不感兴趣，不认真听，被动或不参加学习活动，课堂上有时发呆、走神、搞小动作、与周围同学讲话，甚至打瞌睡等。

学生的课堂参与态度决定了其学习任务的完成情况，而且往往伴随着一定的情感外显，如微笑、沉思、茫然、烦躁等。这种情感外显可以归纳为积极和消极两个方面：积极的情感有利于完成学习任务，有效实现课堂目的；消极的情感则不利于学习任务的完成，造成课堂效率低下。因此，我们可以通过学生在课堂中的不同情感表现，推断出学生的学习状态，从而分析学生课堂活动的参与态度，以有助于教学活动的有效开展。

2. 学生课堂活动参与的深度

课堂学习任务的完成需要学生的认知参与。布卢姆在 20 世纪 50 年代提出的教育目标分类学，将认知领域的目标概括为记忆、理解、运用、分析、综合、评价六个等级，在此基础上通过对学生学习行为的分类来评价课堂教学中知识与能力、情感态度与价值观等方面的教学效果。这样按照递进的方式制定教学目标，遵循了知识学习的渐进原理，符合学生的认知特点与规律，在实践中取得了比较好的效果，已为我国教育界广泛借鉴。因此，本案例将参照洛林 W. 安德森等编著的《学习、教学和评估的分类学》来分析课堂中教师的教学目标设定、任务完成情况以及学生课堂参与的深度。

二、基于学习参与度的课堂观察

（一）课堂案例

我们选择了生源基础较好的高一教改班为研究对象，以人教版高中历史必修II第五单元第14课《物质生活与习俗的变迁》一课作为课例。教师根据教材内容制作了多媒体课件，通过活动主题来组织课堂教学。为方便研究的进行，我们将整个课堂学习活动划分为六个主题来进行分析，见表4-10、表4-11。

表4-10 《物质生活与习俗的变迁》教学活动中学生参与广度量化表

活动主题	活动方式	活动时间	学生参与广度							排序
			座次表							
1. 中国物质生活与习俗变迁的表现有哪些？	阅读	约10分钟						√	√	4
2. 怎样给三对新人设计结婚礼服？	讨论	约6分钟	√	√	√	√	√	√	√	1
3. 物质生活与习俗变迁的原因是什么？	探究	约4分钟					√	√		3
4. 物质生活与习俗的变迁有何特点？	思考	约4分钟	√							
5. 近代以来物质生活与习俗变迁的趋势是什么？	讨论	约4分钟				√	√	√	√	2
6. 布置课后活动	探究	约2分钟								课后

表4-11 《物质生活与习俗的变迁》教学活动中学生参与深度量化表

活动主题	活动类型	活动时间	活动预设	目标达成	课堂实录
1. 中国物质生活与习俗变迁的表现有哪些？	阅读	约10分钟	师生互动	完成设计表格的空缺内容，掌握基础知识	帮助学生找出古代、近代和现代物质生活与习俗的表现
2. 怎样给三对新人设计结婚礼服？	分组讨论	约6分钟	生生互动	学以致用，加深印象，激发兴趣	三组学生对三对新人的结婚礼服设计基本符合时代背景，并能分析设计理由
3. 物质生活与习俗变迁的原因是什么？	探究	约7分钟	师生互动	理解政治、经济、文化等因素对物质生活与习俗变迁的影响	学生懂得从内因和外因两方面去分析，但不全面。外因：西学东渐。鸦片战争后，西方的思想文化、物质文明和生活方式的涌入。内因：政治变革：戊戌变法、辛亥革命、新中国成立、十一届三中全会等重大历史事件的推动。经济发展：吸收三次科

续表

活动主题	活动类型	活动时间	活动预设	目标达成	课堂实录
					技革命的成果、改革开放等促进经济的发展，提高社会生产力。思想解放：1840年后，"向西方学习"的思潮；戊戌变法、辛亥革命、改革开放促进人们的思想解放等
4. 物质生活与习俗的变迁有何特点？	思考	约4分钟	师生互动	学会从不同时期的物质生活与习俗概括其变迁的特点	生：…… 师：具有阶段性、时代性、不平衡性（从城市到农村，从沿海到内地）的特点
5. 近代以来物质生活与习俗变迁的趋势是什么？	探究	约3分钟	图片演示，师生互动	理解变迁的趋势，培养学生对比分析问题的能力	生1：服饰由长袍马褂发展为穿西装、中山装、旗袍和五彩缤纷、款式多样的休闲服饰 生2：饮食由传统饮食到引进西餐 生3：饮食注重膳食结构和营养配置 生4：住房由传统民居发展为宽敞舒适的楼房 生5：生活习俗由传统的陈规陋习发展为简约文明平等的习俗 师：这些变化的总趋势：从封闭到开放，逐渐走向世界；从封建传统走向近代化、现代化
6. 布置课后活动	自主探究	约2分钟	知识延伸	将乡土历史资源渗透到课堂教学中，以激发学生探究、思考的欲望。体现历史即生活，生活即历史	课外活动

（二）运用课堂参与度指标体系分析课堂

课后，听课教师就学生课堂学习的参与情况展开了讨论。多数教师认为，课堂上学生课堂的参与情况不够理想，学习积极性没有得到充分调动，学习热情有待进一步激发。为进一步探究其中的原因，听课教师根据随堂录像，对本节课进行了更深层次的分析。

1. 学生课堂活动参与的广度

就学生参与课堂活动的人数（次）而言，在多个教学主题中，如做好课前预习、课堂中积极发言、动笔做笔记、参与课堂组织活动、完成课堂教学任务等，根据观察统计的数据来看，学生的参与面窄，参与人数（次）少，整节课下来也就那么几个学生能够积极参与。由此可见，学生参与的广度不够，处于被动学习状态，课堂效果无法得到提升。

就学生课堂活动的参与态度而言，整体积极性不高。例如：在主题1中，教师要求完成设计表格中空缺的内容，但很多学生没有拿出练习本，或动作慢、拖拉，以致完成作业耗时较长，时间已经过去10分钟，部分学生的练习本仍是空白的。部分学生听课时神情不专注，或低头不语，或东张西望，无所事事，或反应冷淡，情绪不饱满。以上情况表明，学生的学习兴趣不高，参与度不强。在个别主题的教学中，有些学生的反应还是比较积极的，如在主题2和主题5的学习中，我们观察到那些低头不语的学生，也纷纷抬头认真观看幻灯片，或翻看教材内容与其他同学讨论，能认真倾听别人的发言和主动提问，表达自己的观点。

2. 学生课堂活动参与的深度

本课的教学目标是：掌握中国近现代物质生活和社会习俗的变化情况；通过对中国近现代物质生活和社会习俗变迁情况的比较，培养学生归纳概括的能力；通过对近现代中国社会物质生活和社会习俗变迁原因等问题的探讨，培养学生的分析与综合能力。为此，教师设计了六个课堂主题来完成教学目标。主题1需要从教材中直接提取有用信息，可归入到"记忆"；主题2需要根据三对新人生活的不同时代背景设计他们的结婚礼服，可归入到对知识的"运用"；主题3需要学生从教材中找出重要信息得出变迁的原因，归入到"理解"；主题4要求学生从课堂的教学信息中找出变迁的特点，归入到"理解"；主题5需要从教师展示的文字和图片材料理解变迁的趋势，归入到"理解"；主题6是课后知识的延伸，归入到课后"运用"。

根据随堂录像，我们运用洛林·W. 安德森等编著的《学习、教学和评估的分类学》来分析学生在本课中的认知过程，即学生课堂参与的深度，进而对课堂教学活动进行评析。

一般来说，人们对事物的认识是一个由表及里、由浅入深的过程。一个高效率的课堂，对学生的认知要求应该是不断提高的，即随着课堂教学的深入，教学内容对学生的认知要求也要相应提高，其间需要教师设置认知冲突来创造课堂高潮。从上面的分析和归类中，我们不难发现，本节课对学生认知水平的要求从最低水平的"记忆"开始逐步过渡到较高水平的"理解"与"分析"，过程设置较为合理；而在六个课堂主题中，除了主题2和主题5以外，其他主题都侧重于对学生"理解"水平的要求，这种设置没有体现出认知过程的渐进性，可能会造成学生认知上的疲倦。

从学生相应的课堂表现来看，在主题2的完成过程中，大部分学生表现出浓厚的兴趣，能积极参与，主动发言，课堂学习参与度好；由于主题5有生动直观的图文资料，学生的参与度也比较好；但在主题1、主题3和主题4的完成过程中，很多学生的学习状态不很理想，学习任务的完成情况较差，有些任务甚至都没有去完成，可见学生的参与程度不高。

综合上述对本节课的分析可以看出，无论是在广度和深度上，学生的课堂参与情况都不理想。因此，我们有必要进一步尝试对学生课堂参与度较低的原因进行分析，以求找到提高学生课堂参与度的方法和途径，从而有效地实现课堂教学目标。

三、改进课堂，寻找提高课堂学习参与度的策略

（一）探究原因

课堂教学是师生的双边活动。课堂上学生学习效果的优劣、参与的广度和深度不只是与其自身有关，还与教师的教学有直接关系。因此，根据课堂观察和课堂录像，我们尝试从以下几个方面探究其中的原因。

1. 从学习任务自身分析

依据课堂教学实际，在本节课中，学生的课堂学习任务有六个主题（见表 4-10，主题 6 为课外）在主题 2 和主题 5 的完成过程中表现出了较高的参与度，而在主题 1、主题 3 和主题 4 的完成过程中参与度较低。究其原因：首先，就教学材料而言，主题 2 和主题 5 的材料来源于教师的课外搜集，而主题 1、主题 3、主题 4 的材料基本上来自课本。一般情况下，超越于课本、来源于生活中的材料更能激发探究兴趣。其次，就学习任务而言，主题 2 和主题 5 所要求的思维含量较高，对学生的理解、运用提出了更高的要求，而主题 1、主题 3、主题 4 所富含的思维含量较低，通过阅读教材即可理解。最后，本班是教改班，生源基础较好，相对而言富有挑战性，超越于教材、来源于生活、难度较高的学习任务更能激发学生的学习热情。

2. 从教学时间分配的合理性分析

本节课的教学活动时间安排明显表现为"前松后紧"（见表 4-10、表 4-11）。如主题 1，本身难度系数不大却耗费了大量时间，致使学生出现疲倦、厌学情绪；主题 5 的时间安排较紧，分析过程显得较为仓促，学生没有充分的时间思考，一定程度上抑制了学生的学习兴趣；在布置课后活动时，学生表现出明显的兴趣，但由于下课在即，不能对教学要求进行细化。可见，教学活动时间安排的不合理性，在一定程度上影响了学生的参与度，降低了课堂教学的有效性。

3. 从教学程序的科学性分析

学生课堂参与度的高低与教学程序有着密切的关系。科学的教学程序可以最大限度地调动学生的学习积极性，提高其课堂参与度，反之则只会限制学生的参与积极性。我们认为，本节课的某些教学程序还可作进一步优化，如主题 1 中的表格设计，在具体操作时基本上是由老师独自完成，大多数学生对此无动于衷，只有少数学生做些笔记，可见还需要对其进一步调整。

4. 从课堂互动的有效性分析

课堂互动在本节课中所占的比重较大，总体时间大约 24 分钟（见表 4-11），超过了课堂教学时间的一半，时间长度较为合理，但互动时间仍是教师唱独角戏居多，所以效果并不理想。分析其原因：首先，从时间的分配来看，基本上每个互动约 4 分钟，这样的时间分配，不能区分出学习任务的难易度，导致有些任务用时过短，分析不透彻；其次，从互动方式来看，主要以师生互动为主，教师为主导，学生间的讨论、问答较少，互动的形式和主体显得单一，在一定程度上限制了学生思维的发展；最后，通过随堂录像统计发现，教师在对话时，往往对一个学生提出一连串问题，既延长了学生回答问题的时间，增加了学生的压力，同

时又忽视了其他的学生。

5. 从课堂调控的有效性分析

从主题设计的情况看,本节课是问题驱动教学,学生活动较多,这对教师的课堂调控能力提出了更高的要求。我们通过对随堂录像进行分析,发现教师在教学过程中没有很好地捕捉课堂信息即时调控教学,影响了整个教学效果。例如,在课堂提问时,提问前没有给学生充分的思考时间,提问时缺乏适当的引导,提问后没有及时予以评价,这样的提问方式无形中挫伤了学生课堂参与的积极性。再如,在课堂氛围的调控上,当教师发现课堂气氛沉闷时(主题1),没有及时改变教学策略或变换教学程序,仍根据原先的教学程序进行教学,使这种沉闷的气氛延续下去。

以上是我们对学生课堂参与度情况做的分析。事实上,影响课堂参与度的原因还有很多,如学生的主动性、教师的个人魅力等。

（二）改进策略

针对本节课存在的问题,就如何提高本节课的课堂学习参与度,我们提出了以下改进建议。

1. 明确教学目标,合理安排教学时间

教学目标是教学活动的"方向盘"和"指南针",也是教学的起点和归宿。在传统教学中,教学目标往往由教师一人制定,容易忽视学生的个性差异,针对性不强,课堂效果不佳。根据"因材施教"的原则,我们在教学中可让学生在预习的基础上,跳出传统教学预设的固定目标,与学生共同参与、讨论研究,确定出个体、小组以及全班的学习目标,并据此合理安排教学活动时间。通过共同制定教学目标,培养学生在教学过程中主动参与的习惯,提高学习效率。如主题1物质生活与习俗变迁的表现,课本中即可直接找出相关史实,可让学生在预习环节中解决,将腾出的时间放在其他主题上,能大大提高课堂教学的时效性。

2. 优化教学程序,营造参与氛围

教学程序的设置应符合课堂学习氛围,当发现预设的教学程序不符合学生的主观需要时,教师应及时作出调整,优化教学程序,以调动学生的学习热情。在本节课的教学过程中,主题1所要完成的表格设计思维含量低、耗费时间长、学习状态和效果均不理想,如果将它用于课堂小结,以达到架构知识体系的作用,效果可能会更好。

3. 增强课堂调控,提高参与意识

课堂教学的生成性、开放性和不确定性,要求教师对课堂教学实施即时调控。实践中许多低效课堂产生的重要原因之一,是教师课堂调控的缺失或不到位,此类现象在本课中也有明显表现。例如:在主题1中,学生完成表格时的拖拉、马虎,甚至无动于衷;在主题3中,师生互动时学生表现不积极等。以上这些都与教师的课堂调控有关。因此,只有教师加强了课堂调控能力,能及时采取措施对学生的课堂行为进行监控,才能提高学生的课堂参与意识。

4. 利用乡土资源,激发参与热情

历史即生活,生活即历史。将乡土历史资源渗透到课堂教学中,容易激发学生思考、探究的欲望。例如，可以安排一个自主学习的活动：中国的饮食十分丰富，请你给大家介绍一下本地的一些风味点心或特色菜肴，并以"吃在某某地"为题，写一篇特色菜肴发展演变的新闻报道。这样的活动，不仅能激发学生参与的热情，而且通过实践调研、网络媒体、调查等形式收集资料，在实践中培养了学生分析问题、解决问题的能力。

案例 4 "虚"与"实"：对小组合作的课堂观察
——以《第二次世界大战》一课为例[①]

随着新课程改革的实施，学生、教师以及课堂教学都发生了变化，学生已逐渐成为教学中的主角，课堂上出现了更多的师生互动、平等参与的局面。小组合作的学习方式是其中的一个闪光点，为师生所共同瞩目，它既是课堂教学中师生最乐于实施的方式之一，也是新课程改革的一个重要理念。

新课程改革力图改变"填鸭式"的教学模式，倡导自主、合作、探究的学习。小组合作以分组合作、讨论学习、共同探究为特点，在教学活动中通过教师引导，学生发现问题，自主探究、合作学习，完成知识的自我建构。小组合作的课堂气氛活跃，学生乐于动手、动脑，更有利于培养合作意识和综合能力。合作学习已成为国家所倡导的一种重要的学习方式，并在各学校的教学中被广泛运用。广大中小学教师通过合作学习的教学实践，已积累了大量实践经验，但是在实际教学实践中，仍有不少教师在运用合作学习组织课堂教学时还存在着一些误区，流于形式化的情况并不鲜见，使合作学习不能真正发挥其作用。究其原因，既有教师对小组合作学习的认识不足，也有在合作学习的设计与实施环节上的不完善之处。

在本案例中，我们将把小组合作学习的准备和实施过程作为观察对象，通过一定的视点，运用课堂观察量表对其进行有效性分析。

一、小组合作学习概念阐释及本案例的探究范围

合作学习（cooperative learning）是 20 世纪 70 年代初兴起于美国，并在 70 年代中期至 80 年代中期取得实质性进展的一种富有创意和实效的教学理论与策略。由于它在改善课堂气氛，大面积提高学生的学业成绩，促进学生形成良好非认知品质等方面实效显著，很快引起了世界各国的关注，并成为当代主流教学理论与策略之一，被人们誉为"近十几年来最重要和最成功的教学改革"。

如何有效地组织学生开展合作学习是目前中小学普遍关注的热点问题。自 20世纪 90 年代，我国的一些教育研究者和第一线教师已经在进行合作学习的研究和实验。1993 年，山东省教育科学研究所王坦教授就开始进行"合作教学研究与实验"，并取得了较好的效果。

一般认为，合作学习是"以异质学习小组为基本形式，系统利用教学动态因素之间的互动；以团体成绩促进学生的学习；以团体为评价标准，共同达成教学目标的教学活动"[②]。合作学习方式具有多样性，包括基本式、拼盘式、游戏—竞赛式等。不论采用哪种合作学习方式，教师都要考虑到以下因素：一是学生是否具备一定的合作技能。一方面，教师可在小组合作学习前提出明确的要求、在过

---

① 本案例的作者是广西南宁市第三中学李杰老师和谭锋老师。

② 王坦：《合作学习——原理与策略》，11 页，北京，学苑出版社，2001。

程中提供适当的指导；另一方面，可以创设情境，让学生在实践中学习如何与他人合作。二是学生的分组方式。组内座位的排列方式、活动时间的安排等都会影响小组合作的顺利开展。三是小组合作学习必须与班级集体教学、个别化教学相结合。

在探究范围上，本案例观察的是一节采用了"基本式"小组合作学习的初中历史课。本案例就小组合作学习的课堂有效性进行观察和探讨，重点不在分组的过程，而是合作成果的分组展示。

二、小组合作学习有效性观察视点的确定和观察量表的制定

虽然学术界对于合作学习的界定不尽相同，但是所表示的涵义却有一致性。我们可以将小组合作学习定义为：小组合作学习是课堂上进行的有目标导向的，为达到一致的目标而在同伴之间进行合作互助，并以各个小组在目标达成过程中的总体成绩为主要奖励依据的学习方式。根据各方面关于小组合作学习的理论及对小组合作学习的理解，我们在制作课堂观察量表的过程中，尽可能地做到充分体现合作教学的目的性和过程性，将小组合作学习的精髓体现出来，并通过观察来了解小组合作学习实施的现实状况。新课程背景下，学习目标被重新定义为"知识与能力""过程与方法""情感态度与价值观"三个维度，课堂的有效与否即与三维目标的落实紧密相连，学习策略的选择与实施也应围绕着这个核心展开。本文的视角，正是观察和分析采用小组合作学习策略对于完成预设三维教学目标的作用，同时通过这个视角，考察小组合作学习策略对于提高历史课堂有效性的作用。

(一)观察视点的确定

本文把小组合作学习的准备和实施过程作为观察对象，确定了依据学习内容选择合作学习策略的有效性、小组合作的有效性、评价的有效性等观察视点，通过观察山西省太原市第三十六中学校李卫平老师的《第二次世界大战》(第二课时)，探讨小组合作学习的有效性，提高历史课堂实效。

本课内容选自人教版《世界历史》九年级下册第三单元，主题是第二次世界大战。教材呈现了第二次世界大战的重大历史事实。传统授课一般按照背景、经过、结果(影响)的顺序分两课时完成教学，以教师讲授为主。在本课例中，李卫平老师根据学情调查，决定不采用教材预设的内容结构安排，而是在调整内容结构的基础上，用两个课时完成该单元主题学习。第一课时以教师讲述、学生阅读文字、图片资料和观看视频等方式了解战争的进程，学生基本了解第二次世界大战的相关史实，布置课后作业，收集资料，准备探究。第二课时学生采取自主合作探究方式进行，以"学生展示课"形式呈现，重点探究世界反法西斯战争胜利的原因。本文观察的是第二课时。合作学习策略的选择基于如下考量：一是第二次世界大战的历史细节丰富，主题突出，分组学习有足够的探究空间；二是学生对这段历史很感兴趣，有主动探究的动机；三是学生有一定的知识储备，虽然个体之间的差异较大，但分组合作时有话可讲，不会出现极少数学生"唱独角戏"、其他学生成为"看客"的情况。依据学情分析，灵活调整教学安排，选择合适的教学

策略，契合新课改理念，用教材教，而不仅是教教材。

(二)观察量表的制定

根据已确定的观察视点，制定了相应的观察量表。观察量表的制定借鉴了约翰逊(Johnson, D. W.)等的"合作性学习之课堂观察"表[①]并结合我们的历史教学现状进行了适当的修改，见表 4-12、表 4-13、表 4-14。

表 4-12　组内合作与组间合作观察量表

观察分类	评定内容	观察等级			原因分析	解决策略
		★★★	★★	★		
组内合作	参与情况	所有的学生都积极的参与小组活动	至少一半的学生参与小组活动	仅有1~2个人参与小组活动		
	倾听情况	每个成员愿意听取别人的意见	大部分成员愿意听取别人的意见	少部分成员能听取别人的意见		
	合作的有效性	讨论有实质性的进展，或有价值的成果出现	讨论有一些进展，或有成果出现	讨论进展慢，成果不太明显		
	完成情况	任务总是按时完成	任务基本能完成	任务不能按时完成		
组间合作	组间关系	关系融洽，小组很积极参与组间合作	关系一般，小组能参与组间合作	关系冷淡，不太能参与组间合作		
	资料共享情况	每个小组都将自己的资料给大家共享	有部分小组将自己的资料提供给大家共享	极少有小组将自己的资料提供给大家共享		
	讨论价值结果	问题有实质性的进展或有价值的成果出现	问题有一些进展或成果	问题进展不大，成果出现不明显		

组内合作和组间合作是小组合作学习过程两种主要呈现形式。组内合作离不开小组成员的积极参与。分组时"组内异质"的原则考虑的是在合作学习过程中优化组合，最大限度顾及个体特质，通过倾听、交流等方式发挥集体智慧，共同完成探究目标。分组依据的是所探究问题的不同，但围绕的主题却是相同的。组间合作着眼于在组间平等、共享资料的基础上，从不同角度，推动各组探究的拓展与延伸。观察并记录组内合作和组间合作的情况，进而从现象中分析合作高效、低效或无效的原因，并寻找解决策略，为执教者改进提供依据。

---

① ［美］约翰逊等著：《合作性学习的原理与技巧——在教与学中组建有效的团队》，刘春红、孙海法编译，北京，机械工业出版社，2004。

表 4-13　教师组织与合作学习观察量表

观察内容			效果评价				
			优	良	中	一般	差
合作学习	教学节奏						
	学习氛围						
	学生的参与面						
	针对性地提出学习的要求						
	个别指导						
	激励性评价						
	建立规则(异质分组、角色分工、评价方式等)						
	学生参与积极性						
	教师的调控及指导						
	活动时机	突破教学难点					
		突出教学重点					
		技能训练					
	学习效果(是否达成目标)						
组织形式与教学目标的吻合度							
组织形式与教学内容的吻合度							
根据环境和教学进程需要变换教学组织形式的能力							

　　小组合作学习课堂的有效组织离不开教师的引导。教师通过对合作学习环节的设置、对合作学习氛围的创设、对合作学习过程的灵活调整和适时指导、对合作学习过程的评价等参与合作学习。要达到课前预设目标，需要教师掌握扎实的合作教学技能。表 4-13 设定了较多的观察内容，以定性分析为主，观察的主体是教师行为，涉及合作教学技能的几个方面：(1)合作学习的分组，"组内异质，组间同质"，明确成员的分工。(2)合作学习的教学设计，包括合作学习内容的确定、合作学习时间的控制等。(3)合作学习的课堂实施，包括教学准备、创设情境、鼓励参与、明确要求、检查效果、及时指导等；合作学习进行阶段的调控与指导、教学目标达成与能力训练效果的检视；合作学习过程中教学形式的选择、教学效果的达成及评价。

表 4-14　合作学习整体观察与评价观察量表

合作形式及数量	合作的课堂环境	合作的呈现时机和呈现密度	合作情境的创设与评价	合作目标的达成和效果
同桌讨论				
小组探究				
组间竞赛				
角色扮演				
创新形式				

　　表 4-12 和表 4-13 分别从学生活动和教师指导两方面观察小组合作学习，分析原因、找寻对策。小组合作学习是动态的生成过程，是学生、教师综合互动的结果。表 4-14 从合作学习形式（数量）、课堂环境、合作时机、合作密度、合作情境、目标达成及效果等多角度，关注合作学习的整体进程，并对合作目标的达成情况及效果给予评价。

三、小组合作学习课堂观察与诊断

　　李卫平老师第二课时的学生展示课，主要有三种教学行为：（学生）分组展示合作成果；（教师）适时点评；学生互评。课堂观察记录表是诊断、评价课堂行为的有效工具。通过预先设计的表格，有目的地观察、记录教师和学生的行为。通过分析观察记录，理性解读课堂教学行为。

（一）学习小组合作（过程）的有效性

　　有效分组是小组合作学习有效进行的先决条件，分组的有效性主要体现在组员的组合、组内分工、探究主题的确定等环节。每组成员一般 4～6 人，组内明确分工，各司其职，如按角色可分为组织者、记录者、检查者、发言代表等。组内角色可以互换，既能增进生生互动的有效性，也能使每个成员获得不同的角色体验。

　　本课例分组过程较为简略，分组探究内容较为明确，八个小组从不同角度探究第二次世界大战胜利的原因。课堂观察的记录从侧面反映出分组的有效性，包括学生积极参与探究活动，组内合作、组间合作等都取得了阶段性探究成果，见表 4-15。

表 4-15　组内合作与组间合作记录表

观察分类	评定内容	观察等级			原因分析	解决策略
		★★★	★★	★		
组内合作	参与情况	所有的学生都积极的参与小组活动			学生有效分组，合理分工，探究主题明确，教师提供指导。成员共同参与，按时完成各项活动，取得阶段性探究成果	
	倾听情况	每个成员愿意听取别人的意见				
	合作的有效性	讨论有实质性的进展，或有价值的成果出现				
	完成情况	任务总是按时完成				
组间合作	组间关系		关系一般，小组能参与组间合作		同一主题，不同角度，探究内容的重合度低，但资料的共享度不高；组间交流空间有限，资料共享、共同探究动机不明显	教师提供探讨的时间和空间，采用提问等方式，抓住学情的有利条件促成组间合作，推动探究的深入
	资料共享情况			极少有小组将自己的资料提供给大家共享		
	讨论价值结果			问题进展不大，成果出现不明显		

（二）教师指导合作学习的有效性

表 4-16　教师组织与合作学习记录表

观察内容		效果评价				
		优	良	中	一般	差
合作学习	教学节奏		√			
	学习氛围	√				
	学生的参与面		√			
	针对性地提出学习的要求	√				
	个别指导				√	
	激励性评价		√			
	建立规则（异质分组、角色分工、评价方式等）		√			
	学生参与积极性		√			
	教师的调控及指导		√			

观察内容			效果评价				
			优	良	中	一般	差
合作学习	活动时机	突破教学难点			√		
		突出教学重点			√		
		技能训练			√		
	学习效果（是否达成目标）			√			
组织形式与教学目标的吻合度				√			
组织形式与教学内容的吻合度				√			
根据环境和教学进程需要变换教学组织形式的能力				√			

　　教学行为一：分组展示合作成果。

　　课堂观察：围绕"世界反法西斯战争胜利的原因"这个主题，学生分组展示探究成果："天时地利人和"；"得道多助、失道寡助"；"德、日战略战术的错误"；"《联合国家宣言》的发表"；"正确的战术、顽强的抵抗"；"盟军谍报技术领先"；"盟军武器装备先进"；"美国的参战"。成果展示形式多样，图片、漫画、战役示意图、历史小论文、历史文献、事实列举等，资料翔实，有说服力，注重史论结合，论从史出。

　　课堂观察分析：

　　教学活动是为学生而组织的活动。课程改革强调以学生为主体，关注学习过程，注重改善学生的学习方式，在教学中积极地创设各种情境，引导学生由被动到主动、由依赖到自主、由被动接受到创造性地对教学情境进行体验，在体验中学会避免、战胜和转化消极的情感与错误的认识，发展、享受和利用积极的情感与正确的认识，从而促进学生的可持续发展。

　　李卫平老师将合作学习任务具体化，围绕着一个主题，指导学生从多个角度探究；组织学生进行"你说我说"环节，分组展示探究成果；在分组展示过程中接受学生主持人的邀请进行点评，综合各组意见，归纳总结。

　　合作学习不仅仅是学生的"独角戏"，教师的有效参与和引导对于合作学习的有序推进和成效影响巨大。本课例教师发挥着课堂引导者和组织者的作用：营造情境，有序引导，及时调控与评价，取得了很好的效果。

　　教学行为二：教师适时点评。

　　课堂观察：学生分8个小组展示探究成果，教师对部分小组进行点评，并指导学生互评。①学生以历史小论文的形式从天时、地利、人和等方面总结盟军迅速取胜的原因。教师点评："用具体的数字证明反法西斯国家的人力、物力会更有说服力。"教师的意图是指导学生挑选合适的材料增强说服力，学习"论从史出、史论结合"的方法。②学生介绍第二次世界大战重大转折之一——斯大林格勒保卫战，介绍了英雄人物的事迹，教师点评："重大历史事件的学习中关注细节是非常重要的。"③学生展示反法西斯同盟一系列先进装备在第二次世界大战中的作用，教师点评："的确，科学技术在现代战争中越来越成为举足轻重的因素。"

课堂观察分析：小组合作学习低效的原因之一，是教师没有及时关注学生的表现并予以评价，学生失去继续探究的动力。如果教师及时点评，将有助于学生集中注意力，引发新思考。教师的评价讲究时机，李卫平老师在本课中有选择和有针对性地进行了及时而恰当的评价。中学历史学科学业评价的基本目标是能够促进学生的全面发展。教师在评价时需努力做到：评价主体多元化；评价方法多样化；既关注评价的结果，也关注评价的过程；既关注量的评价，也关注质的评价。教师对某小组点评"用具体的数字证明反法西斯国家的人力、物力会更有说服力"，属于史法指导；学生介绍斯大林格勒战役中的英雄人物，教师的点评属于学法的指导，学习历史既要把握宏观也要注重微观；盟军一系列先进装备在第二次世界大战中的作用，教师的点评属于思维的引导，有助于学生在遇到类似的问题时能发散思维，多角度思考。对于学生准备充分，论证严密的探究主题，教师选择了"适时沉默"，适当的"留空"给学生留下思考的空间。

教学行为三：学生互评

课堂观察：学生分析美国参战对加速日本无条件投降的作用。教师未做点评，布置学生互评。

课堂观察分析：李卫平老师选择让学生互评，考虑到学生容易得出这样的认识：原子弹是促使日本无条件投降最重要的因素。通过讨论，学生逐渐取得共识——原子弹加速了日本无条件投降，而促使日本无条件的最主要原因是国际反法西斯联盟的团结合作。从学习的效果看，比教师单方面给出结论更有说服力，有效突破了难点："客观全面地看待历史问题，得出历史结论，生成正确的历史认识。"

诊断及建议：建构主义理论认为，历史教学设计应该贴近学生的现实生活，使学习与活动合为一体，同时评价的工作也要在这个过程中体现。要做到"学习——活动——评价"三者合一，就需要教师在历史教学评价的过程中，努力促成师生、生生之间的良性互动，而不是教师单方面进行评估。在小组合作学习环节上，不仅要有组内讨论，还应有组与组的讨论，生生间的相互探讨，以深化学生个体的认识。针对传统教学只关注教学的结果，而忽略教学过程这一现象，新课程改革强调"生成性学习"，要求更为关注教学过程，即学生的发展如何在具体教学过程中实现。德国教育哲学家沃尔夫冈·布列钦卡(Wolfgang Brezinka)指出"教育一词首先被认为是一种过程。"[1]本课例的生生互动还有较多的施展空间，建议教师在学生互评环节预留更多的时间，让学生充分发表自己的见解，使主题探究不断深入，学生思维质量不断提升。

---

[1]　[德]沃尔夫冈·布列钦卡：《教育科学的基本概念：分析、批判和建议》，胡劲松译，54页，上海，华东师范大学出版社，2003。

(三)合作学习整体评价

表 4-17   合作学习整体观察与评价记录表

合作形式及数量	合作的课堂环境	合作的呈现时机和呈现密度	合作情境的创设与评价	合作目标的达成和效果
同桌讨论				
小组探究 ✓	平等、宽松、和谐；学习氛围浓，学生参与积极性高	第一课时在做好探究准备的基础上开展小组合作及分组展示活动（第二课时）；合作时间充足	教师指导学生合理分组，有效探究；辅助学生组织好小组发言顺序，适时点评，学生互评	学生分组合作探究较好达成教学三维目标，开拓了学生的思维，发展了其研究、表达能力
组间竞赛				
角色扮演				
创新形式				

上表从观察者的角度记录了课堂整体状况并对教学活动效果作出了定性评价。历史课堂无论采用何种教学策略，其目的都是着眼于三维教学目标的达成。从整体来看，本案例采用小组合作学习的方式较好地达成了课前预设的合作目标，不但丰富了小组合作学习的实践经验，而且为有效运用该策略提供了一定的经验借鉴。如何运用小组合作学习的方式提高课堂有效性，仍是一个值得继续深入探讨的话题。从更深层次思考，灵活运用不同教学策略考验着教师专业技能水平，而相关教学策略研究则是提升教师专业技能的有效途径之一。

案例 5　课堂观察视野下的史料教学探究

——以《洋务运动》一课为例①

随着新课程改革的推进，历史教学越来越注重提升学生分析史料的能力，近几年的历史高考也提高了对学生分析、运用史料能力的考查要求，现行中学历史教科书引用的文献材料有几百处之多。在这样的背景下，史料教学已成为历史教师关注的焦点。本案例通过观察北京市第四中学赵利剑老师执教的《洋务运动》（高中历史必修二《第 9 课近代中国经济结构的变动》）一课，分析赵老师如何运用史料构建历史情境、如何提高学生对史料的探究兴趣、如何从史料中寻找细节以培养学生的历史思维能力等问题，以期能为史料教学提供一些参考建议。

一、史料教学课堂观察点的确定

史料教学即是在历史教学过程中，教师对相关史料进行分析、归纳、比较、综合等处理，让学生从史料中获取历史信息，完成历史探究的一种教学方法。根据史料教学的特点，我们围绕"史料类型——处理方式——处理层次——目标达成"四个观察方向制定了下面的观察表，见表 4-18。

表 4-18　史料教学课堂观察量表

观察内容		次　数	比　率(%)	综合评价
史料类型	文字史料			
	图像史料			
处理方式	教师讲述			
	学生阅读			
	学生讲述			
处理层次	认知史料			
	理解史料			
	运用史料			
目标达成	知识与能力			
	过程与方法			
	情感态度与价值观			

史料教学首先要确定史料的类型，然后才能针对史料的特点采用不同的处理方式。史料分类的方式有很多种，这里从其表现形式将它分成文字史料和图像史料。

关于史料的处理方式，高中历史教学越来越注重学生的参与性，《普通高中历史课程标准(实验)》强调："有利于学生学习方式的转变，倡导学生主动学习，

---

① 本案例的作者是广西南宁市第三中学韦夏玲老师，选入本书时有改动。

在多样化、开放式的学习环境中，充分发挥学生的主体性、积极性与参与性，培养探究历史问题的能力和实事求是的科学态度，提高创新意识和实践能力。有利于教师教学理念的更新，有利于教学方式的转变。"①教师要转变教学观念，不能一味地讲解，不能用教师的思维代替学生的思维，应鼓励学生自主阅读史料，发表个人观点。

依据对史料的解读程度，史料教学可分为三个层次：认知史料，理解史料，运用史料。认知史料是指弄清材料的基本面貌，获取史料外部的、表面的信息。理解史料是汲取史料内部深层次的信息，是历史阅读的关键。运用史料是指在史料解析中能对历史做出新判断、新诠释、新假说，是处理史料的最高境界。

史料作为历史发展的见证者，学会阅读史料，有助于学生掌握基本的历史知识，有助于学生主动参与学习、自主探究历史，在学习中努力做到论从史出、史论结合。史料中还蕴含了大量情感态度与价值观的教育因素，三维目标的达成离不开史料的支撑。由此可见，抓好史料教学符合新课程改革的教学理念，有助于提高教学质量。

二、基于史料教学的课堂观察

以主题的形式整合一节课，学生学到的不是孤立的历史现象而是较完整的历史过程，听课者感受到的则是有思想、有味道的课堂。赵老师借用梁启超对李鸿章"敬才""惜识""悲遇"的评价将本节课分为三个主题，有条不紊地在短短45分钟内呈现了16则文字史料和6幅图像史料，见表4-19、表4-20、表4-21。

主题一　敬才

表4-19　主题一　"敬才"史料教学课堂观察量记录表

观察内容		次数	比率（%）	综合评价
史料类型	文字史料	4	80	主题一塑造了一个立体、真实的李鸿章。在学生的印象中，李鸿章签订了《中法新约》《马关条约》《辛丑条约》，是中国近代史上的民族罪人。而史料1梁启超称赞李鸿章为"数千年中国历史上一人物""19世纪世界史上一人物"，大大冲击了学生原有的认知体系。赵老师利用文字材料创设的冲突情境，吸引了学生的注意力，让学生带着疑问、带着震撼开始新课
	图像史料	1	20	
处理方式	教师讲述	1	14.3	
	学生阅读	4	57.1	
	学生讲述	2	28.6	
处理层次	认知史料	3	60	
	理解史料	2	40	
	运用史料	0	0	
目标达成	知识与能力	5	100	
	过程与方法	0	0	
	情感态度与价值观	0	0	

---

① 中华人民共和国教育部制订：《普通高中历史课程标准（实验）》，2页，北京，人民教育出版社，2003。

布鲁纳的"发现学习理论"认为，学生是一个主动的知识探究者，教师要创设有冲突的情境以激发学生的内在动机，提高学生探究的兴趣。主题一呈现的史料比较简单，易于理解，所以在材料的处理方式上赵老师选择以学生阅读为主，使学生从总体上对洋务运动和李鸿章有感性的认识。

史料

李鸿章《筹议海防折》

今则东南海疆万余里，各国通商传教来往自如，麇集京师及各省腹地。阳托和好之名，阴怀吞噬之计。一国生事，诸国构煽，实为数千年来未有之变局。轮船电报之速，瞬息千里。军器机事之精，工力百倍。炮弹所到，无坚不摧。水陆关隘，不足限制。又为数千年来未有之强敌。外患之乘，变幻如此，而我犹欲以成法制之，譬如医者疗疾，不问何症概投之以古方，诚未见其效也。

——李鸿章：《筹议海防折》

课堂观察描述：本则史料是李鸿章对清朝局势的精辟分析，他不仅用"数千年来未有之变局""数千年来未有之强敌"将列强的威胁提升到前所未有的高度，还指出了两个重要的问题：侵略者主要来自海上，武器锐利，往往互相"构煽"；祖宗的"成法"纵然有"深意"，但无法抵御外来强敌，必须学习新的本领。在教师的引导下，学生认识到一个新的李鸿章。

课堂观察分析：主题一展现出李鸿章作为过渡时代过渡性人物所特有的复杂性，忠实于传统营垒又颇具改革精神，所言所行新旧纷呈、中西杂糅，"开拓"与"因循"、抗争与妥协并存。"复杂"的李鸿章一方面有利于改变学生对历史人物脸谱单一化的印象；另一方面体现了进步史观在历史教学的有效运用，传统史观中李鸿章是反面人物，而文明史观和进步史观中李鸿章是中国近代化的有力推动者。新课程在历史唯物主义基础上，注重以文明史观、现代化史观和全球史观的视野，鼓励学生根据所学知识对材料展开评论，在合理引用史实的基础上大胆阐释、创新理解，从历史发展的角度认识历史。

主题二　惜识

表 4-20　主题二　"惜识"史料教学课堂观察量记录表

观察内容		次　数	比率（％）	综合评价
史料类型	文字史料	8	72.7	主题一以李鸿章的"言"来展示洋务运动的背景，主题二则是以李鸿章的"行"来展示洋务运动的过程，以李鸿章的"遇"来揭示洋务运动的破产，以李鸿章的"省"来审视洋务运动在近代经济结构变动中的作用。学生通过阅读史料
	图像史料	3	27.3	
处理方式	教师讲述	5	29	
	学生阅读	7	42	
	学生讲述	5	29	

续表

观察内容		次 数	比率(%)	综合评价
处理层次	认知史料	8	72.7	与教师的分析,不仅能感受到李鸿章的成就与局限实则是洋务运动在中国近代化进程中的功绩与局限,还学会了分析一场运动失败的原因
	理解史料	1	9.1	
	运用史料	2	18.2	
目标达成	知识与能力	9	82	
	过程与方法	2	18	
	情感态度与价值观	0	0	

主题二最突出的亮点是通过创造性的运用史料,赵老师引导学生从新的视角发现教材内容中所包含的新因素。例如,下面这则史料将这场自强求富的运动延伸到文化领域,洋务运动昭示着封闭的传统文化无法挽救中国的危机。

从深层次文化观念分析洋务运动失败的原因

　　李鸿章热衷于官办和官督商办企业,其指导思想的实质……是出自对"民"的不信任……首先是他要按照中国自古以来的传统,坚持官府控制一切。……他所坚持的原则是不论官方有无投资,都应由官方处于领导和监督的位置上,掌握大政方针,否则就会利病不分!误国误民的官督商办就是这样发明出来的。其次,他不相信离开官方,私商能筹集足够的资本开办企业和管理好企业。

　　从深层次的文化观念上看,李鸿章等洋务派的失足处之一,在于没有实现官为主体的专制统治观念到民为主体的现代观念的转变。

　　　　　　　　　　　　　　——袁伟时:《帝国落日——晚清大变局》

史料

课堂观察描述:此则史料学生难以读透,在处理方式上赵老师采用师生探讨、生生探讨的方式,从深层次的文化观念分析,洋务运动最大的败笔,在于没有将以官为主体的专制统治观念转变为以民为主体的现代观念。根深蒂固的华夷观,使李鸿章坚持中国"大政府小社会"的传统,坚持官府控制一切。在教师的引导下,学生通过自主合作探究,可以分析概括出中国的封建文化既缺乏近代化所必需的自由、法制、平等、竞争等核心价值观,又缺乏近代行政、财政、企业管理等知识。这样的处理方式,有利于学生理解在不改变封建文化的情况下,现代企业难以发展的道理。

课堂观察分析:强调发展的永恒性是历史教学的特征之一。历史是一门不断发展的学问,新史料的呈现、认识手段的进步,对史料的新解读,使历史研究不断拓展和深入,学校教育中的历史教学内容也有必要随之更新。历史课程标准的基本理念之一,就是强调不强以老师的观点灌输给学生,史料教学则进一步强调运用第一手材料作为论据,通过教师的引导、启发,让学生自己去认知,自己去体会探究历史的方法和培养创新的科学态度。此外，从高考考核目标与要求来看，新课标倾向于考查考生"获取和解读信息""调动和运用知识""描述和阐释事物"以及"论证和探讨问题"的能力，并提出了更加具体的要求。在教学中，教师要有意识地引导学生从不同的角度看问题，创造性的运用史料，这不仅有利于学生适应强调新思维的高考，也有利于学生提高学科素养和学习潜力。

主题三　悲遇

表 4-21　主题三　"悲遇"史料教学课堂观察量记录表

观察内容		次　数	比率(%)	综合评价
史料类型	文字史料	4	66.7	主题三主要探讨洋务运动的失败给后人留下的思考。一代人干一代人的事，李鸿章每一步重大的举措都会受到封建顽固势力的阻挠，无法摆脱特有的时代局限性。一位无奈的能臣，一位悲剧的英雄，李鸿章的形象再现了时代的悲剧。三个主题层层递进，由小至大，由具体到抽象，从个人上升到派别活动，再到时代潮流，使学生站在一个更高更广的视野去看待洋务运动及李鸿章
	图像史料	2	33.3	
处理方式	教师讲述	3	42.9	
	学生阅读	3	42.9	
	学生讲述	1	14.2	
处理层次	认知史料	4	66.6	
	理解史料	1	16.7	
	运用史料	1	16.7	
目标达成	知识与能力	4	66.6	
	过程与方法	1	16.7	
	情感态度与价值观	1	16.7	

美国著名思想家约翰·肯尼思·加尔布雷思((Galbraith，John Kenneth)曾说过："一个国家的繁荣……在于它的公民的文明素养，即在于人们所受的教育、人们的远见卓识和品格的高下。"[①]学会同情、学会理解是历史教育的特点，历史教育注重人文精神的培养。中学历史教学不是为了培养历史学家，而是更多地培养学生的国民素养——爱国热情、感悟历史的能力、民族文化认同的程度。赵老师在教学过程中适当使用富有时代气息的史料，注重时代性和现实性的思考，注重价值观和人生观的引导。学生经由情感体验，不仅深化了对教材内容的认识，转变了"记历史教材""背历史教材"的学习方式，学会站在更高的位置去审视历史，了解历史，锤炼宽广的思维视野和健康的文化心态。

---

① ［美］约翰·肯尼思·加尔布雷思：《美好社会：人类议程》，183 页，王中宝、陈志宏、李毅译，南京，江苏人民出版社，2009。

史料

学者对洋务运动的评价

　　洋务运动是近代中国第一次以富国强兵为目标的现代化运动。它在物质文明和精神文明两方面都对中华民族的发展有过不可磨灭的贡献。……诸如此类开风气之先的业绩，铭刻着筚路蓝缕的开创者的历史功勋。可是，从全局看，它是失败了的实践。而这个现代化良机所以丧失，说到底是由于历史积垢的重负，是中国传统文化封闭性产生的恶果，创巨痛深。但强者永远注视着未来。

　　愿中国人永远以宽阔的胸怀去拥抱世界。

　　愿打开了的国门永远不再关上。

——袁伟时：《帝国落日—晚清大变局》

　　课堂观察分析：洋务运动的成败不是取决于某一个人的权力大小，而在于当时的社会文化体制。教师引用上面这则史料的目的，一是引导学生从文化封闭的角度去探究洋务运动失败的原因，总结本课；二是将洋务运动置于中国两千多年历史发展的长河中，让学生感受到大历史的恢弘气势，提高对大人物、大事件、大观点、大情感的评价能力；三是启示学生中国要富强就必须开放，只有融入世界才能取得发展。赵老师注意到教材知识体系的开放性，有效地与现实问题建立有机联系，这一点值得我们教师借鉴。

三、史料教学课堂观察的反思

（一）通过人物"微史料"，看时代"大历史"

　　《普通高中历史课程标准（实验）》指出，重要历史人物"是特定时代的产物，并以其各自的个性和活动，从不同侧面有力影响了人类历史的发展进程。了解这些历史人物及其主要活动，探究他们与时代的相互关系，科学地评价其在历史上的作用，是历史学习的一个重要内容，也是现代公民必备的人文素质之一"。[①]历史人物是时代的产物，势必会打上时代的烙印：既反映了这个时代的伟大之处，又反映了这个时代的局限性。所以，评价历史人物或历史事件时，只有在考察个人或事件背后的社会历史条件、发现历史的规律后，才能了解历史人物及其活动的实质。历史学科是人的学科，历史是通过人的活动来展示历史事件的丰富价值的。李鸿章的后半生是洋务运动的缩影，赵老师采用"以人带事"的教学方法、以人物生平相关史料为载体，引导学生从李鸿章思想变化的角度，来重新审视洋务运动。学生从微观史实入手，通过一个具体的人物来了解复杂的洋务运动，不仅利于贴近历史、深入历史，还有利于透过微观把握宏观框架，对洋务运动形成更全面的认识。本节课以一个重大的人物来讲活一个重大的历史事件，为历史教学提供了一个新思路。

---

　　①　中华人民共和国教育部制订：《普通高中历史课程标准（实验）》，23～24页，北京，人民教育出版社，2003。

(二)以问题为驱动，挖掘史料的深层内涵

赵老师认为，高中的课堂活动注重思维的活动，而非形体的活动。中学历史课程要体现以思为重点的目标体系，要以提高思维品质与解决问题的能力为重点，引导学生初步掌握学习历史的方法。针对新课程对高中历史教学的要求，赵老师将本节课的教学目标定位于强化学生的理性思考，培养多角度分析历史的综合能力。从实际教学效果上看，学生自主思考的驱动力是一些比较有思考力度的问题。例如，在出示史料"从深层次文化观念分析洋务运动失败的原因"时，赵老师设问：为什么洋务运动不能实现以民为主体的现代观念的转变？问题很有发散性和想象的空间，学生可以从政治、经济、文化、教育等不同的角度作答。如此，既提高了探究的兴趣，又能更为深刻地挖掘史料信息。

苏联心理学家马秋斯金认为，思维起源于问题。没有问题就难以诱发和激起求知欲，难以深入思考，学习只能停留在表层。高中新课程教学强调以问题探究为中心、以解释为主要形式、以意义构建为目的，关注教学资源的拓展，强调文明发展过程中问题的产生及解决。在课堂教学中，教师要针对历史教材的实际情况以及学生存在的疑难问题，抓住问题的矛盾焦点，选准问题的突破口，精心设计一些既有一定难度又有实际思维意义的问题，引导学生完成"认识冲突—发现问题—探究问题—解决问题"这一过程。

(三)多角度解读史料，以丰富对历史的认识

史料的选择，反映了历史教师的文化底蕴和历史功底，也渗透了历史教师对该段历史的理解和感悟。所以，史料的选择只是史料教学的前提和基础，对史料透彻的解读则是史料教学的关键与亮点。赵老师透过有限的文字史料，创设出三个主题情境，呈现出历史的复杂性，为学生重新评价李鸿章提供了多样化的视角，有利于学生突破思维定势，深入解读洋务运动。赵老师形象地为学生展现出李鸿章乃至其他洋务派领袖观念的转变，不但增强了历史的真实感，还抓住了历史的本质，跳出了传统史观中洋务运动必然失败的简单定论，也避免了对洋务运动的评价仅仅停留在器物和制度的层面上的误区。

我国著名历史学家、教育家翦伯赞曾指出："不钻进史料中去，不能研究历史；从史料中跑不出来，也不算懂得历史。"[①]要想从史料中出来，就必须有思想地读懂史料。例如，对于史料"李鸿章《筹议海防折》"，赵老师先让学生讨论李鸿章用"数千年来未有之变局""数千年来未有之强敌"来总结清王朝面临的形势是否正确；然后，分别从战争形态、国家实力、国家政治体制、中国对外关系四个方面评述四位学生的发言。在此过程中，赵老师还引导学生从这些角度深层次地解读史料。在学生分析的基础上，赵老师补充道：鸦片战争前中国不给世界机会，鸦片战争后世界不给中国机会。寥寥数语，既高度概括了史料的寓意，又展现出了鸦片战争前后中国国际地位的巨大落差。赵老师还从文化的角度分析了中国的变局：近代以前的中国历史，虽有民族政权的对峙与分裂，以及统一、分裂、再统一的反复交替，但是古代各民族之间的文化交流和相互借鉴、民族交融始终是

---

① 翦伯赞著：《史料与史学》，60页，北京，北京大学出版社，1985。

中国历史发展的主流。而近代，中国遇到强敌，西方文化先进并且与中国文化迥然不同，中国在文化领域同样面临巨大的变局。赵老师采用多角度思考的形式，以师生合作、生生合作的方式将史料的解读个性化、透彻化，成功地营造出洋务运动前中国内忧外患的氛围，加深了学生对洋务运动背景的认识。

四、实施史料教学的策略

(一)关注史料研习过程，提高学生思维能力

在历史学科能力中，历史思维能力是核心。赵恒烈认为："历史思维能力是人们再认和再现历史事实，解释和理解历史现象，把握历史发展进程，分析和评价历史客体的一种素养。"[①]史料是培养历史思维能力的出发点和基础。培养历史思维能力的首要条件，就是要创设一种能够"迫使"学生独立思考的"全新"问题情境，而符合这种"全新"要求的问题素材，最理想的就是课本之外的史料。史料的解析将学生置于新材料、新问题、新情境的刺激与挑战面前，一方面能适应学生好奇求异的心理，激发探求欲望；另一方面使学生无法单凭记忆或模仿来解决问题，"强迫"学生锻炼和发展创造性思维能力。

新课程高考强调"坚持以问题为中心，运用新材料，创设新情境，注重考查学生的知识迁移能力和历史学科意识"的命题理念。[②] 高考试题涉及的知识范围应该以课程标准为准，而不是以教科书为依据，在考查学生对基础知识掌握情况的同时，需要超越教科书的具体内容，以基础知识为背景，更多地提供新材料，设计新情境，考查学生能力。近年来，新课程历史试题大多是依据新材料，创设新问题。例如选择题，主要以材料型选择题为主，学生要形成正确答案，不能仅仅依靠教材上的知识，必须运用"获取和解读信息、调动和运用知识、描述和阐释事物、论证和探究问题"的思维能力，对"新材料"进行具体分析。如 2011 年新课程全国卷第 31 题"东南互保"的内容在新教材上没有论述，但这一事件与义和团运动、八国联军侵华战争有着密切的关系。这就要求学生不但要学好教材，还要在平时的历史学习中注意知识的拓展和深化。

本课较好地利用了史料创设情境，以拓展学生的历史思维空间：先将经过整理的史料呈现给学生，使学生重新"神入"李鸿章的思想深处，真正体会、感悟洋务运动的细节和曲折；回顾史实后再通过问题使学生对洋务运动有更为理性的认识，对现实有更为深入的思考。通过本课的学习，学生也会感受到，历史学科的魅力不仅仅在于对客观资料的发掘、了解和掌握，更在于对已有资料的判断、分析和运用，从而提高历史思维能力。

(二)围绕学生设计问题，增强学习参与度

新课程理念强调，教师是学生学习的合作者、引导者和参与者，教学过程是师生交往、共同发展的互动过程。交往意味着人人参与，平等对话，教师由居高临下的权威转向"平等中的首席"。高中学生一般在 16～19 岁之间，心理发展的

---

① 赵恒烈：《赵恒烈历史教育选集》，389 页，北京，人民教育出版社，2005。
② 北京师范大学考试测量研究中心：《高中历史考试测量新坐标》，北京，东方出版社，2006。

基本特征是由少年半幼稚、半成熟状态向成熟状态过渡。从心理特征看，高中学生思维的独立性和批判性使其有能力进行史料研习，其创新性和创造性有利于史料教学的开展，但其思维下的不确定性又决定了在学习过程中需要发挥教师的指导作用。因此，史料教学中教师不应独自解释、阐述史料，而是应引导学生自己进行分析、比较、论证，解决具体的历史问题。

要调动学生在史料教学中的积极性和主动性，首先应选用适合学生认知水平、理解能力的史料；其次要搜集、编排一些以史料为基础的问题，启发学生思考。例如围绕"官督商办的民用企业"这则史料，赵老师设计了如下问题让学生探究：（1）企业的盈亏盛衰与官僚没有直接的利害关系，这反映出了什么问题？（2）近代企业在所有权上应该有什么样的突破？（3）洋务派为什么没能实现企业在所有权上的突破？上述设问中第（1）、第（2）问是面向大多数学生，第（3）问是拓展提高，满足学有余力学生的需要。赵老师用同一则史料为不同层次的学生搭设了一个充分展示自己才能的民主舞台，学生可以充分地展开讨论，纷纷发表自己的见解，展示自己探究的成果。

从赵老师执教的《洋务运动》一课来看，史料教学有利于增强历史感，可以丰富课堂教学内容，改进传统历史教学的模式，推进新课程的改革。我们只有全面地认识史料教学的必要性和掌握史料的应用技巧，发掘史料中的有效信息，才能更好地发挥史料教学在新课改中的作用。

第五章
课堂观察与
中学历史
教师的
专业发展

第一节　在阅读和思考中提升底蕴

在课程改革不断深入推进的今天，有学者认为，历史课堂就是与学生分享阅读体验的过程，教师阅读的深度、广度与高度决定了课堂的深度、广度与高度。[①]由此可知，一名历史教师教学功底的基础在于阅读。

案例

《百家争鸣》教学设计中的"阅读地图"[②]

2007 年 7 月 15—18 日，全国高中历史课堂教学竞赛在吉林省长春市举行，浙江省嘉兴市海宁教研室朱能老师《百家争鸣》获得一等奖。给听众们留下深刻印象的，除了朱老师深厚的学术素养、高超的课堂驾驭能力，还在于他设计出了一个"有生命的课堂"。在这堂课里，他围绕着"面对多元价值，传递文化精神需要我们有度地对待经典"这一教学中心或"灵魂"来展开教学。

确定这样的教学灵魂，他是基于什么考虑呢？主要是考虑到学界对诸子百家思想见仁见智的思考，不宜做单向的价值判断；又据于 2500 年后的我们应该善待诸子，宽容地、个性地理解这些思想的认识，于是就生成了"发现·传递"这个话题。"发现"是指发现诸子思想的价值；"传递"是指善待传统经典，传递智慧和勇气(有度精神)。

围绕这个教学灵魂，他选择了"读"(朗读诸子名言)、"思"(结合历史和现实，社会与个人的思考)、"说"(积极表达，与他人交流共享)三步走的教学方法。

围绕这个教学灵魂，他确定的教学重难点：初步认识诸子思想对个人修养和社会发展的价值；感悟"面对多元价值，传递文化精神需要我们有度地对待经典"。

围绕这个教学灵魂，他设计了这样的一个教学流程：从孔子展开教学(其中"仁"和"礼"的关系设计)；过渡到百家争鸣时期，让学生在对诸子思想进行分类和判断之后，基于自己有限的生活和社会经验，对诸子格言进行有选择性的评判。通过师生对话，在肯定学生的思考的同时，提供别样的思考视角，最后，回到孔子，通过敧器的物理实验，再次烘托主题。

上海市晋元高级中学特级教师李惠军说过，一个好的教学设计应具备如下的要素：发掘引领一节课的"哲理"；寻找统摄一节课的"灵魂"；筛选建构一节课的"资源"；整合贯通一节课的"流程"；巧设激活一节课的"玄机"。朱能老师这节课充分地体现了上述各个要素。为了挖掘"哲理"、寻找"灵魂"，朱老师翻阅了二十

---

①　郭富斌：《〈斯大林模式社会主义经济体制的建立〉教学实录》，载《中学历史教学参考》，2010(10)。

②　本案例的作者是浙江省瑞安中学虞文林老师。

多本专业书籍，尤其在解读诸子思想和理解学者对诸子的解读方面下足了功夫。他选择语言学家杨伯峻和历史学家钱穆两位先生的注解帮助学生发现孔子思想的价值；他通过战国七雄、铁器时代、变法改革等资料，还原"战国时代"历史现场，让学生了解诸子争论的时代主题；通过阅读诸子政治主张的片段，了解诸子思想的特点。在教学艺术方面，朱能老师运用了名言书签、师生对话、物理学实验等方式方法。他运用欹器进行物理学实验，让学生直观地认识和感受到了中庸之道；名言书签小道具的使用，更是"一箭三雕"：一是为学生"读""思""说"提供了平台；二是鼓励了学生主动发言；三是能促使学生在课后将诸子名言作为座右铭或激发了阅读诸子经典的兴趣，这些教学方式艺术的灵活运用都与教师广泛的阅读分不开。应该说，朱老师在这堂课里充分地与学生分享了他的阅读经历与思考成果。

从上面的案例可以发现，历史教师的专业发展其实就是一张"阅读地图"。对于历史教师而言，构画一幅完美的"阅读地图"，可以构建一个相对最合理的知识结构：[1]

本体性知识——理解所教的学科（以能发掘知识内在的魅力为准绳）；

心理学——理解面对的学生（既是科学或心理学地理解学生，更是同情地理解生命）；

教育学、教育教学实例——理解教育、教学、课程（含义、基本结构、特定方法）；

人学——理解自我、理解生命（意义、使命、职责）。

上面这个知识结构有助于教师理解"何为生命，何为教育，何为教学，何为课程"。[2] 从育人的角度来说，教育的意义在于使人成为人，成为有道德和智慧的人，即在于解放人的道德和智慧潜能。因此，有学者提出历史教育的真正意义在于培养人格健全的公民。从教学的角度来说，历史教学需以学习、研究为基础。课堂观察活动的开展为历史教师构建了一种真实的学习情境，在教师的阅读经验与教学实践之间架起了一道桥梁。课例研究要求教师逐步完善自己的"阅读地图"，拥有完整的知识结构，从而真正解决课堂教学中的问题，也在解决问题的过程中不断发现"学"的真谛，发现提高自己专业素养的真谛，实现阅读与实践的互动。

阅读同样是构成教师教育教学素养的重要支架。苏联著名教育家瓦·阿·苏霍姆林斯基（B. A. Cyxomjnhcknn）指出：教学素养"首先是指教师对自己所教的学科要有广博而深刻的知识。"对教师的学科专业素养，他有以下几个方面的要求：热爱那门学科并热心该学科正在探讨的问题；精通那门学科，能够分辨清楚该学科上最复杂的问题；了解那门科学的发展情况（最新的发现，正在进行的研究及其最近取得的成果），能够分辨清楚那些处于科学思想的前沿的问题；具备那门学科的独立研究能力。"教师对教材有深刻的认识——这是教育素养的基本

---

① 干国祥：《阅读史与阅读地图》，载《教育研究与评论》，2010(4)。
② 干国祥：《阅读史与阅读地图》，载《教育研究与评论》，2010(4)。

方面之一。"①朱小蔓博士也希望"让读书支撑我们（教师）的生命"。② 这些名家的论点无一例外的印证了：教学境界的构建仰赖于阅读视野的开拓。

拓宽学术视野，完善知识结构：历史教师的立足点

一个优秀教师，在所教学科方面具有的知识，应该是传授给学生知识的数十倍。按照冰山理论，所讲所教的那一小部分背后，要有更为宽广的沉潜部分作支撑。但实际上，很多中学历史教师缺的就是"本体性知识"，即多元的历史观与广博的历史知识。近三十年来，历史研究的领域不断扩展，社会史、人口史、家庭史、文化史等史学研究著作日渐增多，历史学与其他学科的交叉与整合研究方兴未艾，"大历史观""新文化史"等史学观念的影响逐步扩大。历史研究的这些新变化必然对历史教科书的编撰、历史教学和高考命题都会产生重大影响。

"十一届三中全会后，思想解放带来学术繁荣，学术界纠正了许多被歪曲、误解的历史，打破了僵化、教条的理论束缚，开拓了许多被存封、禁锢的领域，恢复了历史的真实，改变了许多传统结论。但是，由于种种原因，中学历史课本却不敢取学术之公论，仍保持旧说。而考试等各种制度的约束，也使中学教师视课本为雷池，不敢超越半步。久之成习，中学教师多不关心学术发展，即使自己常教的内容，研究方面有何变化也不闻不问。史学研究的成果不能及时反映到历史教育中，那些失真的历史和偏颇的结论，仍作为知识继续向青少年灌输，这不能不说是一种悲哀，同时，我们都想改变这种状况！"③基于这一现象，赵亚夫教授积极呼吁中学历史教育要有自己的原则：一是自由精神，它关乎人性的教育；二是理性批判，它关乎国民性的改造；三是反省意识，它关乎人类文明及民族的演进认识；四是社会行动，它关乎国民社会态度的养成。因此，历史有效教学的原动力是历史学。④

《中学历史教学参考》杂志从 2008 年起开辟了"走进名师"栏目，全国各地的历史名师在叙述他们的成长历程中，无一例外都提到了阅读对教师专业发展的重要作用。李惠军老师说："教历史的人不能不读书，读书是一种交流，在交流中你会感到困惑，在困惑中思考，在思考中释惑，这是一个历史老师发展的必由之路，也是提高生活质量和生命品质的一种活法。"⑤李建红老师以《读书：我的为师之道》为题讲述了她的读书体会。⑥ 李海明老师以"一个中学教师读书教学的自白"为副标题阐释了"读书改变人生""读书改变课堂"的经历。⑦《中学历史教学参考》2009 年第 3 期胡军哲在《〈思考、阅读、写作〉——中史参"走进名师"栏目对我的

① ［苏］B. A. 苏霍姆林斯基：《给教师的建议》，62 页，杜殿坤编译，北京，教育科学出版社，1984。
② 朱小蔓：《让读书支撑我们的生命》，载《中国教育报》(第 5 版)，2003-08-07。
③ 任世江：《新生代历史学者访谈录》，533 页，天津，天津古籍出版社，2005。
④ 赵亚夫：《找准历史有效教学的原动力》，载《中国教育报》，2007-03-23。
⑤ 李惠军：《困学苦旅》，载《中学历史教学参考》，2008(1)。
⑥ 李建红：《读书：我的为师之道》，载《中学历史教学参考》，2008(4)。
⑦ 李明海：《重知厉行　勇于创新——一个中学教师读书教学的自白》，载《中国历史教学参考》，2008(9)。

启示》①一文中，更是提出了"泛观博取的阅读是教师专业发展的有效保障"。

历史教师应该读哪些专业书籍？徐赐成老师认为，有三类书是历史教师必读的：一是史学名著和论文；二是当代历史教育和教学理论；三是新近出版的专业历史著作。②

对于历史教师来说，从古到今，从中到外，跟历史专业有关的著作都可以读一读。这些著作大致可以分为三类：一是国内外知名专家学者编撰的通史、断代史、专题史等著作，如齐世荣主编的《人类文明的演进》、张荫麟的《中国史纲》、蒋廷黻的《中国近代史》、斯塔夫里阿诺斯的《全球通史》、中日韩三国学者共同编写的《东亚三国近代史》等；二是与现代化专题有关的，如朱维铮的《走出中世纪》、葛剑雄的《统一与分裂：中国历史的启示》、罗荣渠的《现代化新论》、茅海建的《近代的尺度》和《天朝的崩溃》、萧功秦的《危机中的变革》、胡成的《困窘年代》、美国何伟亚的《怀柔远人—马嘎尔尼使华的中英礼仪冲突》、葛兆光著的《中国古代思想史》、金观涛的《在历史的表象背后》、王尔敏的《中国近代思想史论》等；三是海外学者的著作，如英国汤因比的《历史研究》，美国保罗·肯尼迪的《大国的兴衰》，美国唐德刚的《李宗仁回忆录》《胡适口述自传》《顾维钧回忆录》《晚清七十年》《张学良口述历史》《袁氏当国》，美国黄仁宇的《万历十五年》《赫逊河畔谈中国历史》《中国大历史》《从大历史的角度读蒋介石日记》，美国费正清的《美国与中国》《剑桥晚清史》《剑桥中华民国史》《剑桥中华人民共和国史》《伟大的中国革命》《观察中国》，美国亨廷顿的《文明的冲突与世界秩序的重建》，等等。这类著作视角独特，观点新颖，材料丰富，既可以开阔视野，又能为日常教学提供有用的材料。

此外，历史教师应经常关注和阅读专业教学杂志，如《文史知识》《世界知识》《历史教学》《历史教学问题》《中学历史教学参考》《中学历史教学》等。这类杂志上的文章精悍实用，能紧扣教学改革的脉搏，针对性、时效性和操作性都非常强，是历史教师工作中比较实用的备课和教研参考资料。

研读史学家的学术论文以提高自己的研究能力，也不失为一种极其重要的途径。通过研读史家的学术论著，了解论著的主旨、使用的史料、论证的方法等，从而学会和掌握如何提出问题和运用不同的史料来解决问题，最后进行历史解释。

广泛的阅读，不仅能拓宽学术视野，扩展自己的知识面，完善知识结构，更能提高分析史学资料和分析历史问题的能力。

---

① 胡军哲：《〈思考、阅读、写作〉——中史参"走进名师"栏目对我的启示》，载《中学历史教学参考》，2009(3)。

② 徐赐成：《历史教师的"史功"》，载《中学历史教学》，2010(9)。

案例

《新文化运动》一课的专业阅读[①]

初读余英时先生的《中国思想传统的现代诠释》和《中国近代思想史上的激进与保守》时，头脑中已有的历史观念和框架即受到极大的冲击。再读王元化的《杜亚泉与东西文化论战再思考》时，就如同一盆冷水从头洒下来，那些封建保守的反动分子竟然也有如此见地？正面的新文化代表人物也有一些极端的态度？

美籍华人学者周策纵在《五四运动：现代中国的思想革命》一书中认真的梳理了对"五四"运动的三种主流评价：一是正统的解释——五四运动是近代中国发生的具有彻底地反帝反封建性质的文化革命运动和爱国学生运动；二是保守的民族主义者和传统派的批判——五四运动是中国的一场灾难；三是自由主义者的观点——五四运动是一场文艺复兴、宗教改革和启蒙运动。通过认真地阅读，我认识到不同的学术观念和立场对历史事实的解读是完全不同的。

进而系统地研习了许纪霖《二十世纪思想史论》和郑大华先生的新著《民国思想史论》。在书中，他们详细考察了中国近代思想文化史的演变过程。鸦片战争后，为了寻求中国的独立、富强，挽救民族和文化危机，一批批先进的中国人把现代化的希望寄托于西学之上，选择西化作为中国文化之出路。第一次世界大战的爆发和它所造成的巨大灾难，又使西方文化的弊端暴露无遗，西方社会对自己的文化也进行了反思，并在战后出现了一种不安与悲观的情绪，同时也使一心向西学的中国人产生了怀疑与动摇。文化向何处去，成为第一次世界大战后西方思想界和中国思想界关注的焦点。西方思想界转而对社会主义和东方文化较为尊崇，这股思潮对中国思想界产生了重大的影响。从此，中国出现了一批马克思主义者。五四以来，中国出现了一个宣传、介绍马克思主义、社会主义和十月革命的热潮。在此过程中，以李大钊等为代表的一些新文化派和以胡适、周作人为代表的自由主义分道扬镳，转而成为中国早期的马克思主义者。这是中国社会文化思潮的重大变动之一。他们还对文化保守主义和自由主义思潮作了深入地分析。通过研习历史学家的学术梳理，让我们对近现代中国思想发展的历史有了比较清晰的思路和理解，在这样的基础上再来设计新文化运动就比较有把握。

北京大学的陈平原先生在《触摸历史与进入五四》一书中，从一些易为常人所忽略的细节和断片入手，通过对几个不同个案的深入描述与具体考察，在思想史、文学史和教育史的视野下重构五四新文化的形象，以深入描述与细致考辨的方式，在"还原"历史事件的原始面貌的同时，也引导读者进入"观察者"的位置，直面纷纭复杂的五四图景，以此丰富乃至修正读者对于五四的想象。可以感受到著述中压在纸背的心情，包括学术史眼光以及关注现实的情怀，验证

---

① 李杰：《横看成岭侧成峰：对新文化运动的多元理解》，载《中学历史教学参考》，2010(8)。

了著者独沽一味的"当代史"观——今人之谈论五四，不仅仅是在与"过去的历史"对话。这对我们在新时期历史教学中如何引领学生进入历史现场，在与历史对话的过程中关注我们生活中的社会，具有重要意义。

当我们开始摆脱一元化的历史主义叙述模式，重新审视过去我们一直被动地接受革命的叙事和现在风行的现代化叙事。这两种模式从表面上看是水火不容的，但其背后的思想预设却有着相当惊人的一致，都把历史想象成一个单向度的、一元进化的时间进程，而人物和思想史中复杂的紧张性被简化的历史主义叙述遮蔽了。美国研究中国思想史的权威史华慈教授就非常注意分析中国现代思想史的内在紧张性，他把"五四"看成是多元的启蒙思潮，认为当时中国社会存在着理性主义与浪漫主义、民族主义与世界主义、怀疑主义与新宗教、个人主义与群体意识的内在紧张。于是，我们的头脑中可能会形成一张20世纪的思想地图。这张地图不是按一元的时间顺序排列，而是以多元的思想空间关系呈现的。只有把新文化运动中的这些思想家们放在这张多元的现代性的地图之中，我们才能更丰富、更复杂地理解其思想意义所在。

无论是历史教师还是高中学生的历史理解力，都依赖于历史阅读的长期浸润和积淀。在日常教学过程中，我们应该强调以教师的历史阅读引领学生的历史阅读，培养其对历史的兴趣和良好的读史习惯，提升历史理解力，从而优化历史学习。要起到真正的引导作用，就要求历史老师博学、有领悟力，有解说力，能深入浅出、有情趣地导读、共读，具有"驾轻就熟"的独特人格魅力。同时，在培养学生历史阅读能力的过程中，要重视体现历史的价值导向，包括国际意识、辩证视野、发展眼光、求真思维、情感体悟等，对历史进行多元的、个性化的、不断趋向准确的理解，从而以历史的眼光审视社会发展，突出对历史的理解。

厘清教育理念，达成智慧理解：历史教师的生长点

教师教育的智慧实践源于教师对教育的智慧理解，也就是说，教育的理解水平决定了教育者的实施水平。教育不仅需要有思想的教育学者、有思想的行政管理者，更需要成千上万的教师做一个有思想的教育者，用思想去重塑我们的教育行为。当代教育家朱永新教授在《理想的教师》一文中指出："勤于学习，充实自我，这是成为一名优秀教师的基础。一个理想的教师，一个想成为教育家的教师，必须从最基础的做起，扎扎实实多读一些书。你不读《论语》，不读陶行知，不读杜威，不读苏霍姆林斯基，恐怕很难成为教育家。"[1]虽然并不是每一个历史教师都能成为教育家，但阅读教育大师的经典著作，汲取教育经典中的营养，确实能转变我们的教育观念，提升自己的教学质量。

历史教师加强阅读教育理论书籍，能够更加厘清自己的教育理念，增进自己对教育的理解，认识历史教育的人文特质。在教育理论发展的历史过程中，无论是中国孔子"有教无类"的教育对象观，孟子"人皆可以为尧舜"的教育目标追求，

① 朱永新：《我的教育理想》，28页，南京，南京师范大学出版社，2000。

朱熹的养成教育思想，王夫子"学思相资""教必著行"的教学思想，还是西方苏格拉底(Socrates)的产婆术，亚里士多德(Aristotle)的体、德、智、美和谐发展的教育思想，裴斯泰洛齐(Pestalozzi)的教育理论，赫尔巴特(Herbart)"教育性教学"的思想，卢梭(Rousseau)"教育要顺应自然"的思想等，这些先进的教育思想和育人观念经受了时间的锤炼，得到了世人的公认。20 世纪以来，中外教育名家留下了诸多教育名著，比如瑞士近代著名儿童心理学家让·皮亚杰(Jean Piaget)在其名著《教育科学与儿童心理学》中独具慧眼，在人们熟视无睹的儿童幼稚行为中，发现了儿童思维的特点和规律，提出了关于儿童智力发展阶段的理论；美国当代著名的课程和评价专家、"课程理论之父"拉尔夫·W. 泰勒(Tyler，R. W.)的《课程与教学的基本原理》被视为"现代课程研究的范式"以及 20 世纪以来对学校课程领域影响最大的著作之一；美国心理学家、教育学家布鲁纳在《教育过程》中阐明了美国 60 年代课程改革的指导思想；苏联著名教育家苏霍姆林斯基的《给教师的一百条建议》采用"建议"的形式，恳切地与教师促膝谈心。又如日本东京大学佐藤学教授(Manabu Sato)《静悄悄的革命》一文中："静悄悄的革命，即是通过和事物对话、和他人对话、和自身对话的活动过程，创造一种活动性的、合作性的、反思性的学习。"加拿大教育家范梅南的《儿童的秘密》是一本了解儿童发育以及关于秘密、隐私和重新认识自我的著作，作者通过现象学的研究发现，认识到能够拥有并保守秘密是儿童走向成熟和独立的一个标志，改变了人们长期以来认为秘密是不好的、不健康的错觉。

这些教育经典名著蕴含着先进的教育思想和育人观念，对后世有着深远的影响。阅读经典，可以回到圣人、先哲们创造的原典中去，以古人的智慧，去启发我们的智慧，能使我们从过去的经验中领悟到教育的法则和规律，从而使我们的个体心灵重新孕育和建构作为教育人应当具有的德性、理智和激情。因此，所谓的"回到原典"，事实上就是一种回归的、反省的、重新出发的教育。

而透过课堂观察来阅读关于教学策略的理论书籍，是提高教师教育技能与技巧的有效方法，因为教学策略的理论书籍具有可操作性，能使读者有章可循、有模可仿、有法可学。例如，鲍里奇的《有效教学方法》向我们介绍了有效教学的五种关键行为，即清晰地授课、任务导向、多样化教学、引导学生投入、确保学生成功率，并对每个行为进行了详细的理念与操作方法的阐述，以求实现将现代教育理念融于有效课堂教学中的旨意，解决课堂教学瓶颈。在书中，他通过展示一些生动有效的课堂实例，告诉我们如何运用各种教育方法，成为一名有效教师；通过谈心式、商讨式的语言讲述了许多有效的教学方法；他以理论结合课堂实践的形式告诉我们如何在教学过程中去管理课堂，提高学习成绩，并通过具体真实的课例让我们更好地掌握有效的教学实践方法。

如果说教育教学策略专著给课堂观察提供了有力的支撑，那么，阅读历史教学论方面的著作更能直接促动我们的思考。例如华东师范大学聂幼犁教授主编的《历史课程与教学论》，解答了当今高中历史教学的许多实际问题。华东师范大学余伟民教授在《历史教育展望》中着力阐述了历史教育的本体意识，自觉地把人文素质教育视为历史教育的出发点和归宿，用一个全新的角度去审视历史教学。首都师范大学赵亚夫教授主编的《历史课堂的有效教学》，全书56个教学案例涉及31位教师和学生作者，呈现出一幅视野开阔且个性鲜明的历史教学新景象。书中没有过于艰涩的教育理论，却让人随处沐浴理论之光；没有刻意雕琢，却让人感受到水到渠成的教学设计思路。

读书不仅是对他人教育方法和技巧的学习与借鉴，而且能够改变自身观念和态度，使教师成长为具有教育思想、教育追求和教育智慧的教师，从根本上提高教育技能与技巧。

提升人文修养，加强文化自觉：历史教师的归结点

教育通过文化传承造就人性，培育新人。教育者的职责在于，以自身所领悟与感受到的文化智慧，去启迪学习者的心智。要胜任教育的职责，需要教育者的文化自觉，需要广泛而深入的阅读，从更宽广的层面去理解教育。李镇西老师在其《尴尬与自豪》一文中，即把自己及当代其他一些教育名师和朱自清时代的语文教师进行比较，认为自己其实属于"很尴尬的一代"。[①] 这种尴尬就是"文化尴尬"，是文学、历史、政治等方面阅读上的差距。只有进行广泛而深厚的阅读，才能从社会的高度看教育，才能跳出教育看教育，对教育有更多的智慧理解。

因此，教师须以自我为本体，大力吸收经典文化的精粹，"化归"为自己的营养，提升自身的人文修养。"四书""五经"中的不少篇章就浓缩了先人对宇宙自然、社会人生、道德修养、伦理教化的深入思索。例如："士不可以不弘毅，任重而道远"树立人崇高而远大的理想；"穷而弥坚"锤炼人的坚强意志；"明德知耻，尚礼守信"规范人的道德操守；"己所不欲，勿施于人""达则兼济天下"表达了合理的处世原则；"学不可以已"更与现代"终生学习"的理念不谋而合。正是这些优秀的文化因子潜移默化地影响与建构了现代人的理想人格。

历史教师的工作犹如蜜蜂酿蜜，需要博采众长。为了实现历史教育的文化功能，历史教师除了要有学科本体性知识和教学策略知识外，还要有广博的文化知识，这样才能把学生引向未来美好的人生之路。知识渊博的历史教师往往能赢得学生的信赖与爱戴，因为历史教师丰富的文化知识在激发学生求知欲的同时，无形中扩展了他们的精神世界。

读书还能提升教师的人生境界。教育家朱永新教授有一部著作叫《享受教育》，然而在现实生活中，许多中学历史教师很难"享受我们的历史教育"，其中最重要的一个原因就是他们常常把平凡而又琐碎的生活与崇高的教育事业割裂开来，把享受世俗生活与对追求理想生活分裂开来。从本质上来讲，阅读就是将我们的生命提升到一个新的境界。

当然，阅读的具体方法也是有讲究的。读完一本书之后，要学会回顾全书，用心揣摩书的核心概念和整体逻辑结构，学会用提纲的方式写下书中的主要观点以及论证过程；还要学会融会贯通，除了读懂作者的意思外，更要联系自己的工作实际，问一问我的工作中有没有遇到过这样的问题，我是如何做的、这样做合不合适、怎样做才是最合理的等。阅读要发出自己的声音，与书对话，更要与好

---

① 李镇西：《尴尬与自豪》，载《中国教育报》（第5版），2004-02-12。

书进行生命交流，而给书做批注、写读书笔记是最好的对话方式，每读完一本书都要问问自己：为什么要读这本书？这本书对我来说意味着什么？与我的教育、生活有什么样的联系？能从中汲取些什么？作者的思维方式是怎样的？

总之，阅读能改善我们的专业结构，生成新的专业智慧，构建专业精神；阅读能让人有博爱之心而无邪恶之气，有深沉之思而无浮躁之为，阅读给我们的人生以智慧的启迪。同时，阅读也是一种生命活动，是一种自由的生活，一种属于精神的生活和充满智慧的生活。让我们在自由愉快的阅读中享受丰富的精神生活吧。

第二节　在主题的研讨中深化认识

在日常教学中，观课的目的指向不同，对课堂教学效度的评价也应该不同。以检查指导为目的指向的观课，主要观察授课教师的教学理念、教学态度、教学基本功和教学艺术等；以研究为目的的观课，要围绕研究主题制定有效评判标准，不必面面俱到，但要有鲜明的针对性。我们所说的课堂观察是一种能够帮助教师在有目的地解决自己教学问题的过程中实现自我提高、发展的教研活动。在这种以研究为目的的主题研讨活动里，教研组、教师对平常教学中难以解决的问题，进行整理、归纳、提炼，筛选出具有典型意义和普遍意义的问题，组织大家共同研究。教师在教学过程中有目的、有针对性地把这些问题转化为常规教学中研究的课题。在解决问题的过程中，通过不断地对问题进行探索研究，不断地反思总结，不断地学习，不断地改进，得到长足的发展。

在沉淀问题中提炼主题

依据观课目的制定有效评判标准的课堂观察，首先是要确立主题。那么，在课堂观察中应如何确立主题呢？

一个好的问题可以提供一个良好的视角，一个开阔的可以看见更多风景的视野。这就好比是一面正确放置的镜子，不仅可以让你看见眼前的风景，也可以让你看见那些通常会被蒙蔽的、视野之外的风景。一个准确的问题则会让人豁然开朗。如何准确而有效地提出问题，弥足珍贵。因此，在解决实际教学问题的过程中促进教师发展是主题教研的着力点。

案例

"高三历史总复习课研究"的主题确定

通过对高三历史总复习课的现状和教师平时关心的教研话题进行随机调研，教师发现在高三历史总复习课中存在以下几方面的问题：

问题一：因为教师缺乏对教材进行整体解读和把握的能力，导致复习课往往只有单个知识点的复习，缺乏完整的复习体系和总体构想，最终呈现给学生的知识结构往往不是很清晰。

问题二：因为复习课前没有对学生进行诊断性评价测试及教学内容、目标的分析，导致教师对学生的基础、存在的问题和教学目标没有足够清晰的认识，讲授复习课往往仅凭经验和感觉。

问题三：因为缺乏相应的教学组织策略、教学传递策略的支撑，导致复习课的形式往往是新授课的简化和浓缩，没有针对复习课的特点和学科知识的特点进行合理的教学安置。

问题四：因为缺乏相应的教学目标分析和教学诊断分析，导致复习课原式与变式训练的配备具有很大的盲目性，没有针对学生的问题，以及原式与变式训练的再现、矫治、强化、发展四种功能，进行有计划和有目的的设计。

通过对产生这些问题的原因和相关解决策略进行分析，我们确立了本次课堂观察的主题。在这个教研主题下有五个相关的教研点，并成为一个完整的教研序列。这五个教研点是：

●各章（各大单元）的知识框架体系（重点关注学生知识发生与发展的联结链，并对知识的逻辑链进行整合）；

●能够为各章（各大单元）的复习提供复习方向和完整配套的诊断评价测试；

●各章（各大单元）的复习路径及各章（各大单元）教学目标体系（重点是在诊断评价测试的基础上，设计合理的复习路径，并进行相关章节中关键联结的分析）；

●与变式训练具有的再现（知识梳理）、矫治、强化（提升关键联结的键能）、发展四种功能相应，进行复习课变式训练方法设计及编写配套训练样本；

●历史复习课的基本教学模式、教学方法与教学策略研究。

案例中的主题教研，围绕复习课上常见的实际情况展开，切实突出了复习课本身的特点，保证了高三复习的实效性。

课堂观察主题的确立必须从实际出发，在认真思考教学中存在的主要问题的基础上，抓住主要矛盾，提出急需解决的问题。课堂观察主题提出的过程，实质上就是反思以往、总结得失、发现问题的过程。在这个环节中，要特别突出团队的作用。有些教师很难发现自己的问题，需要大家帮助他把脉会诊，分析研究，查找不足，确定符合实际的题目。教研组的观察主题更需要教研组全体成员认真研究，根据教学的实际情况提炼出有价值、有意义的主题。一个正确的合乎实际的观课主题的提出，意味着解决问题的开始，也意味着解决问题的希望。

在针对性学习中培训充电

在充分讨论研究的基础上，确立历史学科课堂观察的主题，然后采取主题分解的形式，把主题分解成若干个分题，每一位教师根据自己的特长和能力，承担一个分题研究。这就要求教师明确自己的研究任务，研究这个问题的原因与价值，进而选择正确的切入点。研究前，要做好研究准备，如查找有关资料，筛选对自己所承担的主题有帮助的材料，学习一些与研究主题接近的经验、理论等，从而建立起个人主题教研材料库。这个过程其实就是教师学习教育理论、自我

"充电"的过程，它可使以前忽略学习的教师进行自我补课，让每位教师都拥有自己的源头活水，更好地对问题进行研究。

案例

"课堂预设与动态生成的有效处理研究"的理论准备

研究课例：高中历史必修一《第三单元：近代西方资本主义政体的建立》

研究主题：课堂预设与动态生成的有效处理研究

同组教师互相合作，购买或从其他教学杂志上寻找了许多相关的理论材料，如李龙权编著、由上海远东出版社出版的《生成性课堂教学》，从理论角度概括和阐述了生成性课堂教学的内涵与外延。在书中，作者论述了"生成论的研究视角""生成性课堂教学的特征""生成性课堂教学的目标""生成性课堂教学的基本形态""生成性课堂教学的策略""生成性课堂教学的管理策略"。理论阐述与教学案例互为补充，充分体现了理论深度与实践广度的有机统一。罗祖兵在《生成性教学及其基本理念》中提出了生成性教学的五个基本理念，即生成性教学关注表现性目标、生成性教学关注具体的教学过程、生成性教学关注教学事件、生成性教学关注互动性的教学方法、生成性教学关注教学过程的附加价值。胡庆芳主编、教育科学出版社出版的《精彩课堂的预设与生成》提出了精心预设需要的三个维度（通透理解教材，在重点、难点上下功夫，充分了解学生；在最近发展区里做"文章"；反思以往设计，在掉以轻心失算处思改良）和精彩生成需要的五种动态（学生敢动、知识联动、问题驱动、实质互动和方向拨动）。以上这些专著为我们课堂观察的维度提供了借鉴。

周千红主编、由宁波出版社出版的《预设与生成（上下）》收录了以"预设"与"生成"为题的《让学生真正成为课堂的主人：新课程背景下历史课堂学生主体活动有效性的思考》《把握生成性问题在探究性学习中的思维价值》《教研活动的三"度"空间》等文章，反映了历史教师在新课程实践中的思考与探索。

在主题研讨中互学共进

理论学习的价值不仅在于操作，更重要的是对自身精神和气质的熏陶，对智慧和思维的启迪，对思想和经验的提升。当然，理论学习要有针对性，但又不能急功近利，不能把系统的理论简单地肢解为实际的操作。由于教师平时的教学任务很重，如何利用有限的时间进行专题学习成为摆在大家面前的难题。这种学习应该将工作、学习和研究有机地融为一体，即学习是解决研究问题的学习，是尝试解决教学中遇到的问题的学习，而且它应贯穿于研究的全过程。这个步骤是：

文献搜集：以探究问题的解决为目的，将教师的学习与其承担的研究任务相联系，根据研究的命题来收集相关的文献资料。

集体讨论：确定每次学习的文献内容、阅读重点、讲述的要求和主讲教师；主讲教师在精读时要把握文献的核心概念，归纳作者的主要观点，联系自己的经验，讲述相应的体会、感受，提出利于问题解决的设想和建议；其他教师在泛读时要把握作者的思路和内容的要点，围绕主讲教师的讲述各抒己见，补充相应的观点，交流独到的见解，提出有待探究的问题。

教师个研：教师利用课余时间阅读，圈、画重点章节和句段，琢磨、领会其内涵和观点。

综合撰写：将综合学习的文献、主讲教师的讲述和其他教师的交流，编写专题性的学习研究综述。

这样的设计和要求是基于：其一，学习他人的经验。教师的教学研究是教师的探究性实践，需要向经验学习。其二，同伴互助。"相观而善谓之摩"，教师之间的相互切磋与研讨可以弥合各自的缺失，发挥各自的优势，使研究可持续地深入开展。其三，专业引领。专业理论能拓宽教师的研究视野，激活教师的思维，使行动更加踏实，少走研究的弯路。这样的学习应通过有计划、有步骤地组织相应的学习活动来加以落实。

案例

评课专题学习计划（节录）

时间（周）	学习内容	学习要求	参与对象	主管	需积累资料	备注
第2周	专题学习：《中小学教学专业发展的国际实践》	(1)归纳、提炼文献的主要观点 (2)讲述基于主要观点而引发的启示和启发 (3)基于启示和启发提出相应研究设想或设计	主讲教师、课题组成员		主讲教师的书面文稿和演示文稿 交流纪要	
第4周—第8周	专题研讨：(1)当前评课形式及其优势与不足(2)教学"诊断"的教师观、学生观、质量观	(1)应用专题学习的理念，结合自己的评课经验或困惑，就其中的一两个问题，摆事实、作分析 (2)综合专题文献的主要观点，借鉴他人的研究成果和自己的实践经验，就改革评课方式，提出自己的设想或建议	主讲教师、课题组成员		主讲教师需按"教师专题学习绩效评价"的要求完成讲述文稿 会议纪要按要求打印成文本形式	

主题研讨的过程，是教师不断反思、不断改进、逐步提高的过程。虽然每个教师都单独承担一个主题，但是有些问题并不是其中某位教师能够通过自我努力来完成的，因而要特别突出团队的作用。主题研讨在哪些方面达到了预想目标、

取得了哪些成果、存在哪些问题、得失原因分析、下一步该怎样进行，这些都需要集体从不同侧面来审视"预设"的可行性，都需要大家互相研讨、分析，提出进一步的改进意见，特别是在遇到困难和挫折时，需要同伴的鼓励和支持。只有这样才能形成众人摇橹划大船的动力。

在这个过程中，一些教师开始由被动转向主动，在学习中明方向，在相互研讨中求共进。课堂教学不再追求那种表面的"完美"，每节课都立足于真实的课堂，真实的学生，力图切实应对学生学习中存在的问题。或许成功，或许失败，但都为现场研讨提供了真实的素材，从而引发大家更加深层的思考。有了鲜明的主题、具体的问题和共同的话题，也使教研活动多了一份真诚和理解，无论是授课教师还是听课教师，都以主人翁的态度积极投入活动，使整个研讨活动始终处于热烈友好的气氛中。

在总结生成中继续研究

及时进行阶段性总结，是研究中很重要的一环。一个主题研究结束后，要以书面形式进行总结，对自己在实践中探索出的有效的行为改进策略进行归纳，肯定成功之处，正视不足之处。这样，既能使取得的经验获得理论上的升华，也能及时为下一步实践提供预设的情境，发现问题，预想解决的措施。"预设——生成——总结——再预设——再生成——再总结"这个行为要体现在整个实践过程中。在这个过程中，要对自己的研究进行整理，由感性上升到理性，由实践上升到理论，通过反思、总结，形成一个对教育的个性化认识，完善或重新建构自己关于教育的认知结构。

第三节　在量表的开发中强化研究

作为专业研究活动的课堂观察是一个选择性观察的过程，这就意味着我们的观察必须有一个特定的目标。在学习过程中的观察若想有效，就必须客观；若想客观，观察就要有结构，有一个切实可行的目标、导向甚至详细计划。也就是说，观察者首先必须清楚自己需要观察的是什么，这样即使被其他事情分散注意力，观察对象也不会从视线中消失。观察量表是课堂观察中的核心要素，它不仅支撑着课堂观察的骨架，掌握着课堂观察的方向，而且它是听课时的记录表，是解剖课堂教学的一把手术刀，为课堂教学的优化提供理性思考的依据。华东师范大学崔允漷教授指出："如果一个老师能开发出一张有学科特点又便于操作的观察量表，那么就是一个善于思考的老师；如果一个老师能用这张观察量表持续观察一年，那么就能成为这一方面的专家；如果一个老师能每个学期或每年更换一张观察量表，进行持续的观察，那么就一定能成为这门学科的专家。"[1]设计观察量表需要学习教育理论、研究教法，其意义不亚于上好一节课。因此，设计观察量表的过程是一个很好的成长过程。

——————————

① 崔允漷、赵丽萍主编：《我思故我教：校本教研的故事》，188 页，上海，华东师范大学出版社，2009。

国际教育视角下一个具有代表性的例子是来自美国北卡罗来纳大学的阿瑟·里德(Arthea J. S. Reed)和韦尔娜·伯格曼(Verna E. Bergemann)教授，在他们合著的《课堂观察、参与和反思》(*A Guide to Observation，Participation，and Reflection in the Classroom*)一书中系统地梳理了课堂观察的工具。她们对观察教师、课程、学生都提供了轶事性和结构性以及反思性观察的例子与方法，包括 50 个案例和 50 多种工具模板。

国内方面，华东师范大学崔允漷教授率领的高校团队与浙江余杭的学校合作，在长期实践中合作开发了"课堂观察框架"和课堂观察、记录工具。他们从学生学习、教师教学、课程性质、课堂文化四个维度出发，最后总结出"4 个维度，20 个视角，68 个观察点"的课堂观察框架，并凝聚一线教师的实践经验和智慧，开发了众多具有可操作性的观察工具。

开发量表是整个课堂观察的核心技术，是突破口。要观察课堂就必须理解课堂，要理解课堂就需要有一种分析审视课堂的视角，也就是观察课堂必须明确具体的观察点(观察任务)。课堂是丰富而复杂的，要掌握课堂的方方面面，仅凭个人的观察力与理解力是不够的，需要利用观察量表进行分工与记录，让课堂观察成为一个合作体，按照一定的程序进行的观察，以保障其专业性，避免课堂观察行为的简单重复与"不合而作"。因此，观察量表的制定非常重要。

他山之石：在借鉴中学会理解

刚开始进行课堂观察时，可以借助《课堂观察、参与和反思》一书中一些成功的课堂观察量表。例如，为了观察课堂中的提问技巧，我们可以借鉴下面的表格，[①] 见表 5-1。

表 5-1　课堂观察的提问类型与数量表

问题类型	问题总数
1. 记忆	
2. 迁移	
3. 解释	
4. 应用	
5. 分析	
6. 综合	
7. 评价	

在实际使用中，教师应如何判断提问的类型呢？首先，我们可以借助布卢姆的认知领域目标分类学教育理论，见图 5-1 和表 5-2。

---

① [美]阿瑟 J. S. 里德、韦尔娜 E. 贝格曼:《课堂观察、参与和反思》，伍新春、夏令、管琳译，38 页，北京，教育科学出版社，2009。

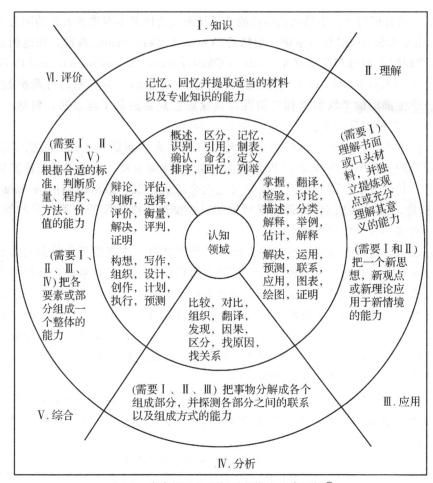

图 5-1   布卢姆认知目标过程维度分类图解[1]

表 5-2   布卢姆认知目标过程维度分类表[2]

（一）记忆 （remembering）	记忆是从长时记忆库中提取相关知识。这一认知过程所涉及的相关知识可以是四种类型知识中的任何一种或者其不同类型的结合。记忆知识对意义学习和解决更复杂的问题来说是必不可少的
1. 识别 （recognizing）	这是从长时记忆库中找到相关的知识与当前呈现的信息进行比较，看其是否一致或相似。识别的替换说法可以是"确认"（identifying）
2. 回忆 （recalling）	这是指当给予某个指令或提示时，学习者能从长时记忆库中提取相关的信息。回忆的替换说法可以是"提取"（retrieving）

①　[美]阿瑟 J. S. 里德、韦尔娜 E. 贝格曼：《课堂观察、参与和反思》，伍新春、夏令、管琳译，38页，北京，教育科学出版社，2009。

②　吴红耘、皮连生：《修订的布卢姆认知教育目标分类学的理论意义与实践意义——兼论课程改革中"三维目标"说》，载《课程　教材　教法》，2009(2)。

续表

（二）理解 （understanding）	理解可以被看成是通向迁移的桥头堡，同时也是最广泛的一种迁移方式。不管是口头的、书面的信息还是图表、图形形式的信息，不管是通过讲授、阅读还是观看等方式，当学习者能够从教学内容中建构意义时，就算是理解了，即学习者在对将要获得的"新"信息与原有知识产生联系时，他就产生了理解。更具体地说，新进入的信息与现有的图式和认知框架整合在一起时，理解就发生了。鉴于"概念"是认知图式与框架的基石，所以，"概念性知识"为理解提供了基础
1. 解释 （interpreting）	这是指学习者能够将信息的一种表征方式转换成另一种表征方式，如不同语词之间的转换、图表转换成语词或反之、数字转换成语词或反之、乐谱转换成乐音等。解释的替换说法可以是"转换"（translating）、"释义"（paraphrasing）、"表征"（representing）和"澄清"（clarifying）
2. 举例 （exemplifying）	这是指学习者能指出某一概念或原理的特定事例，它同确定其特征（如"等腰三角形两条边必须相等"）以及运用该特征选择或建构具体事例（如"五个三角形中哪个是等腰三角形"）有关。举例的替换说法可以是"例证"（illustrating）和"例示"（instantiating）
3. 分类 （classifying）	这是指学习者能够识别某些事物（如某一事例）是否属于某一类别（如概念或原理）。分类能够查明既适合具体事例又适合概念或原理的相关特征或范型。如果说"举例"是从一般概念或原理出发，要求学习者找到相应的具体事例，那么，"分类"则是从具体事例出发，要求学习者找到相应的概念或原理。分类的替换说法可以是"归类"（categorizing）和"包摄"（subsuming）
4. 总结 （summarizing）	这是指学习者能提出一个陈述以代表已呈现的信息或抽象出一个一般主题。总结同构建信息的一种表征方式有关。总结的替换说法可以是"概括"（generalizing）和"抽象"（abstracting）
5. 推断 （inferring）	这是指学习者能够在一组事例中发现范型。当学习者能够从一组事例中发现特征及其相互联系从而抽象出一个概念或原理时，这就表明其能作出推断。推断过程涉及在一个整体情境中对各个事例作出比较，发现范型并创造出一个新的事例来。推断同"应用"中的一个具体认知过程——"归属"不完全一样。例如在阅读一篇故事时，归属带有查明"言下之意"的味道；而推断则带有找出"言外之意"的性质。推断的替换说法可以是"外推"（extrapolating）、"添加"（interpolating）、"预测"（predicting）和"断定"（concluding）
6. 比较 （comparing）	这是指查明两个或两个以上的客体、事件、观念、问题和情境等之间的异同。比较包括了发现要素或范型之间的意义对应性。比较的替换说法可以是"对照"（contrasting）、"匹配"（matching）和"映射"（mapping）
7. 说明 （explaining）	这是指学习者能够建构或运用因果模式。这一模式可以从正规的理论中推演，也可以依据经验或研究得出。一个完整的说明包括阐明某一系统中的主要部分是什么，它们之间如何发生变化等。说明的替换说法可以是"建构一个模型"（constructing a model）
（三）应用 （applying）	应用是指运用不同的程序去完成操练或解决问题，因而应用与程序性知识密切有关。完成操练是指这样一种任务，学习者已知如何运用适当的程序，已经有了一套实际去做的套路；解决问题是指这样一种任务，即学习者最初不知道如何运用适当的程序，因而必须找到一种程序去解决问题。所以，应用与两个认知过程有关：一种是"执行"，它涉及的任务是一项操练；另一种是"实施"，它涉及的任务是一个问题。在实施时，理解概念性知识是应用程序性知识的前提

1. 执行 (executing)	此时学习者面对的是一个熟悉的任务，所做的是执行某一程序。熟悉的情境为学习者提供了恰当的线索去选择程序，因此执行更多的是与运用技能与算法相联系的。技能与算法有两个特点：一是其步骤遵循着固定的程序；二是只要正确地执行，其结果是一个预期的答案。执行的替换说法可以是"完成"(carrying out)
2. 实施 (mplementing)	发生于学习者选择和运用程序以完成一个不熟悉的任务，因为要求作出选择，所以学习者必须理解问题的类型及适用程序的范围。所以，实施常常与其他认知过程(如理解和创造)综合使用。实施的替换说法可以是"使用"(using) 学习者面临的是一个不熟悉的问题，所以也难以立即知道哪一个程序是适用的。更为重要的是，似乎没有单一的程序是完全适合的，或多或少要作出一些调整。实施同运用技巧或方法类的程序性知识有关。它们有两个特点：一是程序并非固定，而是一组有不同"决策点"的流程；二是正确运用程序时常常不存在单一的，固定不变的答案，尤其是在运用概念性知识时更是如此。在"应用"这一认知过程连续统一体中，"执行"程序性知识是一端，"实施"程序性知识处于中间位置，"实施"概念性知识则是另一端
(四)分析 (analyze)	分析是指将材料分解为其组成部分并且确定这些部分是如何相互关联的。这一过程包括了区分、组织和归属。虽然有时候也将分析作为独立的教育目标，但是往往更倾向于将它看成是对理解的扩展，或者是评价与创造的前奏
1. 区分 (differentiating)	这是指学习者能够按照其恰当性或重要性来辨析某一整体结构中的各个部分。区分同比较之间是有所不同的。前者要求在整体的框架下看待部分，例如苹果和橘子被放在"水果"这一更大的认知结构中加以区分时，颜色和形状都是无关特征，只有"果核"是相关特征。比较则被要求关注苹果的所有三个特征。区分的替换说法可以是"辨别"(discriminating)、"选择"(selecting)、"区别"(distinguishing)和"聚焦"(focusing)
2. 组织 (organizing)	这是指确定事物和情境的要求，并识别其如何共同形成一个一致的结构。在进行组织时，学习者要努力构建信息之间系统一致的联系。组织常常与区分一起进行。也就是说，先要确定相关的或重要的因素，然后再考虑要素适配的总体结构。组织的替换说法可以是"形成结构"(structuring)"整合内容"(integrating)、"寻求一致"(find coherence)、"明确要义"(outlining)和"语义分析"(parsing)
3. 归属 (attributing)	这是指学习者能够确定沟通对象的观点、价值和意图等。归属于"解构"的过程，期间学习者要确定作者的意图。如果要作出"解释"，学习者只要去理解材料的意义就可以了，但"归属"则要求超越基本理解去推断材料的意图或观点。归属的替换说法可以是"解构"(deconstructing)
(五)评价 (evaluate)	评价是依据准则和标准来作出判断。评价包括了核查(有关内在一致性的判断)和评判(基于外部准则所做的判断)。尤其要指出的是，并非所有的判断都是评价。实际上，许多认知过程都要求某种形式的判断，只有明确运用了标准来作出的判断，才属于评价
1. 核查 (checking)	这是指对某一操作或产品检查其是否内在一致。例如：结论是否从前提中得出，数据是否支持假设，呈现的材料是否互相有矛盾，等等。当核查与"计划"和"实施"相结合运用时，就可以确定该计划是否运作良好。核查的替换说法可以是"检验"(testing)、"查明"(detecting)、"监控"(monitoring)和"协调"(coordinating)

续表

2. 评判 （critiquing）	这是指基于外部准则或标准来判断某一操作或产品。评判是批判性思维的核心。评判的替换说法可以是"判断"（judging）
（六）创造 （create）	创造是将要素整合为一个内在一致或功能统一的整体。这一整体往往是新的"产品"。这里所谓的新产品，强调的是综合成一个整体，而不完全是指原创性和独特性。"理解""应用"和"分析"虽然也有整体和部分之间的关系，但它们主要是在整体中关注部分；"创造"则不同，它必须从多种来源抽取不同的要素，然后将其置于一个新颖的结构或范型中 创造的过程可以分解为三个阶段：第一是问题表征阶段，此时学习者试图理解任务并形成可能的解决方案；第二是解决方案的计划阶段，此时要求学习者考察各种可能性及提出可操作的计划；第三是解决方案的执行阶段。所以，创造过程始于提出多种解决方案的"生成"，然后是论证一种解决方案并制订行动"计划"，最后是计划的"贯彻"
1. 生成 （generating）	这是指学习者能够表征问题和得出符合某些标准的不同选择路径或假设。通常最初问题表征时所考虑的解决路径有多种，经反复推敲调整，会形成新的解决路径。这里的"生成"同"理解"过程中各个认知子过程不完全一样。一般来说，理解所包含的各个认知子过程也都带有生成的功能，但往往是求同的（如领会某一种意思），而此时的生成却是求异的，要尽可能提出不同的解决路径。生成的替换说法可以是"提出假设"（hypothesizing）
2. 计划 （planning）	这是指策划一种解决方案以符合某个问题的标准，也就是说，形成一种解决问题的计划。计划的替换说法可以是"设计"（designing）
3. 贯彻 （producing）	这是指执行计划以解决既定的问题。贯彻要求协调四种类型的知识，同时也不是非得要强调原创性和独特性。贯彻的替换说法可以是"构建"（constructing）

以上两个表格从认知理论的角度对思维活动进行了分类，教师可以依据这两个表格设计适合自己课堂观察的量表。

"历史课堂提问水平"分析

案例

表 5-3　问题水平的判断举例表（基于布卢姆和桑德斯的观点）

1. 记忆 谁…… 什么时候…… 主要内容是……
2. 翻译： "闭关锁国"怎么定义？ 这段古文用现代文怎么说？
3. 解释： 用你自己的话说说这段话的意思。 不用看课文，你说说……的意思是什么？ 解释一下新中国经济发展曲线图。

续表

4. 应用： 如果……会怎样？ 假如你是王安石，你会怎样去改革？
5. 分析 比较商鞅变法与王安石变法的异同。 是什么导致北宋中期"三冗"局面的出现？ 这段材料是基于事实还是观点？
6. 综合： 写一篇关于……的论文； 请用漫画的形式来描述美苏争霸三阶段。
7. 评价： 给《拿破仑传》这本书写评价； 与上述观点进行辩论； 面对 1929—1933 年的经济危机，哪个国家提出的解决办法最有效？为什么？

　　这样，我们对历史课堂教学提问的类型有了较为清晰的认识，在进行观察时也就有很好的理解和把握。

　　又如，我们可以借鉴"学生活动课堂观察量表"的观察维度来观察学生的学习活动，见表 5-4。

表 5-4　学生活动的课堂观察量表[1]

研究问题：学生活动的有效性　　　　　　　　观察教师：

环节	活动内容	活动形式与耗时					活动组织		活动效果（描述为 A. 较好，B. 一般，C. 欠缺）			
		口述	小组合作探究	角色扮演	交流	其他	教师对学生活动的指令：W. H. W	任务完成情况及原因分析	对目标达成的有效性		
									知识与能力	过程与方法	情感态度与价值观

---

　　① 沈毅、崔允漷主编：《课堂观察：走向专业的听评课》，184 页，上海，华东师范大学出版社，2008。

通过上面表格，我们可以从几个方面进行解读：

指令标识：学生活动组织主要指教师对学生活动的指令，具体描述为谁（Who）以什么形式（How）做什么（What），简称 W. H. W。衡量的标准为：A. 所有学生能获得较为准确的指令；B. 指令不清晰但大部分学生能理解；C. 指令不清晰且大部分学生不能理解。

表格结构：观察量表分为四个部分，具体设计意图说明如下：

1. 活动内容

活动内容是指本环节中在教师的指导下，学生应该做些什么。

2. 活动形式

列举课堂中最为常见的教学活动形式。如历史的教学活动有阅读、思考、回答、交流以及其他形式。记录时需要教师先判断学生活动形式属于哪一种，再在相应的活动形式下面记录活动了多长时间。这些记录，有利于分析一节课里学生活动形式是丰富多彩的还是比较单一的、各种活动形式的时间分配是否合理。

3. 活动组织

活动组织主要记录教师指导学生活动的指令是否清晰、明确，学生能否迅速理解教师指令并付诸实施。应该说，教师指令的明确程度、清晰程度是达成学生活动目标的前提条件。因此，及时记录教师指令情况非常重要。通常，教师都以"谁以什么形式做什么"，即"W. H. W"的形式发出活动指令，因此在观察时需要及时判断指令的有效性，并对清晰度、明确度不足的指令内容进行及时记录，便于课后分析讨论。

4. 活动效果

活动效果包括学生活动的任务完成情况与学生活动对目标达成的有效性，以字母"A、B、C"分别代表活动效果的三个等级。任务完成情况是针对教师布置的这项活动任务本身而言，完成得好或者差，其原因是什么。而学生活动对目标达成的有效性，是指本项学生活动对促进教学目标的达成作用如何。一般来说，教师设计的学生活动都有利于促进教学目标的达成，然而每项活动为三维目标服务的重点又是有差异的，比如，有的活动主要是为了达成知识与技能的目标，有的活动强调过程与方法的目标，而有的活动主要指向情感态度与价值观方面的目标。这就需要我们在观察中继续进行细分并加以研究。

纵观上面观察量表可以看出，它是由三个板块构成的：一是教师的具体教学行为记录；二是学生学习活动记录；三是归因分析。教师在借鉴他人观察量表时，需要弄清结构，细致入微地观察，真实准确地记录，有理有据地归因，从而获得有价值的研究结论。

取其精华：在修订中寻找恰当的形式

在进行课堂观察时，教师要根据所授课的具体情境来设计选用与调整观察量表。情境的设计影响一节课的优劣，课堂观察更要根据情境设计的改变，调整与选用合理可行的观察量表。设计好的量表要不停地进行改进，不同的课堂具有不同的情境。所以，在使用量表前必须根据观察课的具体情境，调整原先设计的量表，不能只是简单地为了量表而量表，避免出现舍本逐末的现象。《课堂观察走向专业的听评课》一书中有 21 份比较典型的观察表，这些观察表是在崔允漷教授及其团队的指导下，在查阅大量国内外文献的基础上，一线教师通过总结教学经验、经过试用修正完成的。其中有一张"学生参与度观察表"，历史教师可以根据自己的课堂需要进行修改并加以使用，见表 5-5。

表 5-5　学生参与度观察表[1]

学生参与和积极性 活动环节		A 组主持	B 组主持	C 组主持	D 组主持
专注倾听	人数				
	比例				
辅助倾听方式	查阅				
	回应				
	其他				
回答人数					
主动应答	人数				
	比例				
主动质疑	人数				
	比例				
参与讨论	人数				
	比例				

案例

《19 世纪六七十年代中国社会经济结构的变动》
一课学生参与度观察表

根据必修二《19 世纪六七十年代中国社会经济结构的变动》复习课的要求，我们修改了观察表，制订了"《19 世纪六七十年代中国社会经济结构的变动》复习课学生参与度观察表"，见表 5-6。

①　沈毅、崔允漷主编：《课堂观察：走向专业听评课》，201 页，上海，华东师范大学出版社，2008。

表 5-6　《19 世纪六七十年代中国社会经济结构的变动》
复习课学生参与度观察表

观察者：_____

教学过程　　学生参与积极性	鸦片战争后中国社会经济结构的变动复习	巩固练习				
		洋务派与顽固派（练习 1）	洋务运动的兴起和发展（练习 2）	洋务运动的效果（练习 3）	中国民族资本主义工业的兴起（练习 4）	早期的资产阶级和无产阶级（练习 5）
专注倾听或练习	人数					
	比例					
辅助倾听方式	查阅课本或资料					
	做笔记					
	其他					
回答人数						
主动应答	人数					
	比例					
主动质疑	人数					
	比例					
参与讨论	人数					
	比例					
观课分析						

注明：1. 专注倾听和参与讨论的比例是占全班人数的比例；

　　　2. 主动应答的比例是占应答人数的比例；

　　　3. 主动应答、质疑、参与讨论可以加以描述性的记录。

对比两个表格可以看出，第二个表格在第一个表格的基础上进行了较大修改：

修改一：把"活动环节"修改为"教学环节"，便于操作。

原课例的课堂类型是政治沙龙课，"沙龙式"教学策略是浙江省余杭高级中学政治组共同创造的一种符合现代教育理念的教学策略，旨在改变学生的学习方式。该观察表就是根据这种"沙龙式"教学策略和教学流程安排设计的。根据课例说明，其教学流程汇总的第二环节安排了四个小组的学生活动。现根据所观察课的教学设计，将原"活动环节"修改为"教学过程"，更便于操作。

修改二：辅助倾听方式项目的完善，便于观察。

根据历史复习课的特点，把"查阅"改为"查阅课本或资料"，增添"做笔记"一项。

修改三：增加了观课分析，有助于交流和反思。

观察量表是我们评课时的数据支持，能使评课内容变得更加客观和有说服力，使得评课更有科学依据，有助于教师切实地改进课堂。

案例

《文艺复兴》一课教师行为观察评价

教研组在观察韦老师的《文艺复兴》一课时，选择了教师的课堂行为作为观察点。通过观察，教师发现了平时听课发现不到的亮点：

1. 目标达成：教师通过问题情境导入课题，让学生认识到本节课的意义，展示的学习目标清楚，预设的教学目标基本达成。

2. 教学行为：教师先设疑，然后组织学生进行自主学习、合作讨论，能发散学生的思维，并积极参与问题的探讨，使得活动开展得更有效，最后在学生的错题纠正中提升本节课的教学质量。

3. 教学方式：对不同的问题采取不同的方式引导学生思考，对学生的回答给予鼓励和引导，让学生始终有成就感，把学生真正看作课堂的主人。本节课的一大亮点就是整节课采用循序渐进的方式来引导学生理解和把握人文主义的本质特征。从统计来看，学生自主学习占据了整堂课的一半多时间，从分析观察量表的记录不难看出，这是非常有必要的。学生通过亲身体会与思考，能更好地理解本节课的知识目标；教师通过提问的方式，采用启发式语言可以很好地引发学生思考和进行课堂活动，使得学生通过思考获得结论，认识更加深刻。

课堂观察量表不仅仅是一个表格，更有助于对我们所进行的观察点进行细微的透视。课堂观察量表能用数据直观形象地说明师生在上课中的真实情况，能针对问题提出有效的改进策略。教学是一门艺术，只有在不断交流与深入思考中才能共同提高。如果我们在每一次使用量表的过程中能发现问题并找到原因，就能加以改进、完善，能够在下次的教学中做得更好。

柳暗花明：在开发中学会研究

设计观察量表有三个标准：其一是要素标准。观察工具要涵盖教师、学生、课程、环节以及教学目标、教学内容、教学过程、教学方法、教学效果等教学要素，实施过程中可以采用时间抽样的方法，间隔一定的时间进行记录。其二是流程标准。观察工具要涵盖课堂教学"准备——实施——目标达成"的完整过程，可根据不同的教学行为来进行抽样记录。其三是效果标准。学习效果是衡量课堂教学有效性的根本依据，具体可以采用课后随机抽取学生进行测试来进行。

开发新的专题观察表主要分三个阶段，见图 5-2。

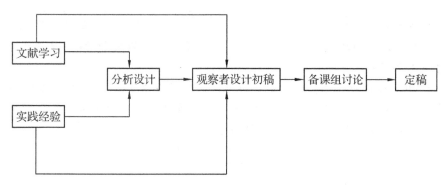

图 5-2　开发新观察表的基本步骤

一是分析设计阶段，是开发新的专题观察表的起步阶段。该阶段应以具体分析观察对象（内容）的要素和观察课的特征为逻辑起点，从研读相关文献资料开始，有效地整合实践经验，根据观察课的具体情境设计专题观察表。

二是试用修正阶段，是从设计新的专题观察表到正式使用的中间过程。分析设计新专题观察表一般只能在理论意义上确保一定的科学性，但不能保证观察表在具体实践过程中的可操作性。在开发到正式使用之间尚缺一个实践检验的过程，这就需要在理论思考和实践检验的双重观照中，不断修正与优化专题观察记录表。

三是正式使用阶段，是新专题观察表投入实践操作的阶段。一般来说，教师自主开发的专题观察表，使用起来得心应手，解释起来能自圆其说，尽管可能存在着这样或那样的问题，却能在开发的过程中很好地提高教师的理论素养、设计能力和合作研究的水准。

开发新专题观察表离不开两大基础：文献学习和实践经验。文献学习是指利用存在于文献资料中的知识和原理，指导新专题观察表的开发，以尽量确保专题观察表的科学性和严谨性；实践经验是指利用教师长期的、复杂的教学实践智慧，推进专题观察表的开发，以尽量确保专题观察表的针对性和情境性。文献学习和实践经验不仅植根于新专题观察表开发的起始阶段，也镶嵌于新专题观察表开发的整个过程，不断推动着新专题观察表的修正。

案例

"历史课堂评价促进学习的有效性研究"课堂观察量表的开发

1. 理论学习。教师首先通过查阅书籍、上网等方式找到有关课堂评价的理论文章进行自主学习，如覃兵著的《课堂评价策略》（北京师范大学出版社出版）、美国罗伯特·J. 马扎诺（Robert J. Marzano）著的《有效的课堂评价手册》（邓妍妍、彭春艳译，教育科学出版社出版）；沈玉顺编著的《课堂评价——新课程课堂教学改革丛书》（北京师范大学出版社出版）、田慧生编的《课堂评价的理论与实践》（远方出版社出版）；美国斯蒂金斯（Richard J. Stiggins）著的《促进学习的学生参与式课堂评价》（第 4 版）（国家基础教育课程改革"促进教师发展与学生成长的评价研究"项目组译)等学术著作，对学术界目前的研究现状有了比较清楚的认识和理解。其次，我们集中学习了林存华编著的《听课的变革》，并对课堂观察的视角进行了探讨。

2. 观察视角的确定。通过学习和讨论，教师将课堂观察视角确定为"两个维度三个要素"。两个维度即教师维度和学生维度，三个要素即目标、互动和状态，为观察课堂提供了一个基础性框架，见表5-7。

表5-7　课堂观察视角量表

	目　标	互　动	状　态
教师	设置的合理性 达成的策略性	教师的评价行为如何引发互动，引发了何种互动，以及互动的程度如何，这种互动是否基于学生实际、目标达成、知识特点等	以何种策略促进课堂良好状态的形成与维持
学生	达成度 达成效率		情绪是否饱满、参与是否积极、思维是否活跃等

3. 观察视点的确定。在观察视角的基础上教师结合教研主题，以课堂评价的内容、课堂评价的方式为视点，设计了定量与定性相结合的课堂观察记录表。这一环节的关键是如何设计课堂观察的视角和视点。一般来说，需要考虑以下几个因素：(1)课堂结构要素，包括教学策略、教师行为、学生状态、师生互动等；(2)研究主题，课堂评价的有效性；(3)指标的可观察性。把这些教学要素按由重到轻排序、层层分解，形成可直接观察的点，在此基础上设计观课记录表。记录表的呈现不再用评语的形式，而是用问题的形式，旨在引领我们去思考而不是评价课堂。需要说明的是：观察点既不能太多，否则难以操作；也不能太少，否则无法获得比较全面的课堂信息。见表5-8、表5-9、表5-10、表5-11。

表5-8　课堂评价内容和评价方式观察量表

教学环节	评价内容			评价方式	学生的反应			反　思	
	情感性评价（学生习惯态度兴趣）	内容性评价（文本内容）	方法性评价（学习方法）		情感评价	内容评价	方法评析	观察分析	应对策略
评价									

注明：学生反应，A. 热烈有共鸣　　B. 迷惑不解　　C. 无反应；半数以上学生参与或响应为热烈有共鸣。

表 5-9　课堂评价时间分布统计表

课堂评价环节	引入新课环节		讲授新课环节		课堂小结环节	
评价数量	评价次数		评价次数		评价次数	
	评价率		评价率		评价率	

表 5-10　课堂评价方式统计表

课堂评价角度	课堂评价时机	课堂评价性质
教师评价	及时评价	赞赏性评价
		引导性评价
		补充性评价
		不恰当评价
	延时评价	
学生评价	及时评价	
	延时评价	

表 5-11　教师评价语言有效性统计表

教师评价语言的有效性						
评价目的(清晰、准确、无冗余)		评价时机(成熟、不成熟、生硬)		评价态度(交流式；表演式；个性化)		效度原因分析
次数	%	次数	%	次数	%	

注明：教师对学生进行精细评价的要求。

1. 是否知道不同层次的学生在课堂中的表现；

2. 教师对学生使用不同的反馈方法，使他们知道如何做出努力；

3. 对学生容易产生的错误进行重新组织和结构化处理，加强学习指导的针对性；

4. 通过问答的方式不断地对学生的理解有一个判断，以便于引导学习。

新课程强调课堂教学对学生进行及时的和过程性的反馈，但在实际操作中却出现了滥用反馈和评价的现象。因此，必须考查课堂反馈与评价的有效性。一是课堂评价和反馈要具有针对性，必须紧紧追随学生的学习需要和特定的教学情境，而非笼统的回应。二是课堂评价和反馈要具有指向性，即教师对学生的赞扬、鼓励、强化、纠错、归纳和总结要能对学生特定的学习具有改进作用，如让学生了解自己的学习状况、提示和强化学习内容、帮助学生提高学习技巧等。三是有意义的反馈和评价不是任意性的，它必须具有一定的结构，能够对学生理解现有观念、重组现有知识结构、进行高级思维任务给予积极的帮助和指导，对学生的整个学习过程具有方向性的引导作用。

从以上课堂观察评价表的视角和视点出发，可以清晰地辨识出新课程对课堂教学改革的关注点，而在综合这些视角对课堂教学进行观察与评价的同时，应该尤其注意：它们一方面最集中地体现了当下课堂教学所普遍存在的问题；另一方面则最本质地代表了新课程背景下有效课堂教学的基本特征，如课堂评价的多维度、差异性、过程性、全面性，以及课堂评价应引领师生平等交往，共同发展民主、和谐、平等的关系。

综合来说，课堂观察量表的开发和使用可以推动历史教师专业素质的发展。首先，在课堂观察的过程中，需要对课堂观察量表进行大量开发和修改；全面衡量和考虑观察点的选取、观察视角的确定，譬如所量化的指标能说明什么问题，能否达到真实反应本节课教学效果的目的等；要熟悉把握所观察课的章节内容，而且还要一定高度的指导能力。所有这一切的过程，都有利于促进和推动课堂观察者业务水平的发展。其次，通过对观察量表的设计，能够督促开发者阅读相关教育学的书籍，有利于加强教师对教学理论的学习，提升教育教学理论，并能做到在实践中深刻体会，以避免原来空洞的理解。通过这种专业式的听评课，能使教师了解自己的教学方法和教学过程中的不足，有利于改进以后的教学，避免再犯同样的错误。

第四节   在挖掘与打磨中形成风格

教学风格是指"指教师在长期教学实践中逐步形成的、富有成效的、一贯的教学观点、教学技巧和教学作风的独特结合和表现，是教学艺术个性化的稳定状态之标志"，[①] 有教学风格的教师在长期的教学工作中形成并经常表现出来的教学习惯或教学定势，也是教师独特个性魅力的体现，它就像烙在教师身上的印记一样，使我们能够轻易识别出"这一个教师"或"那一位教师"。例如在中学历史教学界李惠军老师的大气，郭富斌老师的博学，唐云波老师的情思激荡，彭禹老师的学术视野，夏辉辉老师的自然情动，这些名师的教学风格是我们学习的典范。

教学风格是教师经过长期教学实践而形成的，符合其自身个性的一种教学方式、方法和技巧的独特结合。教学风格的形成需要一个过程，需要长期的积累与总结，一般要经过"模仿—学习—借鉴""独立创造—反思—再创造"和教学风格形成三个阶段。通过课堂观察，我们可以鼓励、引导教师认识自我、发展自我，扬长避短，朝着合乎自己审美个性和特长的目标去努力，尽快形成自己的个性化教学风格。一个教师教学风格的形成，需要经历一个探索追求的过程，教学风格的发展是教师个性不断自我优化的过程。

有学者认为，教师的专业知识是一个教师教学风格的核心组成部分。舒尔曼从科学主义知识观出发，在"教师必须知道如何把他所掌握的知识转化为学生能理解的表征形式，才能使教学取得成功"的信念下，给出一种包含七个知识类别

---

① 李如密：《教学风格的内涵及载体》，载《上海教育科研》，2002(4)。

的教师知识结构模型，即(1)学科内容知识(subject content knowledge)；(2)一般教学知识(general pedagogical knowledge)；(3)课程知识(curriculum knowledge)；(4)教学内容知识(pedagogical content knowledge，PCK，又翻译成学科教学知识)；(5)学生及其特征的知识(knowledge of learners and their characteristics)；(6)教育环境的知识(knowledge of educational contexts)，包括从班组或课堂的情况、学区的管理和经费分配，到社区和文化的特征；(7)教育的目的、目标、价值以及它们的哲学与历史基础的知识。并通过实证认为，学科教学知识(PCK)最能区分学科专家与教学专家、高成效教师(名师)与低成效教师间的不同。[①] 而美国教育心理学家格罗斯曼(P. L. Grossman)将学科教学知识(PCK)再进一步解析为四个部分：①一门学科的统领性观念——关于学科性质的知识和最有学习价值的知识；②学生对某一学习内容理解和误解的知识；③特定学习内容在横向和纵向上组织和结构的知识；④将特定学习内容呈示给学生的策略的知识。[②] 这样，利用学科教学知识(PCK)来解决问题的教学技能也逐渐在世界范围开展起来。

国内学者北京师范大学的辛涛、申继亮、林崇德则从认知心理学的角度出发，视教学活动为一种认识活动，视教师知识为认知活动的基础，根据功能将教师知识分为四类：本体性知识、条件性知识、实践性知识和文化知识。[③] 研究表明，教师专业成长与知识结构变化呈现出以下趋势：

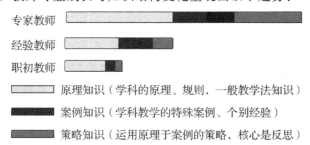

职初教师的知识结构以原理知识为主，包括学科的原理、规划，还有一般教学法的知识，我们称这种可以言传、可以用文字表达的知识为明确知识(书本知识)。经验教师在教学实践中逐步积累案例知识，主要是学科教学的特殊案例、个别经验。专家教师则还具备丰富的策略知识，也就是运用教育学、心理学原理于特殊案例的策略，其核心是对教学实践的反思。

研究表明，职初教师、经验教师和专家教师的学科教学知识、案例知识和策略知识是他们的最大差异，教育教学工作所需的专业能力更多的还是通过职后教育和自我学习而取得的。而且大量的研究表明，专业能力的发展提高也并不是单纯从教时间的累积，而是更需要教师勤于学习，勇于实践，潜心揣摩，不断总

---

①　Shulman, L. *Knowledge and Teaching: Foundations of New Reform*. Harward Educational Review, 1987, 57(1): 22。

②　李培明：《守望教育的理想》，254～255页，北京，人民出版社，2008。

③　辛涛、申继亮、林崇德：《从教师的知识结构看师范教育的改革》，载《高等师范教育研究》，1999(6)。

结，善于反思。

模仿入格：在课堂观察中学习起步

"入格"，这是教学风格形成的起点。观察、模仿优秀教师的教学风格是教师尽快形成自己独特教学风格的必由之路，特别是刚走上教学岗位、教学时间短、教学经验不足、对课堂教学的规律性和学生的学习特点还处于了解阶段和认识阶段的年轻教师，更需要虚心学习模仿。有专家认为："'当教师看到自己的同事展现出某种更好的实践'时，教师更倾向于接受这种榜样的作用而在自己的专业活动中采取变革。"[①]从对象而言，可以观察、模仿优秀教学设计的"精妙之处"；观察、模仿优质课光盘或录像，模仿优质课对教学各环节的把握；向身边的优秀教师学习，学习他们如何处理教材、驾驭课堂。从内容而言，可以学习优秀教师亲切民主的教学态度、端庄典雅的教学气质、科学严谨的教学方法、优美流畅的教学语言，机敏灵活的教学方式，形成教学中多样而自然大方的体态语言。在学习中，要求教师结合自己的实际教情与学情对别人的课重新进行组织、整合与创新，借鉴吸收别人的养分，融入自己个人的智慧与独到的见解，达到"借智补智，借力使力"的目的。

案例

上海特级老师钱君端的"模仿"[②]

年轻时，我磕磕巴巴地读过一遍《史记》，司马迁寓理于史的写史风格给我留下了深刻的印象。拨乱反正以后，上海历史教坛群星荟萃，包启昌老师的"概念教学法"和"一堂课一个中心"的教学原则、吕登来老师的"知识小零件"、蒋衍老师的"挖潜台词"、郭景扬老师的知识结构图……都很有影响。我敬佩他们，也知道我成不了他们，不能停留于简单模仿。在博采众长的同时，分析自己长处：我是女教师，感情比较细腻，普通话也还可以，还擅长讲故事（必要时可以模仿刘兰芳讲一段）。况且我还年轻，知识结构比较新，面对历史学科承担的"知识""能力""情感"三大任务（当时的提法），要形成寓理于史，寓情于史情感教育的特色，以丰富的史实去感染学生。

模仿既有积极主动的模仿，也有消极被动的模仿。历史教师在观察模仿中必须坚持"为我所用"的原则，不能一直消极地停在观察模仿这一水平上，而应在模仿、借鉴他人经验的同时，结合自己的实际认真思考，消化、吸收适合自己特点的有益的"内核"，努力发现和总结自己在教学中的实践经验和教训，以充实自己在课堂上的"自立"因素。优秀教师的成长表明，他们一开始任教就避免了不顾实际和自身特点而消极模仿别人教学经验的做法。上面案例中钱君端老师即是在博采众长的同时，分析自己的长处，形成寓理于史、寓情于史的情感教育特色。因

① 王建军：《课程改革与教师专业发展》，157页，成都，四川教育出版社，2004。

② 陶世华、段丽珍：《"为了探索教育的真谛而挑战自我"——中学历史特级教师钱君端访谈录》，ht-tp://hist.cersp.com/kcjs/kcyj/200711/8357.html。

此，不考虑自己个性特点、自己任教学科的性质、学生实际等，采取盲目、消极模仿别人教学方法等的做法，终究是不可能形成具有自己特色的教学风格的。因此，模仿必须注意高标准、严要求、善于琢磨思考，以得其精髓。

立格定型：在课堂观察中探索磨炼

在模仿达到相当熟练的程度后，年轻教师通过自己的思考和刻苦锻炼教学基本功，能逐渐做到将他人的经验"为我所用"，并开始用自己的语言、表达方式和方法来探索性地进行教学，迈出建构自己独特教学风格的重要一步。当然好课还须久经磨砺：同一节课，年轻教师先上成型课；在优秀、专家教师引领下进行课堂观察和反思，再上提高课；然后在优秀、专家教师引领下继续课堂观察和反思，上完善课。

"立格"是形成教学风格的一个关键阶段，要注意做到以下两点：一是学思结合，在模仿别人教学的过程中，多加思考，抓住其教学风格的精髓；二是学用结合，把模仿与运用、大胆创新结合起来，努力做到学以致用，活学活用。

吴迪老师"在游泳中学会了游泳" [①]

案例

2004 年，我一走出大学校门就投入到了新课改的大潮中。四年来，我与新课程共同成长，渐渐地"在游泳中学会了游泳"。

刚置身课改大潮时，我既感到措手不及，又有点跃跃欲试。作为"菜鸟级"的教师，最大的挑战就是知识特别是经验的匮乏。于是，我和大多数青年教师一样，开始模仿成功的、有经验的教师的做法。

在模仿的过程中，我渐渐有了自己比较深入的思考。比如《雅典城邦的民主政治》一课，夏辉辉老师创设的"帕帕迪"的故事情境确实是经典，我也是"帕帕迪"众多"粉丝"之一。但在借用这个情境进行课堂教学的同时，我也思考并总结了一些问题：第一，这种故事情境细节丰富有趣，会使学生在课堂上生成的问题过多，或多或少地影响了既定教学目标的完成。虽然生成的问题中也不乏有亮点或能引发新的思考，但我仍认为 40 分钟的课堂还是应该追求整体效益。第二，故事情境可能激趣有余，但震撼不足。第三，我们教给学生基本的治史方法是"论从史出"，尽管这种情境也是建立在真实的历史之上，但以学生的水平，难以从故事中进行升华和提炼概括。所以他们认识的"史"，往往会与故事情节混淆。当然这些问题的出现与教师个人的经验和课堂驾驭能力有很大关系。那么，有没有更适合自己这种"菜鸟级"的历史课堂情境呢？

经过思索，我以真实史料为基础，创设了一个穿越"时空之旅"的情境。在课堂中，教师带领学生"游历"了第一站——雅典学院、第二站——公元前 5 世纪雅典公民家中、第三站——普尼克斯的山丘（公民大会的会址）、第四站——雅典狄奥尼索斯露天剧场、第五站——民众法庭。

---

① 教育部 2010 年普通高中课程改革实验省教师远程培训：《专题十　高中历史教师面对的机遇与挑战》（未发表）。

> 我认为，对于青年教师来说，挑战变成机遇的过程也许就是这种"寻门而入，破门而出"的探索过程。在新课改中，曾以为颠扑不破的教学真理被重新审视，不曾听说过的名词理念疾风骤雨般扑面而来，新与旧的交融，进与退的交锋纷纷而至，面对诸多的困惑和迷茫，我只抱着一个信念，那就是"行动"。我开始尝试着换位思考，尝试着让我的历史课堂更具实效性，在教学设计时我时常进行"自讨苦吃"式的思考。

年轻的吴迪老师自称是"菜鸟级"教师，她清楚地意识到，自己步入新课程远比其他有经验的历史教师所面临的困难和障碍要多。比如，她对夏辉辉老师成功的课例就无法完全照搬，因为她暂时不具备娴熟驾驭开放式课堂的能力。但她并没有就此而彷徨不前，而是经过思考，设计了既有利于学生发展，也适合自身特点的教学方案。她并没有停留在新教师的模仿阶段，更没有刻意地设计形式上的热闹而没有实效的情境教学，而是立足于引导学生正确分析材料，经深度思考训练，注重培养"论从史出"的学科能力的教学风格。

"定型"，即正确地选择适合自己发展的教学风格模式，为自己教学风格的形成作出定位，是形成教师教学风格的关键。随着教师的积极努力和教学工作经验的积累，在课堂教学工作中开始摆脱模仿的束缚，逐步进入探索阶段，如开始钻研教学语言和表达艺术、教学板书板画艺术、示范性艺术等。这个阶段，教师思维的敏捷性、灵活性增强，教学个性特征开始显露，开始有意识地研究课堂教学艺术的形式与效果。尽管学习模仿是形成教学风格的需要，但是要真正形成独特的教学风格，教师必须在学习众多优秀教师独特教学风格的基础上，着眼于自己教学风格的形成并能作出准确的定位。教学风格的选择定位是建立在教师思想道德水平、已有的教学经验、个人特长、兴趣爱好、生理心理特点等基础上的，需要教师认真和客观地对这些因素加以分析、思考、提炼。

有人说，课例研究是"好事多磨"。立格定型后，还需要在课堂观察中探索磨炼。也就是说，通过课堂观察，在其他教师的协助下，对教学预案和试教进行认真研究、反复推敲、细致打磨，以保证该课教学成为质量较高的精品课。在磨课活动中，通常是先由执教者试教，学校领导和同学科教师课堂观察，从教师语言与教态、教学设计与课堂生成、师生课堂交往行为、教学手段的选择与运用等方面各抒己见。这是一种以课堂观察为基础、以持续的实践与反思为特征、以全员自主参与为表现形式的校本教研活动。课堂观察是集体智慧淬炼的平台，集体议课反思，在不断的上课与议课中完善课堂教学活动，提高课堂实效。在完善某一课程教学的过程中，形成共享的优秀案例，炼出相关教学的方法策略，悟出某些教学规律来，打造出上课教师富有个性的教学风格。

课堂观察中的反复磨课对于一个执教者来说，其作用除了外显于"成功的一节课"外，隐性的影响也许会来得更珍贵，那是一种思维碰撞后的顿悟、理念偏离后的矫正、实践层面上的指引，使其能挑战自我，超越自我，乐在其中。通过课堂观察来挖掘和打磨一节课，是一个不断肯定、否定、否定之否定的向前过程。这个过程需要反复揣摩和推敲：试教、推翻、再试教、再推翻，直到最后成功。只有经过这样一次次地轮回、不断地打磨，才能磨出教师创新思维的火花，磨出教师合作交流的默契，磨出教师把握教材的深度，磨出教师精湛的教学艺术。"十年磨一剑"，没有长期的磨炼，就不能应付自如，也不能窥探到教育至真至善至美的境界。

<table>
<tr><td></td><td>案例</td></tr>
</table>

唐云波老师的痛苦蝶变：一份教案"被革了四次命"[①]

2007 年 7 月 15 日在吉林省长春市将举行全国普通高中历史课堂教学竞赛，唐云波老师是广东省选派的两名选手之一。她的一份教案"被革了四次命"，足以说明一名优秀教师成长过程中的磨砺。

第一稿：文艺复兴巨匠的人文风采

副标题：对意大利文艺复兴及人文主义的研究性学习

一、初步认识文艺复兴（课前预习）

二、深入研究文艺复兴（课堂重点）

（一）文艺复兴时期意大利的风土人情（用了七则材料）

（二）文艺复兴时期意大利的主流思想

1. 请学生根据前面的学习，用自己的语言描述文艺复兴时期的人文主义

2. 老师展示学者对此问题的论述

三、对研究过程的总结（课堂重点）

第一，可以用于了解历史真相的史料

第二，如何辨析与运用史料

四、对研究主题的反思（课后作业）

在集体论课时，深圳市的中学历史备课团队认为："这节课，你又想上清楚文艺复兴，又想讲明白史学研究方法，一节课出现了两个主题，都想讲好，但都讲不好，因为就四十分钟时间，你只能解决一个问题！"问题出在主题不明、力量分散。于是唐老师针对问题二度探索，终于写成了第二稿。

第二稿：文艺复兴与人文主义

这一稿只突出一个核心：文艺复兴、人文主义。整节课按下面五大板块展开：

一、导入

二、探源文艺复兴与人文主义

三、感悟文艺复兴与人文主义

四、体验文艺复兴与人文主义

（一）身临其境　一位人文主义者的求职

（二）扮演莎士比亚作品中的人物

五、总结文艺复兴与人文主义

---

① 本案例改编自唐云波：《"文艺复兴"备课笔记》，载《历史教学》，2007(10)。

唐老师自认为最大的亮点是"求职"的课堂活动，能让学生充分动起来，结果正是这一亮点被备课团队"枪毙"了。因为内容整合还是过多，活动项目脱离了学生的实际心理与认知水平，课堂上根本无法实现真正有效的互动，必须毫不犹豫地舍弃。在广东两位名师黄牧航与魏恤民的点悟下，唐老师终于找准了这节课的灵魂，即文艺复兴时期的人文主义，并重组了教学板块，写出了第三稿。

第三稿还是内容过多，活动过繁，根本无法完成。备课组认为，"文艺复兴"这么多内容，必须有重点，有中心，有所为，有所不为。为了更加突出这节课的核心内容——文艺复兴时期的人文主义，必须去掉一些次要的内容与活动，尽可能多地腾出时间让学生充分感知文艺复兴。唐老师豁然开朗，继续求索，终于百炼成钢，写出精彩的第四稿。

第四稿　文艺复兴

一、探源文艺复兴

(一)探思想之源——宗教神学束缚下的欧洲

(二)探现实之源——资本主义萌芽中的意大利

二、感受文艺复兴

(一)薄伽丘《十日谈》：从禁欲苦行到顺从人性

(二)拉斐尔《圣母圣子图》：从压抑人性到回归人性

(三)米开朗琪罗《大卫》《摩西》：从麻木顺从到追求自由

(四)达芬奇《蒙娜丽莎》：从盲从迷信到追求真理

(五)莎士比亚《哈姆雷特》：从神权至上到人性至上

三、回味文艺复兴——我心中的文艺复兴

学生：写出认识，表达认识

教师：表述对文艺复兴的认识

唐老师把"感受文艺复兴积极、进步的时代特征，认同文艺复兴时期人文主义的历史价值"作为本课的中心目标，淡化了很多有关知识与技能、史料与问题探究等知识性、思辨性的目标落实，虽不完美，却很有效，充分把学生的情绪调动起来，彰显了关注人生、热爱人生的人文主义情感，强化了积极进取的人生态度，让学生在学习过程中，与人文主义的价值观形成很好的认同。整体设计为探源、感受、回味三大逐步推进的板块，重点在感受板块，从五个人物作品的五个侧面来彰显人文主义的内涵，通过对作品的赏析，加上教师适当的方法指导，学生能切身地感知作品，认识文艺复兴的人文主义这一教学目标也就自然而然地达到了。同时，教师在这一打磨课的过程中，也形成了自己真挚的情感、亲和的语言，挥洒的风采与个性鲜明的教学风格。

总而言之，通过课堂观察，集体打磨、多次打磨、特色打磨，在不断的打磨中练就教师过硬的本领。打磨的过程，是一个集个人才华和集体智慧于一体、教学艺术水平因之螺旋上升的过程，是一个在探究如何上好课的同时，不断否定自己但又逐步走近成功的过程。一次次地颠覆，一次次地重整，一次次地反思，一次次地修改，就像"蚕的一次次蜕变，最终吐丝结茧变蛹化蛾、脱胎换骨"——信心在鼓励中坚定，亮点在意外中生成，困难在矛盾中化解，教学的风格在磨砺中形成。

破格创新：在课堂观察中创造升华

历史教师在进行独立教学的基础上，开始能够结合自己的个性特征，进行艺术加工，以自己的某种特长为突破口，定向发展，逐步形成自己的教学特色，使教学进入个性化阶段。

历史教师教学风格的形成，教学能力的日臻完善，意味着教师教学艺术的相对成熟。历史教师的教学风格反映了教师的生活经历、教学功底、能力水平、思维特征、个性特长、文化底蕴、思想素养等。教学风格不是刻意追求的，而是教学实践中，在对教学艺术的不断追求中自然形成的。不同的教师在知识修养、个性特征与教学技巧上都存在差异，所以在教材处理、教法设计、语言运用、对知识的体会及表现手法，教学过程的思维和活动安排等方面都会各有特色，这要求教师具有清醒的自我意识，了解自己的个性倾向、能力系统、教学优势等，有意识地在此基础上构建自己独特的教学风格。在《课堂观察：走向专业的听评课》一书中，余杭高中生物组教师给了只有六年教龄的青年教师郑超这样的评价："郑超老师并不是一位激情洋溢的老师，性格比较沉稳，但对创设情境、利用模型、展示教学有一定的研究，若能长期研究下去，可能会形成富有理性和逻辑性的教学风格，可朝这一方向继续努力。"[①]这个综述给我们很大的启示，课堂观察可以基于被观察者本人实际情况，挖掘个人特色，逐步厘清该教师自己的教学风格。对于年轻教师来说这是一个非常好的机会，全组老师帮助他、观察他的课堂，让他不断完善自己的课堂。扶他上马，送他一程，他也就成功一半了。

从成败中反思，写教后记、反思日记；在对比中反思，通过观课评课、感悟自己的教学，把教学过程给他人以启迪的地方写下来。这时，教师的教学从内容理解到教学方式、方法，都有自己独特的东西，对自己和他人的教学，也有所创新和突破。"破格"意味着教师自己的教学风格既来自于他人而又异于他人，同时也意味着"青出于蓝而胜于蓝"，是对他人教学风格的一种超越。这一阶段突出表现在教师改革与综合运用教学方法、探索和研究课堂教学的最优化方法及追求课堂教学的最优化教学效果，力求使每一个学生得到最好的发展；也表现为在课堂教学实践中不断地创新与开拓，使教学艺术发挥明显的效应。

此外，教师之间的相互学习借鉴也是形成教学风格的一个必要因素。"他山之石，可以攻玉"，每个教师都应该积极借鉴他人的教学风格，虚心学习他人有益的教学经验，结合自己的教学实际大胆改革、勇于创新，最终形成具有自己鲜明特色的教学风格。

---

① 沈毅、崔允漷：《课堂观察：走向专业的听评课》，135 页，上海，华东师范大学出版社，2008。

案例

风格各异的北京市第四中学历史教研组[①]

北京市第四中学历史教研组提倡多样化的教学风格。历史组教师个个风骨异端、个性鲜明，就像嶙峋剔透的太湖石，瘦皱漏透而隽秀，以个性、风格、智慧赢得学生的喜爱。李明赞主张加深对教材的理解，讲课以激情感染学生，重视授课提纲的提炼。而课堂上或是以风趣吸引学生，或是以激情感染学生，通常的平静中也透露睿智与哲理，进而形成"含而不露"的教学风格。赵利剑的"样"：学术功底，缜密思维，阳刚之气，刚阳深邃型。石国鹏的"唱"："唱、念、做、打"，行行在道，逍遥挥洒型。石国鹏认为真实是历史教学的生命，理性是历史思维的核心。徐雁的"棒"：严以治学，宽以待生，术业有专攻，款款而谈型。徐雁主张与学生一起感同身受地理解历史，理性深刻地思考历史，深入浅出地表达思考，知行合一地实践思考。王磊、唐艳的"浪"：浪迹学海，初识教门，自辟蹊径。王磊主张培养学生终生学习的能力和兴趣；唐艳主张拉近历史与现实的距离，使学生走进历史，感悟历史，提升修养。正是带着各自的品性，历史组教师走到一起，为了一个共同的目标，切磋教艺，取长补短，资源共享，共谋成长。我与新教师唐艳备课时，毫无保留地将我搜集到的全套备课资料和制作的教学课件提供给她，要求她不可照直使用，必须改造，融入个人的想法。我让唐艳老师多听不同风格教师的课，要采撷英华，不要盲目模仿。追求各自教学的品味，经营好各自教学的风格，是我们第四中学历史组老师的共识。"和衷共济"的组风，"和而不同"的教风，在与个性鲜明的品性碰撞中融合再生。我欣赏组员的个性，没有个性，历史组将失去风采。

　　教师教学艺术风格的形成，意味着其在教学过程的各个环节都具有独特而稳定的表现，呈现出浓厚的个性色彩，散发出诱人的魅力。在教与学的规律指导下，能恰当地把课堂教学艺术风格融入教学实践之中，使教学活动处处闪烁着创造性的火花和浓厚的个性色彩。教学个性则是每个教师独有的，是教师的自我在教学中的一种彰显。教学个性根源于教师对教学内容深层次的领悟，以及其自身的立场、观点、方法与情趣、气质、性格在教学中的展现与不断升华。上海市晋元高级中学特级教师李惠军老师是上海市普陀区"李惠军历史工作室"领衔人，担任全国历史教育专业委员会学术委员，兼任华东师范大学课程系历史教育专业硕士指导教师和华东师范大学历史系免费师范生指导教师，《中学历史教学参考》杂志特约研究员。他是目前上海乃至国内中学历史教育界颇具影响力的中生代领军人物。他的教学风格的形成过程就很具有代表性：[②]

　　刚开始执教时，李老师的课堂教学主要是关注教材，根据教学大纲的要求来

①　李明赞：《我的历史教育思考》，载《中学历史教学参考》，2008(7, 8)。

②　姚丹旭：《"我思、我行，故我在"李惠军老师专业发展历程探微》，华东师范大学 2008 届研究生硕士学位论文。

分析教材，厘清教材的思路，并正确区分教材的重点和难点。通过熟悉地掌握教材的逻辑结构来设计教案和教学流程。在教学方法上自然以讲授为主，运用生动的语言讲述丰富多彩的历史内容来吸引学生。这一层次可谓基本到位。但随着"以学生发展为本"理念的日渐深入人心，李老师从原来的"以教师为中心"转向"以学生为中心"，尤其注意课堂中和学生的交流互动。在日常教学中，在教学过程中采用讨论、专题探究等灵活多样的教学形式，积极创造适合学生的问题情境，营造和谐宽松的课堂气氛。这一层次可谓基本到形。在一次次"灵感"的冲击和一次次的"顿悟"后，李老师进而提出"一课一灵魂"的教学理念，主张课堂教学要突出真正的历史"灵魂"。提倡学生真正的"神动"而非缺失灵魂的"声动""形动""群动"，并提出了"多元互动"的四个关键节点：情境要别开生面、疑窦丛生；问题要引人入胜、沉缍深邃；诱导要启而有法、开而弗达；过程要随机调控、形散神聚。正如他所描述说："道可道，非常道。教学之道本身就在'有道'与'无道'，'此道'与'彼道'之间往复穿行、渐行渐悟的无际思量过程"。可见，"一课一灵魂"的提出，是对前人"一课一中心"的又一次发展和提升。这一层次可谓到神韵。李老师的教学艺术发展，犹如庄子笔下的"庖丁解牛"，经历"族庖、良庖、道庖"，由技进乎道的三重境界。

一位教育专家这样说过："我们希望严谨的教师创造出严谨的课堂，豪放的教师创造出豪放的课堂，智慧的教师创造出智慧的课堂，灵秀的教师创造出灵秀的课堂，幽默的教师创造出幽默的课堂。我们呼唤丰富多彩各具个性的新课堂！"[①]确实，没有教师的独特风格，就没有课堂教学的个性化与艺术性。只有个性化的教师，才能设计出个性化的课堂，才能把各门课上得"博大精深"，上得"激情燃烧"，上得"风流蕴藉"……也正是因为教师"另辟蹊径""独出心裁""标新立异"的个性化教学，才让教育改革有了"晴空一鹤排云上，便引诗情到碧霄"的灿烂前景。

第五节　在合作与行动中共同发展

苏联教育家马卡连柯(Makarenko, Anton semiohovich)指出："如果有五个能力较弱的教师团结在一个集体里，受到一种思想、一种原则、一种作风的鼓舞，能齐心一致地工作的话，那就要比十个各随己愿、单独行动的优良教师要好得多。"[②]课堂观察是一种基于学校的，以学校教师为主体，融学习、工作和科研于一体的集体性教学研究活动。它通过让教师参与到课堂观察活动中来，为每位教师发挥个人的资源优势提供各种平台，使他们从被动的听众变为主动平等的交流者，让他们在合作中更加明确自己的发展起点，把握更加有效的发展方式，享受更加民主、合作、和谐、自主的发展条件，从而增强主人翁精神，提升专业自信心，有效地提高专业实践能力。

经过多年的实践，我们总结了"课堂观察"的一般工作特征与八个基本工作环节。它的一般工作特征是：

(1)课堂观察成员要解决的问题是在自我诊断基础上自愿提出的，而不是学校或其他外界强加的。

(2)问题解决的起点是课堂观察成员的优势与原有经验，而不是其他外界灌输的或规定的既定结论。

(3)问题的解决过程要求在与其他人交流研讨中整合他人经验基础上的尝试探索，不强求某种方法与形式。

(4)基于实践的互动、交流、分享、总结是课堂观察活动的基本形式。

(5)必须建立自己的活动规范与营造和谐的氛围，并在实践中不断完善。

它的八个基本环节，也就是基本工作过程：通过自我诊断确定问题→反思总结经验并提出新的工作思路→根据问题进行嵌入式学习理论、方法与技术并进行理性思考→根据自己的成功经验来设计问题解决的方案→在实践中选择能够引人深思的问题进行研讨→不断交流实践中成功的经验并分析感悟经验生成的条件→个性经验转化生成集体智慧，实现融智创新→教师形成有个性的教育思想与方法，形成个性教育场与实践智慧，教育教学专业知识与技能转化成教育专业实践能力→问题(新的起点)。

明确教师的发展起点

教师专业发展的最大障碍就是管理者与教师自己不能真正正确的对待、分析教师教育教学中的优势与问题。一方面，当教师在教育教学工作中出现问题或困惑时，说明教师专业需要发展，而且这些问题、困惑正是教师专业发展最重要的资源。无论是管理者还是教师自己，如果不能意识到，而且主观判断也不能进行追因分析，如教师的个性差异、学生的学习习惯等，就会丧失这些可贵的发展资源。另一方面，教师在工作中的某个方面因个性的优势而获得很大成功，受到领导的鼓励和表扬，沉浸在成功的喜悦中时，却不能认真地分析成功或优势之处。

课堂观察即是以对教师个性优势与存在的困惑或问题的诊断为切入点进行研究的。具体做法是：

首先，课堂观察小组成员进行自我诊断。包括自己的优势在哪里，优势形成的原因是什么，对于优势有什么思考，自己的问题与困惑之处在哪里，困惑的原因是什么，自己是如何分析、激发与满足学生的发展需求的，自己的专业是否需要发展等，通过这样的自我诊断，可以引导教师重新看待与思考自己的工作。

其次，课堂观察组内教师之间的诊断。通过听课、访谈、座谈、翻阅作业的批改、试卷分析、教学反思等过程，挖掘每个教师的优势与不足点。

再次，课堂观察的实践、合作其实就是教师与自我、与同伴逐层深入的对话过程。因此，课堂观察成员要一起交流研讨、深入分析与总结组内每个教师的优势与经验以及问题与困惑并使之显性化，以便于了解其他教师的情况，然后一起确定每个教师的发展点，即一个时间段内发展的主题，引导教师有计划、有目标、有步骤地对自己的发展前景作出预测，制订出彰显个性的"专业发展计划"，从而不断提升自己的认知能力和教育水平。通过课堂观察中的互相学习、取长补短，可以促进共同进步和发展，使不同发展阶段的教师得到不同的发展——青年教师成长迅速，骨干教师发挥潜能，中年教师重燃教研热情。

《思想的活跃和百家争鸣》课堂观察中的收获与进步

　　李老师承担了一节课堂观察课《思想的活跃和百家争鸣》的教学。在本节课的准备阶段，教研组分成三个小组，并就各自所承担的职责进行了细致的分工，李老师和各位教师就这节课的教学设计进行了交流，老师们给了有力的支持，提出了宝贵的建议。课前会议时，李老师对本节课进行了简要的说课，之后教研组的各位教师带着各自的任务进入课中观察阶段，他们分别从教学环节、教师提问、学生活动、课程资源的利用等诸多方面对课堂进行了观察并做了相应的数据统计。在团队评课阶段，各位教师通过具体统计的数据对李老师的课堂教学进行了评议和反馈。他们有理有据的评议，比以前的评课多了更多的真实、可靠、准确、细腻，打破了以前评课中的泛泛而谈和"温柔"，既显示了团队合作研究的力量，又充实了教研活动的形式与内容，让被观察者和观察者互利共赢。

　　在观察中，观察者更多地将观察点放在学生的学习上，如学生参与学习活动的次数、参与人数的多少，都有详尽的数据记录。例如：对"孔子生平"的介绍这一环节用了4分钟，有3位同学互为补充地展示了自己收集的资料，培养了搜集资料的能力，体现了自主学习的精神，活动是有效的。对"孔子'仁'和'礼'思想"的学习用了8分钟，其中有7位学生参与了回答问题，教师能结合身边事例启发学生回答，促进了学生的感性认识，学习是高效的。对"百家争鸣"一目的处理用了10分钟，其中对"百家争鸣局面出现的原因"这一难点的处理较机械，留给学生讨论的时间不足，没有充分展开，只是局限于教材，是低效的。这样的评价，既有定性，也有定量；既有赞同，也有建议。无论是怎样的评价，都源于真实的课堂和课堂观察统计，是比较准确的、客观的。总之，课堂观察让本节课的成功与不足尽显于细微之处，也能让李老师从教学细节的评价中重新审视自己的课堂教学，并对一些原本不以为然的细枝末节开始关注。通过这样的课堂观察，使李老师受到了一次洗礼，让他对自己课堂教学行为有了更为深入地认识，看到了自己的优点与不足。同时，针对自己的不足，李老师也反思了自己的教学行为。如在提问类型、方式、对象、有效程度，讲课的语速、节奏的把握，问题设计的可行性，课件、教具的利用率和效果，对学生的评价，学生学习兴趣的调动，重难点的突破等方面都让我有所感受、有所收获。特别是对于教学难点"百家争鸣局面产生的背景"的处理，李老师在课后又重新进行了设计，使其既有条理性、层次性、通俗性，同时又注意了对学生资源的挖掘；还有对"老子"学习内容的处理，参考了观察组的意见，引用了有关故事来激发学生的学习兴趣，增强了学习效果。

综上所述，课堂观察始终把每位教师的优势与问题或困惑当作教师专业发展最重要的资源，通过交流研讨、深度汇谈、自我诊断、提升优势、解决问题与困惑，在群体互动中实现教师专业知识技能向教育教学实践能力的转化。"学校中的所有教师都处于一个相同的教育环境下，面对同样的受教育者，需要完成相同的教育任务，为实现相同的教育目标而工作。因此，尽管教师间存在差异，但这些教师必然都会遇到相似的问题。在这种情况下，教师群体中的共同学习与研讨就具有了更大的意义和价值。这种协作学习对每个教师而言所产生的作用，不仅只是学习到书本的或者理论的知识，更在于学习到其他教师的实践经验，这是个别自学所无法实现的。"①"课堂观察"通过优势与问题诊断，能够让教师认识自己和发现自我内心的巨大能量，明确专业发展的起点。

掌握教师专业发展的基本方式

课堂观察的研究过程，是让教师在研究状态下进行教学，在教学过程中开展研究的过程。而教师专业发展的基本方式是教师长时间的思考一个问题、持续的自我诊断和行为跟进，以及寻求团体互动来解决实际问题，这也是课堂观察中始终强调的。根据教师的反映，通过课例研究，不仅明确了构建有效课堂的要义，而且在改善和优化自己教育教学行为的基础上，学会教学反思、课堂观察与教学设计等研究的方法。

因此，基于教师教学问题研究的课例研究，不仅可以帮助教师克服长期墨守成规、从事单调乏味的重复劳动而形成的倦怠心理，满足自身专业发展的高层次心理需求，而且有利于创造一种学习、研究、反思和协作分享的氛围，并逐步建立起相应的制度与机制，推进教研文化的建设。

有很多教师说："我天天面对问题与困惑，我不断解决问题与困难，可是问题却没完没了，也没有实现更大的发展！""我们每周都参加培训，也学习了不少新的理念，可是面对学生学习习惯问题还是没有更好的办法！""我们也进行了集体备课、磨课、教学分析等，可是学生学习状态与学习成绩问题没有很大改善。""我们也听了不少名家的课，为什么移植过来就完全变形呢？"

要知道，课堂是复杂的，对他人有效的教学设计，自己用来上课不一定有效——"教案不能复制出效果"。同样，教学理念与行为的改变和专业水平的提升也需要一个过程——"一次实践难有进步"，其间会有困难与挫折，需要不断地实践、认识、再实践、再认识。众多教师的成功，明示了这样一个道理：要提高教师实践智慧，必须要让教师立足于自己的工作岗位，以"做"为中心，在不断"观"与"摩"的交互过程中注意行动与行为的连环跟进与改进。

(一)由浅入深，在改进中关注理念的提升

理念的提升和行为的改进是随着教研实践的深入而逐步实现的，其过程是渐进的，有时甚至比较缓慢。因此，历史教师需要伴随反思不断地进行连续性的跟进，具体而言就是及时捕捉问题，反思实践，总结经验，进而自我理解、自我超越。先进的教学理念和出众的教学能力只能在实践教学、反思教学、跟进行为的

---

① 李大健：《中小学校长和教师继续教育研究》，128页，北京，航空工业出版社，2004。

过程中逐步形成。只有这样，才可能充分体味其理念变化的过程，切实提高自己的行为水平。俗话说："独学而无友，则孤陋而寡闻。""独教而不交流，教师则不会进步。"教师间的相互"观察"能促进彼此的专业切磋，有助于活跃思维，能为思考和分析教学活动提供真实、具体、客观的信息，加深彼此对教学实践及其经验的理解，不仅有助于"观察"对象，也有利于"观察者"自己。

(二)由表及里，在跟进中关注学生的获得

由于经历与经验、对教学法与学科知识的理解、实践操作能力甚至教学习惯等方面的差异，不同教师对同一理念和目标的理解及实践把握会有很大的差别。尤其在实践新理念的初始阶段，教师较多关注的是自己的"新行为"，因而课堂上会出现不少"形似而神非"的现象。据调查，当前课堂教学在"情境创设""活动体验"的处理上，尚未与"学习成效"达成同步，教师在理解与操作上都存在困惑。有些教师反映，课堂教学情境创设了，学习的主体性也强调了，但学生到底收获多少，自己心中无底。面对这样的问题，我们强调通过全程多次行动反思的连环跟进，引导教师将课堂上的关注点逐渐转移并聚焦于学生知识的获得和学习品质的提高。

(三)尊重差异，在跟进与改进中关注个性的展现

面对教学实践中的问题，不同教师有不同的认知与解决方式。因此，实践中的行动跟进与行为改进应当尊重差异，让教师充分地扬长避短，用自己最能接受也最愿尝试的方法实行改变。这不但是尊重教师主体性的需要，而且也因为有了实际操作上的多样性表达、宽视野审视，教学实践将更为生动多彩、充满创意，教师也将更有可能形成并展现个性化的教学风格。

一次成功的课堂观察活动不能凝固在某一阶段的"研究成果"上。这意味着，教师不应该盲目地尝试错误，继而不断改进错误，而应该不断地追问实践，在回顾与整理的基础上，对教学设计、教学问题和行动过程与结果作出正确的价值判断，并理性地探讨各种教学事件所隐含的理念，从而揭示出带有规律性的教学经验。有了"课堂观察的成功体验"，教师能够高兴地接受对历史课堂教学的再度思考，这就有了一次新的行为跟进——优化教学设计。

教学设计是运用系统方法，分析教学问题，确定教学目标，建立解决教学问题的策略、评价试行方案并进行修改的过程。优化的教学设计则是以生命教育为主线，是在研究原方案及实施过程中的偏差或失误的基础上，系统地对原设计方案进行修改。下例案例充分体现了教师的教学过程与方法应该如何服务于学生思维的过程与方法。

《罗斯福新政》一课教与学"过程与方法"的统一　　案例

片段一：在学习 1929—1933 年经济大危机时，教师设计了这么四个教学环节：

第一步：出示三幅图片，表现纽约股市崩溃情形下人们的焦虑

第二步：出示一则文字材料(20 年代美国国民收入的 1/3 为占人口 5% 的最

富有者所攫取。1920—1929年，美国的工人工资增长2％，而工厂中生产率增长55％)，师生分析出现经济危机的原因

第三步：结合一个表格，师生分析经济危机的特点

第四步：出示大量的材料(十幅图片和一则文字材料)，展示当时资本主义社会人们贫困失业、无家可归、游行冲突和法西斯势力崛起等现象，为罗斯福新政做铺垫

片段二：在学习罗斯福新政的措施时，教师设计了这么两个教学环节：

第一步：学生看书，教师提出问题：罗斯福与胡佛最大的不同是什么？从而得出结论：罗斯福新政的最大特点是国家干预经济

第二步：提供材料，结合教材，师生共同分析罗斯福新政的措施，先谈新政的中心措施——工业复兴法，然后依次是金融业、农业和赈济

在这个教学设计中，材料丰富翔实，主干知识突出，师生互动良好，而且由于执教老师亲和力强，课堂教学气氛非常活跃，不失为一节好课。但如果要从"过程与方法"这个角度去吹毛求疵的话，还是可以商榷的。

很显然，这位教师的教学设计主要着眼于教师的"教"，因此在"教"的过程与方法上做足了文章。片段一中，教师依次讲了四部分内容：经济危机的表现、特点、原因和危害。他之所以略讲经济危机的表现、特点和原因，突出经济危机的危害，是想顺理成章地过渡到罗斯福新政，以乱衬治，为评价罗斯福及其新政作铺垫。片段二中，教师先讲工业复兴法。为什么呢？因为这是罗斯福新政的中心措施，从知识角度来讲，这是最重要的，所以要先讲。由此可见，这两段教学流程的背后体现的教学设计思想是：主要依据"教"的流畅性和知识的重要程度来安排教学。

如果要着力于培养学生正确的思维过程与方法，又该如何教学设计呢？中学生思维的主要特点是偏重于感性思维，教师的任务是帮助学生的思维逐渐从感性上升到理性。按照这个原则，可以将教学设计这样调整：

片段一：

第一步：教师出示大量有关经济大危机的感性材料，学生体验当时的历史氛围

第二步：结合第一步中的材料，学生归纳经济大危机的特点

第三步：在此基础上，教师自然而然地提出问题：为什么会突然爆发这场史无前例的经济大危机？这是偶然的吗？出示相关材料，师生共同讨论

第四步：应该怎样解决经济大危机？美国总统胡佛是怎么做的？他为什么要这么做？通过胡佛的坚守传统，为罗斯福的大胆创新作铺垫

调整后的教学设计，其着眼点在于：从感性到理性，层层深入。经济危机的表现属于感知层次，归纳特点、分析原因和提出解决思路，从能力要求上讲，逐次升级。这种顺序符合学生对历史事物认知的思维过程。如果教师能够坚持这样的细节，学生将会在潜移默化中逐渐形成清晰明了的思维品质。

通过这个案例，是不是可以这么认为：在教学设计中，要在如何培养学生的思维过程与方法上动脑筋想办法；决定教师的教学过程与方法的应该是学生的思维过程与方法。

享受合作的和谐氛围以及自主选择的权力

长期以来，在日常教学活动中，教师的工作一直处于孤立、封闭的状态。教师专业实践能力的提升必须有自主选择发展的权力以及分享、合作的和谐氛围等。而有效的课堂观察活动是基于团队、为了团队，以及促进团队的共同提高，课堂观察活动的过程为教师专业发展提供了民主、分享、合作的和谐氛围、自主选择的权力。

首先，我们应确立活动的原则：执教者和观察者之间是相互支持的，是一个专业发展的互利过程；其次，课堂观察的重点不是评价一节课，不是批判不成功的教学行为，而是通过观察学生的行为，为教师提供获取教学成功的策略。

在充分了解教师个性特点及需求的基础上，组织形式多样的教学研修活动，让差异成为激发教师学习热忱、促进教师互相学习的助动剂和实现共同提高的潜在教研资源，"一个平等的成长乐园，一个科学与民主共存的发展平台，一个一人与多人说课的竞争超市，一个团队和谐发展的家园"。通过建立集体论课制度，在规定时间，设置论课主题，确立首位发言人，大家平等交流，畅所欲言，分享成果。通过充分讨论，体现教师课堂教学的个性化追求。广西南宁市第三中学青年教师谭老师曾充满感情地评价道："每一次论课都是一次思想的洗礼，都享受到多元精神碰撞与交流的快感，也给了我展示才华和能力的机会，我很享受这兼容并包的学习过程。"安徽省合肥市第一中学副校长王勇指出："集体论课建立了百花齐放的自由学术思想，而不是统一到'一个文本'的学术囹圄中，其更大的意义在于形成了学校一个个重研究、重成长的和谐教师团队。"

教师在课堂观察中的成长[①]

屠老师在本次课堂观察的课后会议上，就自己上课的优点和不足谈了自己的感受，观察教师在平等、真诚的对话氛围中也充分地发表了自己的意见。会后，每一个参与观察的教师都从自己观察的角度，根据自己的课堂原始记录和课后会议的对话写出了详细的观察报告。报告中有数据与分析，还有建议，每一项分析和建议都建立在课堂表现的基础之上。屠老师根据课后会议上参与观察教师的意见和自己上课的体会，写出了课后反思。在反思中，她认为自己的课由于课前准备不足，情境创设没有达到预期的效果；在知识点过渡上，语言太僵硬，逻辑性不够，提问过程中有的问题指向不明确，导致学生答非所问或不知从哪个方面回答；整堂课在情境创设与讨论上耗时过多，没有完成教学任务；从整堂课看，自己的语言还有点啰唆。

案例

---

① 赵小雅：《基于合作的课堂观察》，载《中国教育报》(第5版)，2007-05-08.

说起本次观察活动，屠老师有三点感想：一是通过这样的观察活动，让她对这一教学内容理解得更深了；二是这次观察活动能对以后的教学行为改进会产生积极的影响；三是这种方式对参与观察的人来说也有很大收获。

课堂观察的本质意味着交流、合作、分享、自主。它的八个基本环节就是通过课堂观察成员之间的交流合作分享、群体互动来达到个性问题的解决与优势的提升、完善以及个体共同发展。因此，课堂观察组建时，应该强调管理者建立一定的规范与保障措施，并在课堂观察活动进展中不断地完善。同时，教师在课堂观察中要有自己研究的主题、优势，并强调在分析总结他人的优势与问题基础上反思自己的工作，这样能使得教师心态改变、合作分享意识增强，工作效率也有提高。尤其是课堂观察要通过教师之间的相互交流研讨、汇谈、总结、自我诊断等实现教师之间相互引领，从而实现优势提升、教师之间经验的转化以及教师集体智慧的生成。

教师每一次完成的课堂观察研究都是经过研究团队明确分工以后，带着各自的目标进入课堂观察，在观察结束后通过合作来共同完成科研任务。对观察所得的数据、记录资料，合作团队共享，这既有利于教学科研的深入开展，又有利于对课堂教学质量的改进。通过课堂观察，教师之间真正实现团结合作，为了同样的目标一起努力，变从前研究的分力为现在的合力，更有利于提高教学效率，而且研究成果是集体智慧的结晶，经过了研究团队成员多次的验证，信度高、影响力大。可以说，在互相观察、评价、帮助的过程中，不仅教师们在不断地进步，而且一个充满合作的浓厚的学术氛围也在不断形成。

课堂观察活动的展开，创造了一种极富有支持气氛的群体环境，教师之间打破了割裂和孤独，透过共同探索、研讨，运用集体的智慧来解决核心的问题，寻求好的实践，形成一个"专业的实践课堂观察"。在课堂观察内，"教师个人"和"教师群体"相互滋养，获得共同的提高。

总之，课堂观察团队的构建促进了教师专业的不断成熟和发展，每位教师都能在自己的课堂观察团队中，在自己不断发展的过程中体验到教育的意义和职业的幸福，在课堂观察团队中不断碰撞，在磨砺中快乐成长！

主要参考文献

白月桥. 历史教学问题探讨. 北京：教育科学出版社，2001.

陈传锋. 微格教学. 广州：中山大学出版社，1999.

陈大伟. 怎样观课议课. 成都：四川教育出版社，2006.

陈冠华. 追寻更有意义的历史课－英国中学历史教育改革. 台北：台湾龙腾文化事业有限公司，2000.

陈向明. 教师如何做质的研究. 北京：教育科学出版社，2001.

祝智庭. 现代教育技术——走进信息化教育. 北京：高等教育出版社，2001.

陈瑶. 课堂观察指导. 北京：教育科学出版社，2002.

范良火. 教师教学知识发展研究. 上海：华东师范人学出版社，2003.

方明. 缄默知识论. 合肥：安徽教育出版社，2004.

傅道春. 教师技术行为. 哈尔滨：黑龙江教育出版社，1996.

傅道春. 新课程课堂行为的变化. 北京：首都师范大学出版社，2002.

顾泠沅，王 洁. 行动教育——教育在职学习的范式革新. 上海：华东师范大学出版社，2007.

郭东岐. 教师的适应与发展. 北京：首都师范大学出版社，2001.

林高明. 课堂观察：顿悟的艺术. 福州：福建教育出版社，2008.

刘志军. 课堂评价论. 南宁：广西师范大学出版社，2002.

柳夕浪. 课堂教学临床指导. 北京：人民教育出版社，2003.

陆蓉主编. 教师专业发展可视化之旅——中小学视频课例分析应用. 杭州：浙江大学出版社，2009.

皮连生. 知识分类与目标导向教学——理论与实践. 上海：华东师范大学出版社，1998.

任长松. 走向新课程. 广州：广东教育出版社，2003.

沈毅，崔允漷主编. 课堂观察——走向专业的听评课. 上海：华东师范大学出版社，2008.

施良方，崔允漷主编. 教学理论：课堂教学的原理、策略与研究. 上海：华东师范大学出版社，2002.

石中英. 知识转型与教育改革. 北京：教育科学出版社，2001.

孙亚玲. 课堂教学有效性标准研究. 北京：教育科学出版社，2008.

唐松林. 教师行为研究. 长沙：湖南师范大学出版社，2002.

王家范. 中国历史通论. 上海：华东师范大学出版社，2000.

王鉴. 课堂研究概论. 北京：人民教育出版社，2007.

王坦. 合作学习的理念与实施. 北京：中国人事出版社，2002.

王雄，孙进，张忆育. 历史地理教学心理学. 北京：北京教育出版社，2001

吴康宁等. 课堂教学社会学. 南京：南京师范大学出版社，2001.

夏雪梅. 以学习为中心的课堂观察. 北京：教育科学出版社，2012.

叶澜等. 教师角色与教师发展新探. 北京：教育科学出版社，2001.

余伟民主编. 历史教育展望. 上海：华东师范大学出版社，2002.

张晖. 新课程的教学改革. 北京：首都师范大学出版社，2001.

赵亚夫主编. 历史课堂的有效教学. 北京：北京师范大学出版社，2007.

中华人民共和国教育部制订. 普通高中历史课程标准（实验）. 北京：人民教育出版社，2003.

钟启泉，崔允漷，张华主编. 为了中华民族的复兴 为了每位学生的发展：基础教育课程改革纲要（试行）解读. 上海：华东师范大学出版社，2001.

钟启泉. 现代课程论. 上海：上海教育出版社，1989.

周彬. 课堂密码——对课堂教学的深度思考. 上海：华东师范大学出版社，2009.

周建漳. 历史及其理解和解释. 北京：社会科学文献出版社，2005.

周勇，赵宪宇. 新课程说课、听课与评课. 北京：教育科学出版社，2004.

朱本源. 历史学理论与方法. 北京：人民出版社，2007.

朱慕菊主编. 走进新课程——与课程实施者对话. 北京：北京师范大学出版社，2002.

[德]O. F. 博尔诺夫. 教育人类学. 李其龙等译. 上海：华东师范大学出版社，1999.

[加拿大]马克斯·范梅南. 生活体验研究——人文科学视野中的教育学. 宋广文等译. 北京：教育科学出版社，2003.

[美]L. W. 安德森等编著. 学习、教学和评估的分类学. 皮连生译. 上海：华东师范大学出版社，2007.

[美]R. M. 加涅等. 教学设计原理（第五版）. 王小明等译. 上海：华东师范大学出版社，2007.

[英]霍普金斯. 《教师课堂研究指南》. 杨晓琼译. 上海：华东师范大学出版社，2009.

[德]埃德蒙特·胡塞尔. 现象学. 李光荣编译. 重庆：重庆出版社，2006.

[美]R. J. 斯腾伯格. 成功智力. 吴国宏，钱文译. 上海：华东师范大学出版社，1999.

[德]雅斯贝尔斯. 什么是教育. 北京：生活·读书·新知三联书店，1991.

[德]尤尔根·哈贝马斯. 交往行为理论. 曹卫东译. 上海：上海人民出版社，2003.

[美]Anselam Strausss, Juliet corbin. 质性研究入门：扎根理论研究方法. 吴芝

仪，廖梅花译. 台北：涛石文化事业有限公司，2001.

[美]鲍里奇. 教师观察力的培养——通向高效率教学之路. 么加利，张新立译. 北京：中国轻工业出版社，2006.

[美]Jane Burmpers Huffman & Kristine Kiefer Hipp. 学习型学校的文化建构. 贺凤美等译. 北京：中国轻工业出版社，2006.

[美]Paul D. Eggen，Donald P. Kauchak. 学习与教学策略. 伍新春等译. 北京：北京师范大学出版社，2007.

[美]Robert J. Sternberg，Louise Spear-Swerling. 思维教学：培养聪明的学习者. 赵海燕译. 北京：中国轻工业出版社. 2001.

[美]克利福德·格尔茨. 文化的解释. 韩莉译. 南京：译林出版社，2008.

[美]拉尔夫·泰勒. 课程与教学的基本原理. 施良方译. 北京：人民教育出版社，1994.

[美]莱斯利·P·斯特弗，杰里·盖尔主编. 教育中的建构主义. 高文，徐斌艳，程可拉等译. 上海：华东师范大学出版社，2004.

[美]阿瑟 J. S. 里德，韦尔娜 E. 贝格曼. 课堂观察、参与和反思. 伍新春，夏令，管琳译. 北京：教育科学出版社，2009.

[美]唐娜·伊·玛茜，帕特里克·杰·麦奎兰. 学校和课堂中的改革与抵拒：基础学校联合体的一项人种志考察. 白芸等译. 上海：华东师范大学出版社，2005.

[美]威廉·维尔斯曼. 教育研究方法导论. 袁振国主译. 北京：教育科学出版社，1997.

[美]约翰·D·布兰思福特，安·L·布朗，罗德尼·R·科金等. 人是如何学习的——大脑、心理、经验及学校. 程可拉，孙亚玲，王旭卿译. 上海，华东师范大学出版社，2005.

[美]约翰·杜威. 我们怎样思维·经验与教育. 姜文闵译. 北京：人民教育出版社，2005.

[日]佐藤学. 课程与教师. 钟启泉译. 北京：教育科学出版社，2003.

[美]Thomas L. Good，Jere E. Brophy. 透视课堂. 陶志琼等译. 北京：中国轻工业出版社，2002.

鲍建生. 学会观察 学会教学——兼评两篇师范生的课堂观察报告. 中学数学月刊，2003（6）.

蔡静，李普荣. 基于课堂录像的教学反思——透视教学录像在教师培训中的应用. 广东外语外贸大学学报，2006（4）.

曹一鸣，王玉蕾，王立东. 中学数学课堂师生话语权的量化研究. 数学教育学报，2008(17).

曹一鸣，许莉花. 数学与现实生话联系的度是什么——基于中国 4 位数学教师与 TIMSS1999 录像研究的比较. 中国教育学刊，2007（6）.

陈辉. 校本课程开发中教师专业发展存在的问题及对策. 继续教育研究，2008

(2).

崔允漷，沈毅．课堂观察 20 问答．当代教育科学，2007 (14)．

崔允漷，周文叶．课堂观察：为何与何为．上海教育科研，2008(6)．

顾泠沅，周卫．课堂教学的观察与研究——学会观察，上海教育，1999(5)．

韩继宏，王力争．利用"课堂观察"研究课堂教学．当代教育科学，2008 (4)．

华卜泉．课堂观察：教师专业发展的新平台——对一次课堂观察活动的分析与思
　　考．江苏教育研究，2008 (3)．

黄巧云，林高明．在多元对话中寻求坐标——例谈如何分析"课堂观察"．教育科
　　学论坛，2008 (6)．

黄荣金．国际数学课堂的录像研究及其思考．比较教育研究，2004 (3)．

李锋．课堂观察：从"感性描述"走向"理性实践"．教育科学，2008 (3)．

李文昊，祝智庭．班级社会网分析：一种观察课堂学习的新技术．中国电化教
　　育，2009(6)．

李现平．中国教育改革的辩证思考．北京大学教育评论．2006(1)．

李忠洲．课堂观察的几个维度．中小学管理，2002(6)．

廖明星，杜景晏．课堂观察指导．生物教学，2005(6)．

林存华．课堂观察：从课前准备到课后分析．基础教育月刊，2008(18−20)．

宁虹，武金红．建立数量结构与意义理解的联系——弗兰德斯互动分析技术的改
　　进运用．教育研究，2003(5)．

曲中林．走出依附性地带：教师专业发展的必由之路．教育发展研究，2008 (8)．

沈元，张菊荣，胡阿生等．课堂观察——来自江苏省吴江市的一线报告．吉林省
　　教育学院学报(学科版)，2008(2)．

石锡书，何学德．观察、反思、提高——论反思性课堂观察对大学英语教师职业
　　发展的重要作用．攀枝花学院学报，2004(5)．

宋秋前．有效教学的涵义和特征．教育发展研究，2007(1)．

吴康宁．课堂教学社会学研究中的现场观察，教育研究与实验，1998(1)．

吴文胜．实施课堂管理的创新策略．教育理论与实践，2008(6)．

徐文彬，白艳．课堂管理中教师权威研究的元分析．当代教师教育，2008(2)．

薛法根．课堂观察拥有透视课堂的眼睛．吉林教育(现代校长)，2007(5)．

严卫强．课堂观察：教师专业成长的磨砺石．生物教学，2006 (8)．

杨霖．当前教师专业发展的问题与出路．教育科学论坛，2008 (3)．

杨玉东．"课堂观察"的回顾、反思与建构．上海教育科研．2007(11)．

俞小平．李建松．课堂观察 20 问答——何为课堂观察的程序．教育科学研究，
　　2007 (2)．

张国伟．"论课堂观察"．教育探索，2005(2)．

张惠英．浅谈课堂观察．教育实践与研究(中学版)，2008 (5)．

张菊荣．课堂观察：教师研究课堂的基本方法．江苏教育研究，2007(7)．

张民选．专业知识显性化与教师专业发展．教育研究．2002(2)．

张如梅，周官林．例谈教学中意外事件的管理．吉林省教育学院学报(学科版)，

2008（1）.

郑玲. 教师隐性知识及其对教师专业发展的促进作用. 科技信息（学术研究），
2008（3）.

周然. 新型听评课范式：组建听评课合作体——读《当代教育科学》2007 年第 24
期有感. 当代教育科学，2008(16).

周文叶. 研究课堂观察追问有效教学. 当代教育科学，2008（4）.

朱光明. 范梅南现象学教育学思想探析 比较教育研究. 2005(4).

朱跃跃. 依据价值标准的评判性课堂观察. 上海教育科研，2008（8）.

张建琼. 课堂教学行为优化研究. 西北师范大学 2005 年博士论文.

王新民. 论教师的缄默知识及其隐性教育观念的更新. 首都师范大学 2002 年博
士论文.

方明. 缄默知识面面观——有关缄默知识的心理学探讨. 南京师范大学 2002 年
博士论文.

周志平. 个人知识和知识教育. 华中师范大学 2002 年硕士论文.

郑玉荣. 隐性知识和显性知识的关系及其对语言教学的影响. 黑龙江大学 2002 年
硕士论文.

后　记

回顾这些年一路走来，感慨万千！

2004—2006 年，我在北京师范大学脱产攻读教育硕士期间，正好何成刚在攻读博士，我们结识并成为挚友。学习期间，他对我影响极大：其一，对历史教育研究的热爱。虽然历史教育研究在大学的地位属于边缘地带，但是他觉得只要认真做下去，照样会有一番天地。其二，如何做历史教育研究，特别是当时全国还没有历史教育研究方面的博士。于是，在他的引导下，我充分享受北京师范大学深厚的学术氛围，系统的选修了教育学院一些名师的课程，如裴娣娜教授的教育研究方法导论、石中英教授的教育哲学、劳凯声教授的教育学原理、郭华教授的课程教学论、于述胜教授的教育史等精神大餐。在此求学期间，经浙江师范大学附属中学吕准能老师的介绍，我于教育在线论坛结识了江苏扬州中学的王雄老师、北京的陈亚东老师和浙江海宁的朱能老师。当时的论坛讨论历史教学问题十分活跃，他们的思想给了很多的启发。于是，我一边努力系统地学习历史和教育学的相关理论知识，一边结合新课程改革去做一些实践上的探索，提升自己的能力。

2007 年，我从贺州调到南宁市第三中学，开始了全新的工作。在广西教研部历史教研员李启明教授的提携下，我参与了近几年广西的历史骨干教师培训，和学员们一起学习课堂观察，在培训的过程中也不停的思考和调整思路，并得到远在北京的郭华教授的指点，一些不成熟的思考和困惑在她的点拨下豁然开朗。华南师范大学的黄牧航教授是这个阶段对我影响极大的一位良师益友。2008 年的西安中学历史专业委员会全国年会，2009 年的成都全国初中历史教师教学比赛，2010 年的上海全国历史教师学会第二届年会，他谦逊的态度、执着的追求、开阔的视野对我产生了重大影响。首都师范大学赵亚夫教授一直关注我的成长，他的历史课堂实录分析给我很多的启发和思考。同时，也得到《中学历史教学参考》主编任鹏杰老师、副主编张艳云老师的鼓励和支持，一些阶段性成果在《中学历史教学参考》上发表。近几年来，与北京市西城区教研员张汉林、陕西师范大学历史文化学院徐赐成博士、江苏省昆山中学特级教师沈为慧、安徽省淮北市实验高级中学特级教师赵剑锋等的交流使我受益匪浅。

近些年，在与广东省东莞市教育局教研室夏辉辉老师和上海交通大学附属中学彭禹老师的合作中，相互鼓励和启发，更结下了深厚的感情。尤其是在写作过程中，夏辉辉老师给我的指点更是一字一句的商量和斟酌，她的热情和执着深深地感染着我。北京师范大学出版社责任编辑唐正才老师，对本书的编辑与出版给予了大力支持，并付出了很多的心血，在此表示感谢。

本书是我学习课堂观察的一些体会，正是得到了何成刚的鼓励和肯定，才能有机会写出来和大家切磋交流。写作过程中得到浙江省瑞安市第五中学的虞文林老师、浙江省瑞安市教育局教研室陈冬云老师、浙江师范大学附属中学陈辉老师、浙江省余杭高中历史组、江苏省常州市高级中学汤永成老师等提供的精彩案例，是他们执着的探索和实践智慧给了我很大的启发，在此一并表示感谢。

另外，我在本书编写过程中，还参考或引用了其他的一些同仁公开发表的有关研究著作或论文，均已在书中做了相应的注明，在此也谨向他们表示衷心的敬意和感谢。

由于本书的撰写时间较紧，特别是本人水平有限，书中一定存在不少疏漏和不妥之处，万望广大读者批评指正。通讯地址：李杰，广西壮族自治区南宁市第三中学（南宁市青山路5号），邮编：530021，邮箱：hzgzlijie@126.com。

李　杰

2013年10月